U0089925

中國學術思想研究輯刊

二編

林慶彰主編

第24冊

晚清新舊學派思想之論爭
——以《翼教叢編》爲中心的討論

賴溫如著

花木蘭文化出版社

國家圖書館出版品預行編目資料

晚清新舊學派思想之論爭——以《翼教叢編》為中心的討論／賴溫如 著－初版－－台北縣永和市：花木蘭文化出版社，2008〔民 97〕

目 6+202 面；19×26 公分

（中國學術思想研究輯刊 二編；第 24 冊）

ISBN：978-986-6528-25-5（精裝）

1. 學術思想 2. 清代哲學 3. 晚清史

112.7　　97016719

ISBN - 978-986-6528-25-5

中國學術思想研究輯刊

二 編 第二四冊　　ISBN：978-986-6528-25-5

晚清新舊學派思想之論爭—以《翼教叢編》爲中心的討論

作　　者　賴溫如

主　　編　林慶彰

總 編 輯　杜潔祥

出　　版　花木蘭文化出版社

發 行 所　花木蘭文化出版社

發 行 人　高小娟

聯絡地址　台北縣永和市中正路五九五號七樓之三

電話：02-2923-1455／傳眞：02-2923-1452

網　　址　http://www.huamulan.tw 信箱 sut81518@ms59.hinet.net

印　　刷　普羅文化出版廣告事業

封面設計　劉開工作室

初　　版　2008 年 9 月

定　　價　二編 28 冊（精裝）新台幣 46,000 元

晚清新舊學派思想之論爭
——以《翼教叢編》爲中心的討論

賴溫如　著

作者簡介

台灣師範大學國文系畢業，中興大學中文研究所碩士，台灣師範大學國文研究所博士。現任亞洲大學通識中心助理教授，以研究清代學術思想為主，著有：《清代《論語》述何學考》、《晚清新舊學派思想之論爭——以《翼教叢編》為中心的討論》專書及〈嵇康與反玄學思想〉、〈魏晉反玄學思想對貴無思想的批判〉、〈《明夷待訪錄》之經世思想述評〉、〈皮錫瑞《春秋通論》析論〉、〈論孫盛「以儒統老」之思想〉、〈論章學誠〈易教〉篇的六經觀念與《易》學思想〉、〈皮錫瑞對先秦易學的幾個觀點〉。另有〈李清照《詞論》析探〉、〈「紅」與「綠」在《小山詞》中的作用〉、〈晁補之與李清照詞學觀點之分析——從評論各家詞作談起〉、〈音節修辭法在詩文教學上的運用〉等專題論文。

提　　要

晚清時期，康、梁等新學派為因應西方列強紛沓而來的勢力，除審視中國積弱的原因，更致力於中國求變、求富、求強的路徑，企圖進行學術及政治兩大體系的改革思潮，而此改革思想使傳統學術及政治體制，面臨極大的挑戰，更震驚當時固守傳統觀念的人士，進而引發一連串相關思想的論辯與批判。舊學派之所以排拒新學派的各種觀念與主張，主要是由於新學派所根據的學理及價值觀念，違背了所謂儒家的正統思想，破壞了原有的學術與政治形象並扭曲了內在的思想內容，所以遭到抗拒，形成新、舊兩學派論爭的情況，可謂中國近代思想史上的一大特色。

本篇論文透過新學及舊學兩派分別在學術、政治、教育、保種及保教等方面的論爭，一方面以檢視兩派在各種思想上的內容及特色，另方面掌握兩派在論爭點上所呈現的意義。本論文共分為七章：

第一章：緒論。先說明研究動機及研究重點，再界定文獻資料及時間斷限的範圍，最後提出研究方法及目的。

第二章：晚清思想轉變的分析。包括清代學術發展及經世學風的探求、外患刺激下的思想型態、中體西用說的形成與影響，做分析論述。

第三章：新、舊學派學術思想之論爭。分析哲學思想的差異、經學思想的論辯（劉歆偽經說、孔子改制說）、對漢學與宋學的主張。

第四章：新、舊學派政治思想之論爭。探討變法思想的論辯、三世進化思想的論辯、對君權思想的論辯、對民權思想的論辯、設置議院的爭議。

第五章：新、舊學派教育思想之論爭。檢視教育理念的差異、幼學教育的論爭、科舉主張的差異、對中西學態度的差別。

第六章：新、舊學派保種與保教之論爭。研究保種思想的不同、孔教觀與保教思想的相異。

第七章：為結論。綜合上述各章，以文化學及社會學的角度，剖析新、舊學派分別在思想上的特色及限制，並提出兩者間的相即相離處。

目次

第一章　緒　論

第一節　研究動機

中國自秦、漢以來即爲一個大一統的帝國，在傳統儒家的政治思想下，有獨特的政治秩序，漢、唐盛世聲威遠播，以華夏之邦慴服境外的夷狄，即使衰弱如兩宋時期，雖受邊疆異族的侵犯欺壓，然在自我民族心理上及文化意識上，仍以大一統的天朝自居，此觀念雖不切實際，卻歷久不變，直至清代道光、咸豐以降，中國海禁大開，對外接觸頻繁，西方勢力隨著通商與傳教逐漸影響中國，大一統的帝國之尊已無法維持，然一般士大夫在意識上仍以天朝自許，矇昧不覺。此時則有一批士人，諸如：龔自珍、魏源、康有爲、嚴復、梁啓超、譚嗣同……等人，因對西方國家有較深刻的認識，以及對時勢有較敏銳的觀察，相對的倡議西化的言論亦隨之豐富，除盱衡世界局勢的變化，縱論列強的特色，比較中、西的利弊外，並嘗試援用西法。另方面，對於中國傳統思想的保有及依賴，致使托古立說成爲變法言論的廣泛形式，對內急欲表明近代的國家形勢，對外企圖重新評估中國在世界的位置。

換言之，近代中國（西元 1840～1911 年）在本身的進展以及外力的加入下，產生劇烈的變動，是一個天崩地裂的時代，爲了因應時代的變化，從洋務運動經過變法維新，再歷經革命，甚至五四運動，均代表著中國不斷尋求改革的歷程，呈現中國近代史上的特殊階段。面對著一次次的蓄意改革，同時也產生了從鴉片戰爭以來，針對每一波的改革思潮，所蘊含的抵制力量。雖然每一次的改革及其相應的反改革訴求皆不相同，卻意味著近代中國異於歷代的革新方式，逐漸邁向前所未有的現代化改革路徑，觀察如此兩種截然相異的思想趨勢，相互交錯發展下，成爲中國近代思想史的主要特色。

晚清時期〔註 1〕，以康有爲（西元 1858～1927 年）、梁啓超（西元 1873～1929 年）、譚嗣同（西元 1865～1898 年）……等人爲中心，提倡維新變法思想者，歷來學者多稱爲「維新派」或「新學派」。「維新」之名，始見於《詩經・大雅・文王》〔註 2〕：「周雖舊邦，其命維新。」所以「維新」有改變舊制，推行新制的含義，相對於「維新」者乃爲「守舊」，所謂「守舊」當指因循舊制，固守傳統之意。當時與維新派持相異立場，以葉德輝（西元 1864～1927 年）、朱一新（西元 1846～1894 年）、王先謙（西元 1842～1917 年）、蘇輿（西元？～？年）……等人爲中心，反對康、梁等新學派所提倡的變法思想者，是爲「守舊派」〔註 3〕或稱「舊學派」，「守舊」是「維新」另端的平衡力量，是針對變法思想所引發的反動力量。晚清的維新變法運動是中國近代史上第一次的思想運動，除了維新派所帶來極大的衝擊外，舊學派對傳統的捍衛及兩派所激發的論爭，亦爲中國近代思想史中的特別之處。

除了感懷當時無論是提倡變革或固守傳統的士人，皆以自身的信念來面對如此變動激烈的時代，以作爲其安身立命的依據外，更願深入瞭解晚清思想的各種風貌，然衡諸自身的能力及興趣等因素，僅欲以晚清時期關於維新派及當時與之論爭的舊學派，作爲研究領域，究析動機大致有兩大端：

其一，自鴉片戰爭（西元 1840 年）之後，帝國主義露出瓜分中國的野心，受外敵環伺的壓力及內在政治的動盪，正前所未有的衝擊著中國。近代中國社會可說是一過渡型態，一者因傳統的學術與政治基礎不變，且佔據著統治地位，另者因西方文化的強勢侵入，均成爲近代社會的支配力量之一，使許多傳統觀念急遽地發生變化。在晚清以康有爲、梁啓超等人爲主的新學

〔註 1〕所謂「晚清」已成爲學者通用的歷史概念，其時間的界定，上限通指西元 1840 年的鴉片戰爭，下限則指西元 1911 年，清帝國被革命者推翻。

〔註 2〕見《詩經》，《十三經注疏》（臺北：藝文印書館，1982 年 8 月）頁 533。

〔註 3〕晚清時期與康有爲、梁啓超等新學派立場相異的士人，葉德輝、朱一新、王先謙、蘇輿……等人，在張錫勤《中國近代思想史》、李澤厚《中國近代思想史論》、湯志鈞《康有爲傳》、馬洪林《康有爲評傳》中多以「頑固派」稱之，然觀察此派人士對變革思想採取較爲審慎的立場及對傳統思想有諸多的堅持，筆者認爲稱「舊學派」或「保守派」，比「頑固派」來得恰當，因「頑固」含有冥頑不靈，墨守成規，不求進取的貶斥意味。因之，本文皆以「舊學派」或「舊學派」稱之。

派思想，對於當時中國的政治、社會、文化、學術體系，造成了極大的震撼。新學派可謂中國近代思潮的主體，其與清王朝所信奉的舊有的統治思想，有著相抗衡的現象，然並非意味著要完全消滅舊有的傳統思想，此派人士曾試圖融會中國傳統文化、西方文化的優秀成份，希冀建構新的思想體系。因之，將此派學者的思想風格，置於當時的時代及學術背景下，觀察並分析其在歷史的演進中，如何求新、求變？展現何種風貌的新學思想？實皆深具研究的意義與價值。

次者，在傳統的社會中，新學派所彰顯的創新性與獨特性，總是較易引人注意，相對的對變革、變法思想持審愼態度，甚至堅持傳統觀念的舊學派人士而言，思想上與新學派有明顯的差別。以葉德輝、朱一新、王先謙……等人爲中心的舊學派，則容易予人陳腐守舊的印象，往往被人忽略或遭受批評，殊不知爲了抵制新觀念、新思潮，雖說是守舊卻也因爲要批判新學派的思想，仍必須賦予傳統思想新的使命，並展現其護衛傳統的主張。在大時代的遽變中，舊學派爲何要固守傳統？其中所堅持的道理何在？……種種問題皆值得進一步的深究，因之，分析、研究舊學派的思想體系，也深具一定的歷史意義。

總之，晚清思潮的紛然與悠久的傳統思想相較之下，無異是個重大的變革，這個變革的思想層面很值得注意，其轉化的過程與內容，更值得深入探究。本文除嘗試觀察、分析維新者如何突破傳統的桎梏？及試圖抗拒變革的守舊者如何因應此一變局外，維新與守舊兩派之間，如何以各自的主張針對某些議題展開思想論辯？並在諸多的論爭中，尋出其中的意義與影響，皆爲本論文所欲探討研究的動機與目的。

第二節　研究重點及範圍

一、研究重點

由於康、梁等人在戊戌時期（西元 1898 年）所倡導的變法運動，不僅爲當時的國家社會掀起極大的波瀾，其變法思想亦不同於已往中國歷史上的幾次變法，就整體而言，其涵蓋古今中外的思想，統括傳統與創新，在中國近代史及思想史上皆富有重大的意義。此次變法除了引發當代的討論外，後世更有不少學者對新學派人物及其思想做深入的研究，凡相關於學術、政治、教育……等方面的論著已有可觀的成績。然對於當時舊學派反對變法思想的研究則往往被忽略，即使偶爾提及大都是爲襯托新學派的維新思想而已，專題、專著的研究寥寥可數〔註4〕。面對此現象，不難理解其中原因在於新學派的思想極爲豐富，不僅有其創新獨特之處且深具歷史意義，並保有足夠的文字資料能提供後世學者研究。相反的，舊學派則缺乏新學派的種種特色，不過卻不能完全抹滅其存在的意義，除了思想本身的價值外，面對新學派的挑戰，舊學派思想的發展即建構於對新學派思想的批判上。觀察新學派與舊學派之間存有一些相離又相即的思想，以及兩派間對於許多議題的論爭，此亦爲研究的另一路徑。因之，本論文研究的重點，乃在於觀察並分析晚清時期，新學派與舊學派幾個思想層面的論爭，其中以學術思想、政治思想爲主軸，並引動其他如：教育、文化、種族、宗教……等方面的思想論戰，實係進步思想與保守觀點的對立與相應。

二、研究範圍

（一）《翼教叢編》簡介

《翼教叢編》是湖南的蘇輿在光緒二十四年（西元 1898 年），將張之洞（西元 1837～1909 年）、朱一新、葉德輝、王先謙等人反對新學派的文字收錄編輯而成，是晚清時期批判康、梁新學派的重要著作。蘇輿是王先謙的門生，其於《翼教叢編・序》中批評新學派學者爲「傾險淫詖之徒」，視新學派的思想爲「邪說」，所以編輯《翼教叢編》，專以反對新學思想而護衛舊學傳統爲宗旨，宣稱其「明教正學」的立場〔註5〕。全書共分六卷，卷一錄有：朱

〔註 4〕關於研究新學派人物及其思想的專論、專著，數量較多，可見諸於本論文最後所列舉的【參考書目】第四、五、六部分。至於探討舊學派人物思想的論著，數量較少，僅可在研究晚清思想或中國近代思想史或探討新學派人物的專論中，稍有涉獵，如：陳鍫等人所著《近代中國思想人物論——晚清思想》、楊肅獻《晚清的反變法思想——近代中國保守主義的一個分析》、李澤厚《中國近代思想史論》、湯志鈞《康有爲傳》、孫廣德《晚清傳統與西化之論爭》……等人的著作中，可稍見提及的文字。

〔註 5〕《翼教叢編・序》言：「甲午以來，外患日逼，皇上廑下情之壅閼，愍時艱之弗拯，博求通達時務之士，言禁稍弛，英奇奮興而傾險淫詖之徒雜附其間，邪說橫溢，人心浮動，其禍實肇於南海康有爲，康爲人不足道，其學則足以惑世。……湘人士受惑尤深，余怒焉。憂之，以爲匪發其覆眾醉不可醒也。

一新〈答康有爲論學〉、〈論性〉五書及洪良品（西元 1827～1897 年）〈答梁啓超論學書〉。卷二錄有：安維峻（西元？～？年）〈請毀禁《新學僞經考》片〉、許應騤（西元？～1903 年）〈明白回奏摺〉、文悌（西元？～？年）〈嚴劾康有爲摺〉、孫家鼐（西元 1827～1909 年）〈奏覆籌辦大學堂摺〉等人的奏摺，多以批評攻擊康有爲的著作思想爲主。卷三錄有：張之洞《勸學篇》、王仁俊（西元 1866 年～1913 年）的〈實學平議〉、屠仁守爲批駁嚴復（西元 1853～1921 年）〈闢韓〉篇而作的〈辨闢韓書〉、葉德輝〈明教〉等以維護名教綱常爲主的篇章。卷四錄有：葉德輝爲批駁徐仁鑄（西元 1863～1900 年）《輶軒今語》而作的《輶軒今語評》；爲批駁康有爲《長興學記》而作的《長興學記駁義》；爲批駁梁啓超〈讀春秋界說〉、〈讀孟子界說〉、《讀西學書法》、《幼學通議》而作的〈春秋正界〉、〈孟子正界〉、《讀西學書法書後》、《非幼學通議》。卷五錄有：嶽麓書院齋長賓鳳陽〈上王先謙院長書〉、葉德輝、王先謙等人同呈湖南巡撫陳寶箴（西元 1831～1900 年）的〈湘紳公呈〉及湖南舊學者所倡的〈湘省學約〉。卷六錄有：張之洞、梁鼎芬（西元 1859～1911 年）、王先謙、葉德輝等舊學派人士的書牘。最後是附錄一卷，錄有：梁啓超〈上陳中丞書〉、梁啓超等人與康有爲的書信。總而言之，《翼教叢編》正是一部守舊人士言論思想的匯編，收錄晚清時期中央官吏及地方士紳反對新學派變法思想的「呈文」、「論說」、「書信」、「奏摺」等文獻資料，此書可謂爲晚清時期舊學派的著作總集。

（二）文獻資料的範圍

《翼教叢編》既然是「專以明教正學爲義」，對新學派的人物及其思想多所批判。由於新、舊兩派的立場鮮明，對於學術、政治、教育……等諸多問題雙方各有主張，引發不同的議論。

本論文的研究主題，爲晚清新、舊學派思想的論爭，並以《翼教叢編》爲中心的討論，在此所謂的「中心」包括：人物及取材兩部份。在《翼教叢編》曾提及過的人物，新學派方面，主要的有：康有爲、梁啓超、嚴復、譚嗣同、皮錫瑞（西元 1850～1908 年）、徐仁鑄、唐常才（西元 1867～1900 年）、易鼐（西元？～？年）、樊錐（西元 1872～1906 年）等人；舊學派方面，主

爰倡輯諸公論說及朝臣奏牘有關教學者，都爲叢編，命之翼教。……是編斷自七月以前，專以明教正學爲義，至康、梁等造逆之謀，亂政之罪，載在史宬，昭示寰宇所不贅焉。」說明蘇輿編輯《翼教叢編》的動機及目的。

要的有：張之洞、朱一新、葉德輝、王先謙、蘇輿、洪良品等人，皆為本論文所要討論的人物。

至於取材，主要以《翼教叢編》出現過的論辯議題或觀念為主，將其提挈出來做論點的深入發揮，並不止於個人的思想分析而已，所以文獻資料的選取方面，將以《翼教叢編》所提及的和所收錄的著作為中心。當然為求文獻資料的周延性及議題的伸展，如僅以《翼教叢編》為取材的對象是無法囊括本論文所需的全部材料，所以必須再涉及新、舊兩派人物其他與論題相關的著作，甚至有不列於《翼教叢編》，卻仍屬新學派或舊學派的人物及其著作，諸如：陳熾（西元？～1908 年）《庸書》、惲毓鼎（西元 1861～1918 年）、曾廉（西元？～？年）的奏稿〔註6〕、于蔭霖（西元 1838～1904 年）《悚齋日記》……等與兩派論爭有關的資料均一併列入取材的範疇。本論文除將新、舊兩派人物相關於論辯主題的著作，列為研究的範圍外，其中如有涉及與論辯主題相關的歷史資料，亦列入取材的範圍。

在此要特別說明的是本論文將張之洞列為舊學派的原因：在康有為、梁啓超等人變法維新運動的初期，張之洞原本是同情變法的，而之所以同情變法思想，是因為經過甲午戰爭後，經世致用的實用主義高漲，張之洞受此影響，對新學派的活動曾表支持。然隨著新學派政治變革思想的提倡，張之洞在維新的實用主義與保守的正統思想之間，未能達到某種程度的平衡時，對正統思想的危機意識油然而生，進而對新學派思想產生反擊或批判。光緒二十四年（西元 1898 年）是新學派發動戊戌變法運動的一年，張之洞早在三月便動手寫《勸學篇》，其要旨在於「正人心，開風氣」〔註7〕。所謂「正人心」就是固國本，排除新學派所提倡的民主、民權思想；而「開風氣」則是求變通，以學習西方的鐵路、商務、教育等。蘇輿將張之洞《勸學篇》中的〈教忠〉、〈明綱〉、〈知類〉、〈正權〉等篇收錄於《翼教叢編》，以明確的表明其對正統思想的堅持及對維新思想的反對。

（三）新、舊學派論爭的時代斷限

由於本論文所涉及的時代為晚清時期，如要為此時期新、舊兩派論爭的時間做上、下限的界定，大致可涵括光緒十四年（西元 1888 年）至光緒二十

〔註 6〕 關於新、舊學派的論著或奏稿、檔案等資料，可參考楊家駱主編《戊戌變法文獻彙編》（臺北：鼎文書局出版，1973 年 9 月）。

〔註 7〕 張之洞：《勸學篇・序》（臺北：文海書局，1966 年 10 月），頁 1。

六年（西元 1900 年）間的十三年。因爲康有爲從光緒十四年，逐漸發表有關變法理論的著作〔註 8〕，並開始遭受守舊者的批評，而光緒二十六年則是義和團事變發生的時候，此時期是晚清舊學派由反變法走向排外思想的高峰，然而思想的發展是連續不斷的，只可以轉變卻無法截然斷限。嚴格地說，這樣的時間斷限只是爲了研究方便的一種權宜，並非絕對的。雖然本論文對新、舊兩派的思想分析及材料的選取大多以光緒十四年至二十六年期間爲主，實際上，爲顧及思想發展的前因與其後所產生的變化，必定會涉及光緒十四年之前及光緒二十六年以後的新、舊學思想，所以爲新、舊學派的論爭做時間的斷界，除爲反映當時新、舊兩派在此時期的思想特色外，更爲突顯在晚清的這段時期，新、舊兩派面對時局的變動，所引發攸關於學術、政治、教育、種族、宗教等議題的論爭，在思想發展上所呈現的意義與價值。

第三節　研究方法、目的及困難

一、研究方法

本論文的研究方法，以整體性而言，先由《翼教叢編》的原典資料爲核心，再擴及與晚清新、舊學派思想有直接或間接相關的資料，均予以蒐羅。其次，是針對所蒐集的資料進行分析，比較新、舊兩派的異同，並探求其特質。最後，依照各資料的本質，及其彼此間的差異進行歸納，從而建構出論文整體的章節與內容。

除了就論文整體性的研究方法外，處理論文中的個別議題時，亦必須藉助一些研究方法進行研究，方能使論文的陳述更具學理性，擴展論文的深廣度，今將運用的研究方法條列如下：

第一，歷史的批評法：雖然本論文著重在光緒十四年至二十六年間，新、舊學派的思想論爭，卻必須留意整個清代的歷史背景。雖然本論文的寫作對於時代背景及個人身世，或採用簡略的概述，甚至根本不作敘述，因爲歷史性的了解應直接研究當時的歷史，除非與本論文的思想層面有縝密關係者才會於文中提述。儘管如此，並不意味著不需重視歷史的演變，所牽動各種思想產生變化的可能性。例如：本論文的第二章〈晚清思想轉變之分析〉，正是

〔註 8〕康有爲：〈上清帝第一書〉，發表於光緒十四年（西元 1888 年）。

扣緊整個清代歷史的遞變，所產生的思想轉變。無論是「清代學術的發展與經世學風的盛行」或是「外患刺激下的思想轉變」，以及「中體西用說的提出」，皆與清代的歷史息息相關，繼而影響了新、舊學派各種思想的發展，乃至最後對於雙方思想的評估，均需置於整個大歷史的環境中，作全盤的省察，始能有客觀的論斷。

第二，基源的探討法：由於本論文研究和寫作的方式，是以單一的思想爲每一章節的中心題旨，討論每一思想概念時，必先確定此思想本身所代表的原始意義。換言之，每一章節的處理，通常必須先留意每個議題的原始思想，甚至要洄溯此一思想本身的淵源，並分析當時的學者提出那些見解的原因及動機。

第三，分析比較法：由於本論文乃以《翼教叢編》中，新、舊學派對共同議題的論爭爲主，然因《翼教叢編》所收錄的文字材料多以舊學派的論著爲主，是以必須尋出新學派與其相對應的思想論著，始能對論爭的主題思想進行分析與比較，以觀察其在新、舊兩派詮釋下的意義和內容，再探討其在新、舊兩派的發展與影響，最終的目標則注重整體思想的演變。

第四，歸納法：分析及比較新、舊兩派有關各個議題的論著後，再運用歸納法將兩派的思想主張，分別呈現出來，並以對比的方式突顯其中的相同及相異處，最後回歸整個時代整體思想的演變，評估新、舊兩派思想的時代意義及對後世可能造成的影響，如此始能對雙方的論點給予客觀的評論，以顯現其思想價值及其中的局限。

二、研究目的

康有爲、梁啓超、譚嗣同、嚴復、皮錫瑞等新學派人士對舊學的批判，並非欲完全否定中國的傳統文化思想，而是試圖將中國傳統思想同西方的自然科學、社會學說結合起來，建構新的思想體系。儘管新學派思想較之舊學派更富有理性經驗，並欲賦予新的時代內涵，然觀察其思想的最高範疇，仍應以不離中國傳統的思維爲限度，試圖於其中尋求國家社會的全面的改造，此爲新學派對當代思想的貢獻，甚至對於其後的革命思想亦有潛隱的啓發作用。但新學派的諸多變革思想雖源於傳統的學術文化，卻往往在闡述或運用時落進了提倡改革者的主觀思維，造成傳統思想的扭曲甚至異化的現象。另外，新學派援引西學思想卻忽略中西方無論在學術文化或政治經濟體制上均有極大的差異性，在如此的情況下，援用西學思想自然造成學術文化上的扞格，尤其引用西方政經體制更會滯礙難行，帶來重大的挫折。

反觀朱一新、葉德輝、王先謙、張之洞等舊學派人士之所以對新學派思想產生排拒或批判，主要是由於新學派者所根據的學理及其價值觀念，違背了所謂的儒家正統思想，唯恐造成社會結構及社會秩序的瓦解，嚴重的危機意識造成此派人士極力維護傳統的君權與「尊卑」、「男女」、「長幼」等思想。然而面對一波波外來勢力的侵犯，岌岌可危的國家局勢，使得此派人士不得不有所省思，終在不動搖國家傳統的基本範圍內，做因應時勢的部分改變。舊學派對傳統思想的堅持與護衛，使中國文化的基質得以不因新學派的變革及西力的介入而遭受損毀的命運，然對整體社會的改造而言卻因缺少應有的彈性，甚至偏狹的觀念，使中國社會無法朝多元性發展。

因之，本論文企圖藉著相關的文獻資料，除分析新、舊兩派在各種議題上所呈現的思想外，並觀察兩派在思想上的共同特色及比較其中的差異性，最後將雙方思想置於當時的社會及對後世所產生的影響方面，評估兩派各自的貢獻與局限，給予客觀的批判。

本論文的研究，希望能達到以下五大目標：一者，明瞭新、舊學派在學術思想，包括：哲學、今古文經學、儒學、漢宋學方面幾個議題的主張。二者，探究新、舊學派在政治主張上的差異，尤其是三世進化思想、君權、民權及立議院方面的論辯。三者，研考新、舊學派在教育觀念上的不同，包括：一般的教育、幼學及對西學的種種觀念。四者，分析新、舊派對於保國、保教、保種所持的意見，及對尊孔、孔教的看法。五者，評論新、舊兩派在各方面思想的得失與影響。

三、研究困難

雖然本論文因研究所需，不得不在時間及文獻資料的範圍上有所界定，但因思想是前後相承遞變，無法斷然界分，所以資料蒐羅與運用上有前伸後展的現象，無法與時間的斷限完全配合。

另外，本論文研究的人物及取材的方向，雖以《翼教叢編》為中心，然新、舊學兩方關於論爭議題的文獻資料，在數量上有頗大的懸殊。當時因新學派採主動的立場，積極宣揚各方面的變法革新思想，且新學派者多曾吸收西學知識，所以思想呈現多元化。相對的舊學派屬被動立場，其僅能對康、梁等人所提的變革思想做幾個層面的回駁及批判，並因受限於西學知識的薄弱及對新學派的批駁往往流於人身攻擊，所以限制了部份思想的拓展，造成在文獻資料的數量及質量上，均不若新學派來得豐富與深廣，致使材料的運用上有不足之感。

再因本論文的寫作，既以《翼教叢編》爲討論核心，嘗試展現新、舊學雙方對議題的論爭爲主，勢必要有雙方交集的論題，始能加以分析比較，然因《翼教叢編》所表述的宗旨是「明教正學」以闢康、梁等新學之「邪說」，立論的基點僅在「學術」及「政治」兩大端，其中所涉及的教育、文化、保種、保教等論爭皆是與「學術」及「政治」相關的延伸論題。中心主旨的立論固然明顯，但若以當時新學派所呈現的各種思想而言，《翼教叢編》中舊學派能與之相應的思想並不及新學派來得多，所以令人感到思想的周延性較爲不足。

本論文的寫作，除試圖將晚清新、舊學派的思想論爭及其價值呈現出來外，更希望藉著研究，將一向被忽略的舊學派思想做較爲完整的探析，使其思想原貌及其特質能隨之顯現出來。然因限於個人的能力與識見的不足，論文中必多有謬誤疏漏，尚請諸先進不吝予以匡正指導。

本論文於撰寫期間，凡題目的擬定、章節體例的安排及文獻資料的討論……等方面，均蒙李師威熊的悉心指導，在老師的教誨與鼓勵下，本論文始得以完成，在此僅致最誠摯的敬意與謝意。

另者，本論文於五月間，通過初審，承蒙王冬珍老師、林聰舜老師、賴貴三老師悉心評閱，提供諸多寶貴意見，使本論文得以第一次修訂完成。又於六月九日，在論文發表會上，再蒙賴貴三老師指導講評，提供許多的資訊及講評意見，使本論文得以第二次修訂完成。最後於六月二十四日，在論文口試中，再經李威熊老師、王冬珍老師、林聰舜老師、傅武光老師、賴貴三老師等五位師長的指導，穫益良多，使本論文得以第三次修訂完成，在此衷心地向諸位師長致上深深的謝意。

第二章　晚清思想轉變之分析

晚清時期，由於內憂頻繁，外患紛然，使政治、經濟、社會遭到空前的變動，對於讀書人的思想亦造成極大的震撼，除了傳統學術本身的經世思想，一直或隱或顯的存在清代學術的發展中，而連續幾次的對外戰爭，海禁的開放，西學的輸入，更激起讀書人思想的轉變，融合中、西學的經世思想，成為晚清思想的主要特色。

第一節　清代學術發展與經世學風的盛行

梁啓超《清代學術概論》:「凡文化發展之國，其國民於一時期中，因環境之變遷，與夫心理之感召，不期而思想之進路，同趨於一方嚮。」可知，學術風氣的形成或轉變，往往與時代環境息息相關，「環境」所涵蓋的範圍雖廣，卻以政治關係為最大，因讀書人思想的出處，自是從其所處的政治環境中萌發，諸如：身遭亡國之痛的清初儒者，反省明代所以覆滅的原因後，便致力於經世之學；清廷文網甚密，一連串的文字獄〔註1〕，致使學者文字稍有不慎，便招來下獄或誅連之禍，學者為避諱時忌進而轉向訓詁考據之學；道、咸以降的今文經學，能蔚為學風，亦不可忽略政治的外塑力量。綜觀清代學術的發展與政治有密不可分的關係，無論是漢學或宋學或今文學，能成為清代學術主流的因素固然各有不同，唯其所蘊涵的經世意義，卻是共通的特質。

〔註1〕清代的文字獄有：康熙時莊廷瓏的史明獄、戴名世的南山集獄，雍正時曾靜、呂留良的文評獄，以及乾隆時胡中藻的詩鈔獄。詳見蕭一山：《清代通史》(臺北：臺灣商務印書館，1967年1月)，冊一，頁917～931；冊二，頁18～21。

事實上，中國學術思想自十八世紀末至十九世紀初就開始出現轉向。從十八世紀下葉開始，出現了推動意識型態變遷的內部及外部兩種動力，因之，學術思想走向又重回類似於明末清初的經世致用取向。

一、漢學的興盛及其經世意義

隨著清代太平盛世的到來，宋明理學仍是官方所提倡的正統學術，是科舉考試的內容，然在民間卻是注重考據的漢學逐漸興起。關於漢學興起的原因，歷來學者皆有各自的看法，有從外緣因素探討的，也有從學術本身的發展及內在理路分析的。章太炎從政治因素著眼，認爲是當時的讀書人受到滿人大興文字獄的影響，不敢觸及思想的問題，故而轉向考據的漢學〔註2〕。梁啓超則從思想史發展的本身而歸因於清初對理學和王學空疏的反動〔註3〕。時人余英時提出從學術內在理路的說法，認爲是儒家智識主義的興起及發展所致〔註4〕，明末清初在強化事功需求的推動下，社會的主流思潮一度是經世之學，其所強調的是實用與行動的精神，而不是主靜去欲的思辨，表現於文字上的就是厭惡空疏的思維，讀書人轉向從經典和聖人之言的考據中，加以闡發經典的義理以尋求行事的依據與準則。

清初學者顧炎武（西元 1613～1682 年）等人因反對宋學的空談義理，本著實事求是的精神；經世致用的理想，又回歸於經籍本身的研讀，因而特別重視訓詁考據之學，欲藉精確的考據功夫，闡發並應用書中義理。戴震（西元 1723～1777 年）即很明確地論證了考據學與修身的關係，其曰：

> 經之至者道也，所以明道者其詞也，所以成詞者，未有能外小學文字者也。由文字以通乎語言，由語言以通乎古聖賢之心志，譬之適壇之必循其階，而不可以躐等。〔註5〕

在治學方法上，漢學主張治《六經》是達於「聖人之道」的根本途徑，而文

〔註2〕章太炎：〈哀焚書〉、〈清儒〉，《檢論》（臺北：世界書局，1982 年 3 月），卷四，頁 558～559、561～565。

〔註3〕梁啓超：《清代學術概論》（臺北：臺灣商務印書館，1985 年 2 月），頁 13～15 及《中國近三百年學術史》（臺北：里仁書局，1995 年 2 月），頁 19。

〔註4〕詳見余英時：〈清代思想史的一個新解釋〉，《歷史與思想》（臺北：聯經出版公司，1989 年 4 月），頁 153～156。

〔註5〕戴震：〈古經解鉤沉・序〉，《戴震文集》（臺北：華正書局，1974 年 10 月），卷十，頁 146。

字訓詁又是通達《六經》的基本功夫，所以漢學的治學順序是從文字訓詁入手，逐次達到對《六經》經義的析辨，進而相通於聖賢的內聖外王之志。章學誠（西元 1738～1801 年）即將漢學視爲一種學術經世，其中應包括：「經學經世」、「史學經世」及「文章經世」三方面〔註 6〕，可知經世的意念一定隱含於純學術之中，雖從表面看，考據學與實用毫無關係，兩者的精神似乎亦背道而馳，然而一旦一體化的結構受到外來的衝擊時，強化事功的要求將會再次突顯，即可見出漢學轉向經世之學的必然現象。

因之，必須留意的是清代由於政治因素導致文化專制現象，學者不得不在環境的箝制下，對於經籍的注疏、辨僞、校勘、輯佚工作，投入了大量的心力，形成了所謂的「漢學」。漢學在乾、嘉年間達於全盛期，一般稱爲「乾嘉考據學」，對於古代典籍有著卓越的貢獻。相較於漢代儒學，清代漢學雖是思想變遷後所轉化出來的學術型態，卻與漢代的儒學不只在治學的方式上相類似，就學術的內在精神而言，亦頗爲相同。在漢代的儒學中，讀書人將記錄聖人言論的經典視爲判別價值行爲的最終權威來源。清代的漢學除致力於經典的考據以求歷史文獻的眞實面貌外，更欲藉尋求儒家經典的原意，以達聖賢行爲本身及其工夫所造的境界。

最後，觀察清代漢學的治學方法，其實已經出現了類似西方近代科學的精神與方法，只是當時學者所關心的對象是古代文獻典冊的眞實面貌與蘊含的眞正經義，而非自然界的奧秘，致使那樣的求眞、求證的治學精神與方法，終究未能直接應用於近代科學的研究。

二、宋學的興衰及其經世作用

清初自康熙（西元 1654～1722 年）以來極力表彰程、朱理學，即所謂的「宋學」，與元、明兩朝一樣，清王朝的統治者非常清楚地利用程、朱理學的政治意義，對它採取扶植的政策，維護其官方哲學的崇高地位，所以清代宋學的發展曾出現過兩次興盛期，一次是康熙朝的興盛，另一次則是晚清咸、同年間的振興。

由於清初時期，程、朱理學被視爲清代帝王的統治工具，因之，宋學逐

〔註 6〕參考周啓榮、劉廣京：〈學術經世：章學誠之文史論與經世思想〉，《近世中國經世思想研討會論文集》（臺北：中央研究院近代史研究所，1984 年 5 月），頁 117～154。

漸失去原有的學術生機，幾位理學家諸如：張履祥（西元 1611～1674 年）、陸世儀（西元 1611～1672 年）、陸隴其（西元 1630～1692 年）等人均爲墨守程、朱家法，既無所創見卻又極力抬高程、朱地位，使與孔、孟並列〔註 7〕，最後由於程、朱之學的獨尊，反使宋學思想逐漸僵化而衰微，直至咸、同年間才又恢復興盛。

自康熙後，宋學被考據學壓倒長達百年之久，卻又在嘉、道年間捲土重來，這現象並非偶然，是由於各種社會、學術因素發展的結果。在嘉、道兩朝，清王朝鑒於統治危機不斷地深化，一再強調推行程、朱理學的重要作用，嘉慶皇帝即命令侍臣在經筵進講的時候，增加講授程、朱理學的內容，以便做出「正學」的風範〔註 8〕。道光時期不僅號召學子多讀程、朱的著作，並且採取一些提升宋學地位的措施〔註 9〕。由於統治者的倡導對於學風的興衰具有甚大的關鍵意義。可知，嘉、道時期是晚清理學發展的重要階段，亦爲日後咸、同時期，宋學中興的局面，奠定了政治及學術思想的基礎。

宋學之所以在咸、同期間出現中興的現象，除了有方東樹（西元 1772～1851 年）、唐鑑（西元 1778～1861 年）……等理學名士的大力倡導程、朱學外〔註 10〕，主要仍是政治的因素。在咸、同時期，清王朝採取了許多措施，試圖造成崇尚理學的風氣，在中央及地方掌握大權的理學大臣，均大力倡導理學。諸如：倭仁（西元？～1871 年）將《四書》、《朱子語錄》、《朱子大全》等理學讀本，定爲翰林院學士的必修課程，以培養講求性理之學的風氣。另

〔註 7〕 唐鑑：《清學案小識》（臺北：中華書局，1965 年 11 月），〈傳道學案〉云：「篤志聖賢，謹守程朱家法。」，卷二，頁 1；沈維鐈〈清學案小識‧序〉曰：「程朱之爲功於天下萬世，即孔孟之有功於天下萬世也。尊程朱，所以宗孔孟之道也，且夫道亙古今而不蔽也。」，頁 1。

〔註 8〕 《大清仁宗睿（嘉慶）皇帝實錄》（臺北：新文豐出版公司，1978 年 7 月），云：「惟當講求大義，期有裨於立身行己，至於尋章摘句，已爲末務。……惟當講明正學，以涵養德性，通達事理爲務，至詞章之學，本屬末節。」第三冊，卷一二六，第 8～9 頁。

〔註 9〕 《大清宣宗成（道光）皇帝實錄》（臺北：新文豐出版公司，1978 年 7 月），云「所學主於堅苦自持，事事講求實用，著書立說，深醇篤實，中正和平，洵能倡明正學，遠契心傳，……崇實學而闡幽光。」第二冊，卷四九，第 10 頁。

〔註 10〕 方東樹治學以朱子爲宗，強調程、朱理學在學界的獨尊地位，尤其對漢學的抨擊更不遺餘力。唐鑑治學則宗程、朱，鑽研性道，以力行爲主，反對陸王心學及漢學。

外，曾國藩（西元 1811～1872 年）等封疆大吏在平定太平天國之亂後，著手恢復社會秩序的同時，特別重視重建文化事業的工作，在各地建立書局，刊刻古籍文獻，儒家各學派的著作是刊刻的重點〔註 11〕。在學術上有學者致力的提倡，在政治上又有官吏的支持，宋學的再度興起是必然的。

在宋學思想上，主敬派的學者，如：倭仁、吳廷棟（西元 1793～1873）、李棠階（西元 1798～1865 年）……等人，以道德論爲中心，發揮程、朱的理學思想，認爲天下國家是靠人心來維繫，而人心的善惡則取決於學術的正邪，因之，治學首重學術上的曲直是非，視宋學爲唯一的「正學」，試圖以程、朱之學統一整個學術界，然亦因過度地強調道統、學統的純一性，使其帶有較多的門戶之見。另有主經世派的學者，如：曾國藩、邵懿辰（西元 1810～1861 年）、朱一新……等人，作爲程、朱理學的一個派別，其在宇宙觀、道德論、認識論等方面的觀點，與主敬派所差無幾，卻可在一定程度上，能夠面對程、朱理學所固有的弊病，主張以經世致用的精神補救宋學末流空談心性的缺失，以發揮鞏固清代統治權與維護道統的作用。

三、漢、宋學的合流趨勢

無論是漢學的注重考據，實事求是的治學精神，或是宋學的注重性理，提升道德的治學工夫。就清代統治者而言，兩者均爲偏離現實事務，桎梏學者思想，皆可用以維護其統治體制而存在。因之，不僅力倡漢學，同時鼓勵宋學，欲兼採漢、宋學的方式作爲學術的特色。

就學術本身的發展而言，當一種學術思想發展至極，便會透過吸收或融合其他學派的特色，以求學派本身的充實，而得以延長其學術生命，此乃爲晚清時期漢、宋學的合流的原因之一。清代學者通過漢、宋之爭的現象，看出漢學、宋學相斥兩害，相濟則兩利，由此產生融合兩者的思想。嘉、道以後，此主張成爲一普遍性的觀點，因之，清代學術除區分漢學、宋學兩主系外，另有學者，如：丁晏（西元 1794～1875 年）、顧廣譽（西元 1800～1867 年）、陳澧（西元 1810～1882 年）等人就是當時欲會通漢、宋學的著名漢學家，丁晏認爲朱熹視注疏之學爲治學的基礎，並以此教人，其言：

竊謂爲學之道莫先于讀經，讀經之法莫先于讀注疏。注疏之學，朱

〔註 11〕參考史革新：《晚清理學研究》（臺北：文津出版社，1994 年 3 月），頁 15～32。

> 子教人之學也。……余謂漢學、宋學之分，門戶之見也，漢儒正其詁，詁定而義以顯；宋儒析其理，理明而詁以精，二者不可偏廢，統之曰經學而已。〔註 12〕

丁氏認爲漢、宋學雖各具特色，但對於治學而言，義理的明析與訓詁的辨別卻是不可偏廢的，陳澧亦認爲：「學術不分漢、宋門戶，於鄭君、朱子之學，皆力爲發明。」〔註 13〕其欲摒棄門戶之見，並重宋學、漢學。此時期無論是漢學家或宋學家已逐漸破除門戶的藩籬，走向調和漢、宋學的路徑，至同治、光緒之際，漢、宋學的關係已發生新的變化，由原先的分渠轉爲合流。

其實漢、宋學的合流是有跡可尋的，首先是此兩學派有共同的學術淵源，均是源自於孔孟儒學的發展，雖是治學的主張及方法有所差異，但在尊孔崇孟，以達聖人之道的理想卻是一致的，而其中的差異性則成爲學派的特色，因漢學長於考據而拙於義理；宋學偏重義理而忽於實證，兩者甚可形成互補關係。馮桂芬（西元 1809～1874 年）即言：

> 漢儒何嘗諱言義理，宋儒何嘗盡改漢儒考據，漢儒、宋儒皆聖人之徒也。漢古而宋今，漢難而宋易，毋蔑乎古，毋薄乎今，毋畏乎難，毋忽乎易，則學者之爲之也。〔註 14〕

馮氏的話反映晚清時期的學術界已逐漸接受漢、宋學合流的現象。且在嘉、道之後，由於政治的因素，加上今文經學的興起與西學的東傳，對於以漢學、宋學爲代表的正統思想造成甚大的衝擊，爲了維護傳統儒學的地位，反使漢、宋學家將舊日的程朱、陸王之爭及漢、宋學之爭日益趨向緩和，進而協調儒學內部各派的力量，共同抵制今文經學、西學等異端思想的萌發與發展，以鞏固傳統儒學思想的穩定。可知，漢、宋學的合流乃爲因應當時的學術與政治情勢所致。

四、今文經學的承先啓後

當晚清王朝顯露衰敗之相時，逐漸孕育了社會的動亂，又此時期的西方國家經過長期的發展，已挾著先進的軍事武器及工業實力，直接逼向中國的

〔註 12〕丁晏：《讀經說》，轉引自徐世昌《清儒學案》（臺北：世界書局，1979 年 4 月），卷一六〇，頁 31。

〔註 13〕陳澧：〈與黎震伯書〉，《東塾集》，《近代中國史料叢刊》第四十七輯（臺北：文海出版社，1966 年 10 月），卷四，頁 29。

〔註 14〕馮桂芬：《闕里致經堂記》，引自徐世昌《清儒學案》，卷一七三，頁 8。

大門口，使清王朝不得不面對這前所未有的巨大衝擊。既然外來的衝擊成爲不可逃避的現實時，意識型態的轉化無論有多麼困難，學者從學術的研究中套跳脫出來，也就成了必然的行徑。

學風的轉變除了受之於政治、經濟環境的影響外，就學派形成的特點而言，每個學派固然有其思想的基本特色，卻也不排除對以往學術思想的繼承。自東漢今文經學衰微後，至清代乾嘉時期，隨著漢學的興盛，西漢今文學亦隨之而起。另外，對於清初經世思想的繼承以及對乾嘉之學的檢討，都是影響今文經學再度興盛的重要因素。

清代的今文學啓蒙於常州莊存與（西元 1719～1788 年），其雖於六經皆有著述，然因不鑽研於典籍的箋注，遂於名物訓詁之外，著有《春秋正辭》一書，乃採董仲舒《春秋繁露》與何休《公羊解詁》之說以發揮《公羊》傳義，闡述《春秋》的微言大義〔註 15〕，不同於宋、明以來的義理之學，其致力發揮《春秋》微言大義，言張三世、通三統、受命改制諸義，深刻地影響了後世學者，今文經學至此逐漸由隱而顯。

莊存與雖致力發揮《春秋》大義，畢竟是創始之學，體例尚未嚴密，直至劉逢祿（西元 1776～1829 年）發揮莊氏之學後，常州《公羊》學派至此才正式成立，劉氏並嚴格劃分今古文，成爲清代今文經學的奠基者。其視《春秋》爲群經中最精粹者，推崇董仲舒與何休之《公羊》義例及家法，認爲足以網羅經義而不遺，並注重張三世、通三統、異內外等義例的發揮，使《公羊》學說日漸擴大，並予晚清今文經學的發展以決定性的影響。由於當時的今文學家多引《公羊》微言貫通群經，並以之比附《詩》、《書》、《禮》……等諸經，然而均停留在純粹的學術研究階段。

直至十九世紀中葉前後，劉逢祿弟子龔自珍（西元 1792～1841 年），自年少起就非常關懷世風時政，從劉氏習《公羊》學後，即以《公羊》學論政論學，然並未對《公羊傳》本身作注疏或條例的工作，其特重《公羊》三世之說，並應用於實際的政事上，因此，《公羊》學至龔自珍成了論政之工具，爲議論時政的思想基礎。魏源（西元 1794～1857 年）與龔自珍齊名，其特別標舉董仲舒，將經學的重心由東漢轉向西漢〔註 16〕，亦據《公羊》通三統之

〔註 15〕徐世昌：《清儒學案》，〈方耕學案〉：「生平踐履篤實，於六經皆能闡發奧旨，不專事箋注，而獨得先聖微言大義於語言文字之外。」卷七十三，頁 1。

〔註 16〕魏源：〈兩漢經師今古文家法考敘〉，《古微堂外集》：「今日復古之要，由訓詁

義論學、論政，主張進行變革，且以辨僞的精神批判古文經學，促成今文經學的全面研究，使常州專論《公羊》大義之學，推向五經，甚而疑及古文經，使今、古文學的壁壘建立。可知，龔、魏兩人的「以經言政」，遂使託古改制的思想亦隨之形成，是爲清季學風轉變的重要關鍵。

迄至晚清，一方面因今文經學通經致用的結果，另方面又因時勢所致，今文學者承繼龔、魏以經術作政論的遺風，本《公羊》學以言變法改制。譚嗣同著有《仁學》一書，宗旨在於衝決網羅，打破偶像，主張變法必待乎革命，俟君統破、僞學衰，而後綱常之教不立，人人得以平等，自竭其心力而復乎仁，然後可以爭存於天下而挽救劫運。至康有爲則以《禮記・禮運》篇的思想爲中心，貫通《四書》，特重《公羊》三世改制之說，並用以撥亂反正，援作爲國家大統，立憲共和制度形成的依據，並以之作爲批評時政的工具，倡言變法，造成當時政治的震撼，康有爲所謂《公羊》三世改制之說，實是其主張變法改革的理論依據，並納西洋進化論於其中，以釋其經世之志，可見當時的學術思想，與政治確實有密不可分的關係。

總之，晚清的今文學者，在舊有的《公羊》學說下，對當時的政治、經濟、文化……等方面提出批判與要求，爲《公羊》學注入新的內容，直接配合變法改制思想。至此今文學者已不再遵循傳統的《公羊》義例，而以通經致用的思想，運用於實際政事上，借經書中的微言大義以議論時事或託古改制，進而成爲政治改革活動的理論基礎，今文學發展至此時，已達到成熟的顛峰。換言之，今文經學摒除宋學的空談義理，轉向落實於實際世用外，也不再鑽研於漢學繁瑣的考證工作，而是透過對經義的發揮，以宣揚變法革新的主張，呈現了與歷來經學發展不同的面貌。

第二節　外患刺激下的思想轉變

道光二十年至道光二十二年（西元 1840～1842 年）的鴉片戰爭，開啓了西方列強侵略中國的第一場戰爭，其後接踵而來的分別有：咸豐六年至咸豐十年（西元 1856～1860 年）的英、法聯軍之役（又稱第二次鴉片戰爭）；光

聲音以進於東京典章制度，此齊一變至魯也。由典章制度以進於西漢微言大義，貫經術、政事文章於一，此魯一變至道也。」卷一，頁 36，清光緒四年八月淮南書局刊本。

緒十年至光緒十一年（西元 1884～1885 年）的中、法戰爭以及光緒二十年至光緒二十一年（西元 1894～1895 年）的中、日甲午戰爭，可知，在晚清戊戌變法前，中國已先後遭受了四次戰爭侵略，除了付出巨額的賠款外，更喪失了部份領土及國家的主權，如此一再的重擊，使得古老的中國在屢戰屢敗之餘，不但被迫放棄了唯我獨尊的高傲心態，並逐漸成爲半殖民地的國家。然而在大規模與西方列強的接觸下，中、西兩方呈現強弱、貧富的明顯對比，逐漸激起中國求改革、求進步的維新思潮。

一、洋務派

自咸豐十年（西元 1860 年）英、法聯軍後，至光緒十年（西元 1884 年）中、法戰爭前，清廷爲了禦外敵、平內患的雙重目的，由部份的大臣：奕訢、曾國藩、左宗棠（西元 1812～1885 年）、李鴻章（西元 1823～1901 年）等人發動了洋務運動。此時洋務思想爲改革的主流，可見於中央及地方共同推展的眾多洋務事業中。

顧名思義，洋務運動的重點在於講求洋務的實施，無論是內容或形式，大多以學習西方列強爲宗旨，有西化的傾向，開啓近代中國仿傚西方措施的先例，希冀中國與列強並駕齊驅。當時所提倡的洋務方案，雖分爲內治與洋務兩方面，然就內治而言，並無明顯的改革，仍以傳統的治平之道爲主，而洋務的實施才堪稱是此時期的新思想。提倡洋務觀念者，多認爲西方之勝於中國者僅在船堅炮利而已，興辦洋務是欲學習西洋長技來達到「以夷制夷」〔註 17〕的目的，所強調者不外是武器、練兵、船炮……等器用，所以政策方針乃致力於一連串的海防措施及實業建設。面對中國千古未有之變局，和遭逢千古未有之強敵，推展洋務運動者認爲必須作適當的變通，才能應對千古未有之形勢，而主張變通的目的乃爲「求強」、「求富」，此爲洋務運動的基本精神。在「求強」方面，通過引進並學習西方的工藝技術、軍事器械，發展軍事工業，以增強朝廷的軍事裝備，強化統治實力。在「求富」方面，透過開辦民用企業，開闢財源，增加政府的經濟實力，以奠定求強的物質基礎，

〔註 17〕洋務運動「師夷之器以制夷」的觀念來自魏源，魏源在《海國圖志・序》中說明其著作的動機及目的：「何以異於昔人海國之書？曰：彼皆以中土人譚西洋，此則以西洋人譚西洋也。是書何以作？曰：爲以夷攻夷而作，爲以夷款夷而作，爲師夷長技以制夷而作。」洋務派乃將此觀念做爲提倡洋務、製造器用的中心思想。

達成富國強兵的目標。

換言之，先後歷經了兩次鴉片戰爭，清朝統治者發現西方的武器裝備比中國先進得多，觀察中、外形式的變化，興起「師夷之器」以求富強的應變措施。洋務運動時期，中國近代思潮進入另一新階段，其中的關鍵是西方的科學技術及有限的政治思想傳入。所謂的洋務思想，實際上是以學習西方的科學技術與管理經驗爲主，至於議會政治及君主立憲制等相關的政治思想則尚未受到重視。然根究清代統治者，推行洋務運動的目的，除了想透過自我的改造以因應新的政治形勢，學習西方的先進技術，引導中國積極走向近代化外，並期望以之抵禦西方國家的侵奪，更重要的是爲了鞏固自身的統治權力。

持續二、三十年的洋務運動並未改善中國貧弱的情況，問題的癥結在於洋務運動僅學到西方的皮毛，其所謂的求變通，僅變其形貌而非變精神，陳熾即言:「棄其菁英而取其糟粕，遺其大體而襲其皮毛。」〔註 18〕中國所要學習西方的應是政治、文化、經濟、軍事等本體的全面變革，尤其是制度的建立，而非僅是加強技藝、軍旅、水師等末端事務而已。另方面亦未得西洋留學生的全面支援，梁啓超即言：

> 晚清西洋思想之運動，最大不幸者一事焉，蓋西洋留學生殆全體未嘗參加於此運動；運動之原動力及其中堅，乃在不通西洋語言文字之人，坐此爲能力所限，而稗販、破碎、籠統、膚淺、錯誤諸弊，皆不能免；故運動垂二十年，卒不能得一健實之基礎。〔註 19〕

不通西洋語文則對於西學的眞正精神無法通盤明瞭，從事西洋運動的主力者，因語言文字的相隔，所學得的西洋知識觀念，往往是片面支離、籠統含糊，雖然當時已有官派的西洋留學生，卻與洋務運動的理念不相合，所以在闇西學知識，又得不到西洋留學生的協助下，自然無法掌握西學的優越處，導致產生諸多弊端，梁氏將洋務運動所倡導的西學觀念最終未能達於理想，歸咎於人才的不足。整體而言，洋務派學習西學的立意雖值得肯定，而中國國勢仍未有明顯的改善，究其內在的眞正原因仍是僅學得西洋知識的技術層面，卻未曾習取其完善的體制與之搭配，所以雖持續二、三十年的洋務運動，最終仍未達到其求富、求強的目標。

〔註 18〕陳熾：《庸書內外篇．自序》（臺北：台聯國風出版社，1970 年 9 月），頁 426。
〔註 19〕梁啓超：《清代學術概論》（臺北：臺灣商務印書館，1985 年 2 月），頁 163。

二、維新思想的先驅——改良派

隨著對西方政治、經濟思想的逐漸瞭解，於十九世紀七十、八十年代中，思想界出現了維新思想的前驅——改良派，此派主要人物有：馮桂芬（西元1809～1874年）、王韜（西元1828～？年）、薛福成（西元1838～894）、馬建忠（西元？～1899年）、陳熾（西元？～1899年）、鄭觀應（西元1842～1921年）等人。

由於王韜曾長期與西人合作從事中、西著作的翻譯工作，馮桂芬、薛福成曾有較多機會接觸辦理西洋業務的幕僚或官員，鄭觀應亦曾受雇於外國企業，由於接觸的環境不同於傳統的中國讀書人，使這批知識份子成爲近代中國傳播新思想的前驅。在文化思想的問題上，改良派所面臨的是如何認識西方現代化？以及如何正確處理中西文化的關係？並逐漸把國家的富強與學習西方連結在一起。馮桂芬的《校邠廬抗議》即中國的經世致用思潮向洋務思潮轉化的重要開端，不再強調「夷夏大防」，強調發展經濟的重要性，鄭觀應的《盛世危言》認爲除以西學爲用外，更需效西學之體〔註20〕。對於政治立場上，此派多主張樹立各國平等相處的新觀念，並以此爲基礎積極向西方各國學習。

由於此派思想最初是從洋務思想分化而來，與洋務派有不同程度的聯繫，後因發現洋務運動並不能使中國眞正富強，必須另謀策略，此現象有著歷史及現實上的必然性，因爲隨著洋務思想的產生與發展，學習西學的風氣逐漸濃厚，且學習的面向已不再局限於器物或技術的層面，更包括了政治制度、文化藝術、教育制度甚至是宗教觀念。換言之，當西學爲用的觀念不再被視爲異端思想後，爲適應科學技藝及經濟的進步，隨之而來的便是諸多不同型態的變革，有更爲切實的主張及建議。所以改良派主張學習西方的觀點與洋務思想雖爲一致，但對於學習的範圍以及變革的程度，則有局部性與全面性的差異；有深入與淺層之別，改良派顯得比洋務派激進多了。

〔註20〕在改良派思想的發展中，對西學的認識有重大進展，其認爲以西學爲「用」外，更需效其「體」。鄭觀應：《盛世危言・自序》（臺北：中華雜誌社，1965年11月）提出：「乃知其治亂之源，富強之本，不盡在船堅炮利，而在議院上下同心，教養得法；興學校、廣書院、重技藝、別考課，使人盡其才；講農學、利水道，化瘠土爲良田，使地盡其利；造鐵路、設電線、薄稅斂、保商務，使物暢其流。……育才於學堂，論政於議院，君民一體，上下同心，務實而戒虛，謀定而後動，此其體也；輪船、火炮、洋槍、水雷、鐵路、電線，此其用也。」改良派所提出諸如此類的觀點及主張，在當時社會上產生了一定的影響，頁1～2。

改良派透過實際的觀察與研究，明白西方國家所以強盛的內在原因不盡在船堅炮利而已，中國卻遺其體而效其用，所以事多扞格，難臻富強。所以改良派的思想，從如何防禦外侮到國家內政的改革，由經濟上的發展工商業到要求政治上的開議院，此乃是對西學認識上的重大進展，明白以西學爲「用」外，更需效其「體」，才是求富強之策。

最初無論是改良思想的本身，或是思想的代表人物，雖然與洋務思想對立發展中已具有自己的性格，但仍與康、梁等人的維新思想有所不同。此派對於政治上的改革，所依據的僅是簡單的循環「變易」觀念，尚未有維新派的歷史進化觀，對於中國的名教綱常仍極力擁護。儘管已意識要效法西學的「體制」與「器用」，仍將其工藝科學（器）以至於政法制度（體），皆視爲「器」，並非「道」，在改良派的觀念中「道」所指的仍是中國的聖人之道〔註21〕，「道」是不可變易的，且是西方國家所不及的，由此以見改良派的政治主張呈現了自相矛盾的現象。

儘管改良派對舊學派有所反對；對洋務派有所批評，然其所倡導的「中學其本也，西學其末也；主以中學，輔以西學」與洋務派「中體西用」的思想仍分不開，兩派思想嚴格說來實有諸多相似處。另者，改良派雖可謂爲十九世紀九十年代康、梁等人維新派的先驅，然康、梁等人與馬建忠、薛福成以至鄭觀應、陳熾等人的思想，仍有不同之處，此不同之點主要不是表現在具體的政治或經濟主張中，而是表現在社會觀點與哲學思想上〔註22〕。由於改良派思想缺乏理論的指引，無法對變法主張作出深刻的分析與論證，所以此時期，新、舊思想的分歧只處在初步階段，尚未展開全面的對抗形勢。

三、維新派

當時中國學人，極力提倡所謂的「新學」，實際上並無所謂固定的界域與定義，大致不外是泛指一切反對舊學的新說及西方之學而已，雖說界定不甚

〔註21〕鄭觀應：《盛世危言新編・凡例》：「道爲本，器爲末，器可變，道不可變，庶知所變者，富強之權術而非孔孟之常經也。」又陳熾《庸書・自強》篇：「形而上者謂之道，修道謂之教，自黃帝、孔子而來至於今，未嘗廢也，是天人之極致，性命之大原，亙千萬世而無容或變者也。」可知此種看法是改良派人物所一致強調的。

〔註22〕詳見李澤厚：《中國近代思想史論》（臺北：三民書局，1996年9月），頁60～68。

清楚，卻引起知識份子的重視，對「新」的意義有正面的論述，譚嗣同言：「夫善至於日新而止矣！夫惡亦至於日不新而止矣！」〔註 23〕「新」是天地生生不息的根源，亦契合當時政治與社會情況，因之，尊新崇變的觀念，引發了諸多的討論，對新的精神和風尚有頗大的影響。在學術方面保持懷疑、實證與復古的趨向，並存有反道統獨斷的精神。在政治方面主張民權的理想、保持平等、自由的習尚，卻也引發舊學派的攻擊，紛紛作釐正文體的呼號。

光緒二十年（西元 1894 年）發生了中、日甲午戰爭，中國於戰場上失利，簽下喪權辱國的馬關條約，使中國半殖民地化的程度更加深。同時不得不檢討從鴉片戰爭以來，持續經營三十年洋務運動的成果，有感於洋務運動如僅單純的效法西方的船堅炮利，並不能解決中國眞正的危機。在空前的民族危機下，從十九世紀七、八十年代，開始出現的維新思潮逐漸高漲，從一種社會思潮逐漸發展爲全國性的政治運動，即戊戌維新運動。

早在光緒十四年（西元 1888 年），康有爲就以布衣身分上書光緒皇帝，要求變法維新。馬關條約簽訂後，康有爲、梁啓超聯合當年在北京參加會試的舉人千餘人，發動了著名的〈公車上書〉，此書雖未能上達光緒帝，卻對社會產生甚大的影響，可謂是維新思想走向巔峰的起點。緊接著各地學會、學堂、報刊的創辦及發行紛然而起，加強進行組織及宣傳工作，積極推動維新運動的發展。

光緒二十四年（西元 1898 年）康有爲、梁啓超、譚嗣同、唐常才……等維新派人物以光緒皇帝的名義進行一連串的變革，歸納而言大致可分爲五類：學術、教育、經濟、軍事、政治〔註 24〕，由於維新派的思想家均具有傳統的中學根柢，對西學又有深刻的認識，所以主張從思想與制度的更革著手，眞正的目的是要將傳統的中國社會做徹底的改革。

就整體思想而言，康、梁、譚、唐等人的思想，較之先前的馬建忠、薛福成、鄭觀應等人的思想有更重大的發展，開始產生有系統的社會政治理論及哲學觀點作爲變法思想的理論基礎，表面上雖與改良派的政策、政綱頗相似，卻有著更進步的潛在意義與內容，尤其是政治主張方面，將立議院、民

〔註 23〕譚嗣同：《仁學》一（臺北：臺灣學生書局，1998 年 11 月），頁 37。

〔註 24〕郭廷以：《近代中國史綱》：「在康策動下，百日之內，變法的奏摺紛上，上諭日或數頒，大致可歸納爲四類，一、教育學術……二、經濟建設……三、爲軍事……四、爲政治。」（臺北：曉園出版社，1994 年 5 月），頁 361～362。

權平等皆視爲「聖人之道」，不再陷入理論與實際主張相互矛盾的情況。儘管此學派的理論思想與其現實的政治環境仍有著不少的距離，然而無論是民權平等或是三世進化說，畢竟使變法方案有依憑的根據〔註 25〕，更重要的是維新派不再只是停留於紙上的文字宣讀或口頭的傳播理念，而是欲透過實際的政治運動以實現變革的目標。

四、舊學派

當康有爲、梁啓超等維新派積極的提倡各種變法改革時，與變法思想相對抗的是曾廉、王先謙、葉德輝、張之洞、蘇輿……等舊學派人士的反變法思想。在當時，舊學派的勢力頗龐大，上至王公親貴、各級官僚，下至各地的士紳，其在中國傳統社會秩序中，與現實的政治秩序深相關聯，且擁有特殊的權力及地位，可謂是統治勢力的延伸，藉此不僅可在思想上攻擊維新派，甚至可以其權威勢力壓制維新運動的展開。

舊學派爲鞏固社會秩序的現狀，爲維持王權的絕對性，「尊君」、「忠君」思想成爲其主要的政治關懷，爲確保王權的穩固性，儒家的綱常名教，成爲維繫社會倫理的重要依據。因之，儒家的文化傳統成爲其生活所依循的準則，歷史的變動，使之成爲儒家道德及社會秩序的維護者，所以無論在學術思想或政治觀念上，都傾向傳統與保守，對於一切激進的變革，均採審慎的態度，甚而加以抵制。另就張之洞的思想而言，康有爲、梁啓超等新學派的主張，已與其「正統思想」產生對立的現象，且新學派者鼓吹的民權與滿、漢之分的觀念，無疑的對「中體西用」思想的中體核心「綱常名教」有著挑戰的意味，張之洞的《勸學篇・內篇》倡言忠君、愛國、綱常、倫理，乃是因爲鑒於當時的情勢而發，亦含有規勸康、梁等人之意，可見其守舊的思想。

五、維新與守舊的衝突

早在光緒十四年（西元 1888 年），康有爲因發表〈上清帝第一書〉等變法思想的著作後就逐漸遭受舊學派的批評。光緒二十一年（西元 1895 年），文廷式（西元 1856～1904 年）、康有爲等人在北京創立「強學會」時，更受到舊學派大臣徐桐（西元 1820～1900 年）、剛毅、御史褚程博等的攻擊，此爲新學派

〔註25〕參考李澤厚：《中國近代思想史論》（臺北：三民書局，1996 年 9 月），頁 69～77。

與舊學派間明顯對立的開始。但至光緒二十四年（西元 1898 年）三月康有爲在京師開「保國會」後，舊學派對新學派的攻擊始轉爲激烈，直至百日維新運動被推翻後，此種敵對現象仍持續存在著。當時舊學派者加諸新學派的主要罪名，不外是「莠言亂政」、「離經叛道，非聖無法」、「首倡邪說，惑世誣民」、「學術乖謬，大悖聖教」……等，由於兩方的思想存在著根本差異，因之，無論是政治、學術、教育、文化、宗教等方面的思想，各自壁壘分明。

在康、梁變法維新運動之前，西學進入中國，雖曾不斷受舊學派的干預，但新、舊思潮間的對立並不明顯。這是由於在洋務運動時代，西學對中國的衝擊，主要是在器物層面，保守的舊學思想者，也意識到中國這方面的不足，因此，新、舊思潮間的前進與反制，尙能維持較爲和緩的發展。但在康、梁變法維新時期，中國所面臨的內外壓力逐漸擴增，西學的衝擊從原先的器物層面，逐漸激盪了中國本身的社會政治及文化思想的層面。新、舊學派對於這些問題有了不同面向與層次的思考。新學派不僅要超越洋務運動時期「師夷之器」的層次，而更進一步要「師夷之智」，藉由西學的教育、政治觀念，對傳統的中國社會做激烈的變革。在新、舊兩派激烈的衝突中，新學派衝決了洋務派「變器不變道」的格局，強調道亦可變，並認爲當時的中國已面臨「能變則全，不變則亡；全變則強，小變仍亡」的境地，因之，必須革除舊有的思想觀念，建立新的思想制度。這樣的改造思想，直接衝擊了中國原有的政治秩序與學術文化以至於道德價値，同時激化了新、舊兩派之間的對峙關係。

第三節　「中體西用」說的提出與影響

「中體西用」的觀念可謂分判中、西學術不同之義，代表清代知識份子對於西方事物認知上的更進一步，除了態度上承認西學的價值外，並欲在實際的事務上，以西學來資輔中學的不足處，不同於洋務運動時僅採「師夷長技」的態度而已，此時已知西方的優長之處，提出「中學爲體，西學爲用」的觀念，以倡導接受西方的專門知識。

一、「中體西用」說的提出

「體」、「用」兩字最早出現一起使用的現象，乃始於《荀子・富國》篇：「萬物同宇而異體，無宜而有用。」「體」指形體；「用」指功用，已含有「體用」最原始的意義。至魏晉時期，學者如：王弼（西元 226～249 年）、鍾會（西元 225～264 年）……等人已普遍運用「體」、「用」的含義〔註 26〕，進一步將「體用」提升爲相對立的哲學的概念。其後程頤《易傳・序》：「體用一源，顯微無間」，說明體用之間的關係。朱子對儒家經傳的注疏，也使用「體用」作注解，《論語・學而》篇：「禮之用，和爲貴。」朱注：「蓋禮之爲體雖嚴，而皆出於自然之理，故其爲用，必從容而不迫，乃爲可貴。」〔註 27〕在此「體」當指事物的本質，「用」則指事物的功能。可知，「體用」兩字同時出現的時間甚早，最初雖是爲申明經義而設，然因「體用」兩字具有對立相應的實義，正如：有無、理氣、道器……之類的詞彙〔註 28〕，已成爲中國傳統學術的既定用語。由於沿習甚久，逐漸擴充含義，直至清代基於表明西學與中學之間的關係，「中體西用」成爲學者所慣用的詞語，就當時的政治、社會情況而言，實深具時代意義，是此時期知識份子的共同觀念，足可作爲晚清開展教育文化的思想基礎。

在清代「中體西用」思想，並非張之洞首先提出。馮桂芬（西元 1809～1874 年）於咸豐十一年（西元 1861 年）左右，即提出：「以中國之倫常名教爲原本，輔以諸國富強之術。」〔註 29〕雖未直接揭示「體」、「用」的對待之詞，卻是「中體西用」較早的表達，在當初封閉的社會中，實具有進步的意義。其後的王韜、馬建忠等人則沿著馮桂芬的思路繼續推進，皆以中國傳統

〔註 26〕王弼：《老子・第三十八章注》：「雖貴以無爲用，不能捨無以爲體也，捨無以爲體則失其爲大矣！」《諸子集成》（北京：中華書局，1996 年 2 月），頁 24。宋代李霖《道德眞經取善集》引鍾會注：「有無相資，俱不可廢。故有之以爲利，利在於體，無之以爲用，用在於空。故體爲外利，資空用以得成，空爲內用，藉體利以得就。但體、用相藉，咸不可亡。」《續修四庫全書》（上海：古籍出版社，1995 年 6 月），頁 234。

〔註 27〕朱熹：《論語集註》（臺北：學海出版社，1988 年 6 月），卷一，頁 51。

〔註 28〕「有無」的哲學概念最早見於《老子》，《老子》第一章：「無名，天地之始；有名，萬物之母。」第四十章：「天下萬物生於有，有生於無。」至魏晉時「有無之辯」成爲玄學家討論的主題。「理氣」最早是單一的哲學概念，在《國語・周語》及《左傳》皆曾提及「氣」，而先秦諸子如：《孟子》、《荀子》、《管子》等皆曾提及「理」，直至張載及二程始將「理氣」對舉立論，成爲對立的學術概念。「道器」的哲學概念最早見於《周易・繫辭傳》：「形而上者謂之道，形而下者謂之器。」由於《繫辭傳》並未對它作進一步的闡釋，所以予以後世學者如：孔穎達、朱子、二程、王船山……等人留下極大的發揮空間。

〔註 29〕馮桂芬：〈采西學議〉，《校邠廬抗議》，《近代中國史料叢刊》第六十二輯（臺北：文海出版社，1966 年 10 月），卷下，頁 69。

學術體系中的道、器、本、末、形而上、形而下等概念來闡明中、西文化的主從關係，王韜曰：

> 形而上者中國也，以道勝；形而下者西人也，以器勝，如徒頌西人，而貶己所守，未窺爲治之本原者也。〔註 30〕

對於客觀存在的中、西文化交匯趨勢，已有自覺及理性的思考，顯然是一進步，此時雖已有「中體西用」思想，而「中學爲體，西學爲用」的名言，卻是孫家鼐（西元 1827～1909 年）於甲午戰爭後所提出的，其對於「體」、「用」及「中體西用」的內容有更具體的說明：

> 知其本而後通其用，……先課之以經史義理，使曉然於尊親之義，名教之防，爲儒生立身之本，而後博之以兵農工商之學，以及格致，測算、語言、文字各門，使之明體達用。〔註 31〕

所謂的「體」在學術上指中學的經史義理，落實於日用則爲人人必須遵守的綱常名教，「體」不可更變，具永恆性；「用」乃指西學的專門科目及應用之學，可因時、因地而制宜，「用」具變通性，清楚的分析了中、西學各自的特質。孫家鼐雖強調中學的重要性，對西學亦有較深入的認識，其以爲西方的富強非僅恃船堅砲利而已，以爲西學可補中學不足及失傳的部份，曰：

> 中國五千年來，聖神相繼，政教昌明，絕不能如日本之舍己芸人，盡棄其學而學西法。今中國……應以中學爲主，西學爲輔，中學爲體，西學爲用；中國有未備者，以西學補之，中學有失傳者，以西學還之。以中學包羅西學，不能以西學凌駕中學。〔註 32〕

將中學與西學的「體、用」及「主、從」關係說得頗清楚，並認爲一切均應抱定此意，雖千變萬化，言與行當不離本旨，孫氏雖接受西學，卻嚴定中、西學的分際。此外，都察院滿都事長慶（西元？～？年）亦對「中體西用」表示看法：

〔註 30〕王韜：〈與周弢甫徵君〉，《弢園尺牘》（臺北：臺灣大通書局，1969 年 1 月），卷四，頁 10。

〔註 31〕孫家鼐對於「體」的界定是：「中國以禮教爲建邦之本，綱常名教，萬古常新。」而對於「用」的界定則是：「因時制宜，一切格致之書，專門之學，則又宜博採泰西所長，以翊成富強之業。」見〈管理大學堂大臣孫家鼐摺〉，楊家駱主編《戊戌變法文獻彙編》（臺北：鼎文書局，1973 年 9 月），冊五，頁 326～327。

〔註 32〕孫家鼐：〈議覆開辦經師大學堂摺〉，《變法自強奏議彙編》，《近代中國史料叢刊》第四十八輯（臺北：文海出版社，1966 年 10 月），卷四，頁 1。

> 夫濟世之才，須通今博古，必能經權達變，方足克濟時艱。中國之四書五經，實爲學者根柢，說者謂中學爲體，西學爲用，是學有本末，不容越俎。要在先中後西，方爲通體達用之才。否則中學未通，欲講西學，是猶南轅而北轍，捨本而求末也。〔註33〕

說明了因應時代的轉變，不僅要貫通古、今，還須博學中、西，但所能接受的西學，必是在中學爲體的情況下，即「中體西用」的改革模式，此亦爲當時學者們普遍的意見。綜合以上各家的觀點，可知「中體西用」的思想，由於人物的不同，思考的角度也不一，因之，所詮釋的內容不免有所差異，然各家所秉持的基本理論不外是引進「西用」，並加強防護「中體」，此觀念逐漸成爲趨勢而普遍化。

至張之洞時則較有系統、全面性地發揮「中學爲體，西學爲用」的思想，張之洞曰：

> 新舊兼學，四書五經、中國史事、政書、地圖爲舊學；西政、西藝、西史爲新學，舊學爲體，新學爲用，不使偏廢。〔註34〕

以中國傳統的典籍爲舊學爲體，西方的政治、技藝爲新學爲用，一者爲體，一者爲用，體、用當兼備。至於講西學的原因及中、西學間的關係，張之洞云：

> 今欲強中國，存中學，則不得不講西學，然不先以中學固其根柢，端其識趣，則強者爲亂首，弱者爲人奴，其禍更烈於不通西學者。〔註35〕

講西學是中國求強、中學求存的重要條件，但必先以「中學」爲立國的根柢，不可動搖，如只偏重「西學」，將招致更大的禍害，因此，必以「中學」爲主體，而「西學」爲致用，其作用在於存中學、輔中學。張之洞將「中體西用」援引於政治思想上，曰：

> 今日學者，先通經以明我中國先聖先師之精意，考史以識中國歷代之盛，九州之風土，涉獵子集以通我中國之學術，然後擇西學之所以補吾闕者用之，西政之可以起吾病者取之，斯其無害而有益。〔註36〕

〔註33〕長慶：〈都察院滿都事長慶呈〉，楊家駱主編《戊戌變法文獻彙編》（臺北：鼎文書局，1973年9月），冊五，頁311。

〔註34〕張之洞：〈設學第三〉，《勸學篇・外篇》（臺北：文海出版社，1966年10月），頁8。

〔註35〕張之洞：〈循序第七〉，《勸學篇・內篇》，頁25。

〔註36〕同前註。

就政治觀點而言，「中體西用」的涵義乃以德治為主，再參以法治，即於王道中參以霸政。所謂目的與方法的不同，參用西法為應時勢之需，為暫時應用之法，如以長久之治為目的，仍必須以仁義道德為主的王政。

二、「中體西用」說的影響

代表洋務運動時期思想的主流是「中學為體，西學為用」的觀念，隨著西學逐漸普及，知識青年得到思想的啓蒙，顯示中西方文化從表面的文化調和，已逐漸尋求進一步結合的方向。當時言論的趨勢，傾向於吸收西學而充實中學，取於人而不失自我，雖言西學卻不失以中學為本位的觀念，所以自是將中學與西學的關係界定為主輔、內外、先後、本末的形式。可知「中體西用」的觀念，主旨則仍以自我為中心，用西學擴充中學的內容，並非僅求中、西融合，其目的更在於化西學以為中學。

「中體西用」在洋務派、改良派、維新派、舊學派的理解與運用上，各自不同。洋務派的「中體西用」主張，是欲以西用來維護中體，一方面用西藝、西技抗拒西方列強的外侮，另方面則用來消滅太平天國的內亂，以求得國家社會的安定。改良派所主張的「中體西用」，乃為在僵化的文化一統體系下，藉著西方思想改善陳腐老舊的觀念，使西用能置於中體以發揮效能。維新派的「中體西用」觀，除了欲消泯中西的界限，化除新舊間的門戶，以體用並舉，有本有用，以治天下國家外，並進而思考西用不能捍衛中體的原因，尋出中學與西學的「道器」、「體用」關係，譚嗣同即言：「夫苟辨道之不離乎器，則天下之為器亦大矣！器既變，道安得獨不變？變而仍為器，亦仍不離乎道，人自不能棄器，又何以棄道哉？」〔註37〕維新派改變洋務派的變「用」不變「體」的觀念，明確的將「道、器」、「體、用」視為一變俱變的不可分割的對應關係，此變用亦變體的「中體西用」觀，對於變法運動有實質上的影響。「中體西用」說之於舊學派，則完全相異於以上各派，其認為西用對中體而言，必然招至危害。一味的重視西方技藝，將導致中國傳統的道德倫理被輕忽甚至捐棄而淪喪，中體將因西用而瓦解，不難見出，舊學派對「中體西用」論的憂慮與恐懼。

「中體西用」思想主要的目的，應是以西方國家的現代物質文明來維護

〔註37〕譚嗣同：〈思緯壹臺短書—報貝元徵〉，《譚嗣同全集》（臺北：華世出版社，1977年10月），卷三，頁390～391。

中國君主專制政體及名教綱常的統治地位，中學爲治心的內學，西學爲應世的外學，兩者之間的關係在於無體不立，無用不行，相輔相成，缺一不可。

「中體西用」衝決傳統思想的禁錮，在當時的歷史條件下，「中體西用」正是中、西方溝通的橋樑，在一定的程度上表達了中國社會對西方的百工技藝，甚至是政教制度的接受與肯定。其次，「中體西用」必是放置在中國社會一定的心理承受力下所作的變革，所以不從根本上做徹底的改革，而是以溫和、隨時代演進的方式爲基本模式，此爲其特質亦是一缺失。

晚清時期，「中體西用」思想有逐漸普及於各地的趨勢，其所以能在中國十九世紀後半葉盛行，與當時中國內憂、外患的環境及歷史條件有極爲密切的關係，而此觀念對晚清的政治與文化思想有著極大的影響。

結　語

清代的學術領域不外是漢學與宋學，而漢學、宋學之爭亦是清代學術特有的現象。如果以嘉、道時期爲界，將清代分爲前、後兩個時期，那麼前期是漢學盛而宋學衰；後期則隨著宋學的復興，改變了漢學盛、宋學弱的狀況，出現了有利於宋學發展的變化，然而晚清的漢、宋之爭，並未演化爲長久的對壘，最終被調合漢、宋的潮流所取代。另者，在嘉、道之際，因著政治的外緣因素及學術本身轉變的內在因素，今文經學亦於晚清時期復興，除了單純的學術研究外，更被藉以在政治上大放異彩。然而不論清代學術自身如何演變，終究不脫離經世致用的思想做爲學術轉變的動力，而其最終目的則是爲求政治的穩定，及國家的強盛。

近代中國由於社會內部危機的加深，以及強大西方勢力的入侵，且受傳統學術經世致用學風的影響，中國的改革思潮逐漸醞釀，從早期洋務派採「以夷制夷」的態度，僅注重器物方面的改革，至改良派、維新派提出「主以中學，輔以西學」的方式，作爲接受西方知識的原則，將改革由器物的層次提升至政法制度的層次，同時亦逐漸產生新、舊思想分歧的情形。可知甲午戰爭前，變革思想已具有大致的理論雛形，甲午戰爭後，更加速了理論與實際行動的結合。以康有爲、梁啓超爲中心的維新派思想家，將今文學家的《公羊》思想作爲變法改革的主要理論架構，並輔以西學思想，欲進行各方面的改革。維新派的思想愈強大，相對的以抗衡姿態出現的守舊勢力亦隨之興盛，其以護翼傳統文化及君權的絕對性爲理念，與維新派進行各方面的論辯或批評。換言之，就十九世紀中國的思想環境而言，康有爲、梁啓超等人的維新思想是屬於激進的，與舊學派葉德輝、王先謙等人所秉持的傳統思想，無論是信仰或現實利益上都產生不協調的現象，所以新、舊兩派之間的關係，從緊張而逐漸對立，演變成雙方在學術、政治、教育……等觀點有相互批判、對峙的諸多現象。

第三章　學術思想之論爭

新、舊學派思想論爭的主要核心有二，其一爲學術思想，另一爲政治思想的論爭，從學術思想的論辯中，並不難見出兩派之所以在政治思想上產生差異的原因。舊學派因著強烈的衛道精神，其遵循傳統的儒學觀念。因之，當康有爲、梁啓超等人的變法思想傳播開來之後，舊學派的反應便是對新學派所詮釋的儒學系統由質疑而排斥，進而引發學術思想上的衝突。

第一節　哲學思想的論爭

在新、舊學派諸多論辯的主題上，關於哲學思想的論辯是較少的部份，因爲晚清時期的種種變革思想，大多以實際的問題做考量，對於純粹的形上思考自然較少涉及。本節即針對《翼教叢編》中新、舊學兩方所提及的幾個哲學論點，稍加分析以探討兩方觀點上的差異。

一、論「理」與「氣」

（一）康有為的「理」、「氣」觀

康有爲（西元 1858～1927 年）曾師事於朱次琦（西元 1807～1881 年）門下，學習了中國的聖賢之學，包括「四行五學」，所謂「四行」指的是「敦行孝悌、崇尚名節、變化氣質、檢攝威儀」；而「五學」則指「經學、文學、掌故之學、性理之學、詞章之學」，均予康氏莫大的影響，其中「性理之學」，使康氏對於程朱理學，特別注意「理」、「氣」、「性」的問題。

關於「理」、「氣」的問題，宋明理學家將「理」視爲最高的哲學範疇，

屬於「形而上」的道，而「氣」則是屬於「形而下」的器，朱子（西元 1130～1200 年）對「理」與「氣」的界定：

> 天地之間，有理有氣，理也者，形而上之道也，生物之本也，氣也者，形而下之器也，生物之具也。是以人物之生，必秉此理，然後有性；必稟此氣，然後有形。其性其形，雖不外乎一身，然其道器之間，分際甚明，不可亂也。〔註 1〕

「理」爲道、爲本，「氣」爲器、爲具，有理然後有性，有氣然後有形，人物之生雖秉於「理」與「氣」，同具有「性」與「形」，然「理」、「氣」及「道」、「器」之間，卻分際明確，不相混亂，所以朱子對「理」、「氣」關係所持的觀點是「理本氣末」、「理先氣後」。康有爲則批評程、朱於理氣觀上的顚倒，其並不認同朱子「理先氣後」的觀點，康氏引用東漢何休《公羊解詁》：「元者，氣也。無形以起，有形以分，起造天地，天地之始也。」的說法，於《春秋董氏學》曰：

> 《易》稱大哉乾元乃統天，天地之本，皆運於氣。《列子》謂天地空中之細物，《素問》謂天爲大氣舉之，何休謂元者氣也，《易緯》謂太初爲氣之始。〔註 2〕

康氏本於《易》、《列子》、《公羊解詁》、《易緯》的看法，主張「元」是最高的根本，以「氣」的狀態存在，「氣」爲天地之始，爲萬物之本，「凡物皆始於氣，既有氣，然後有理，生人生物者，氣也。所以能生人生物者，理也。」〔註 3〕天地之理即爲陰陽二氣，而「理」既然作爲規律，只能藉著自然界的各種事物的出現，以體現「理」的存在，可知，康有爲所要強調的是「氣先理後」的論點。

（二）朱一新的辯駁

舊學派的朱一新（西元 1846～1894 年）曾於〈答康有爲第五書〉中，對「理」與「氣」的關係提出「理氣合一」之論，曰：

> 《繫辭》一陰一陽之謂道。陰陽者，氣也；道者，兼理與氣之名也，

〔註 1〕朱熹：〈答黃道夫〉（一），《朱文正公全集・上》，四部叢刊初編・集部（臺北：商務印書館，1965 年 11 月），卷五八，頁 1044。

〔註 2〕康有爲：《春秋董氏學》（臺北：臺灣商務印書館，1969 年 1 月），卷六（上），頁 5。

〔註 3〕康有爲：〈學術源流一〉，《南海康先生口說》（廣東：中山大學出版社，1985 年 12 月），頁 1。

> 舍陰陽無以見道，舍氣無以見理，而理則實宰乎氣。……故有物必有則，有氣必有理，繼之者善，純以理言；成之者性，則兼理與氣言。理氣合而成質，故恆言曰氣質，理在氣中，言氣不必復言理也。理無形象，無方體，因氣以著，要不得謂有氣而無理。〔註4〕

朱一新以「道」既然是「陰陽」相合而成，且兼「理、氣」，而「氣」又爲「陰陽」，可見「氣」乃「道」的一部分，與「理」可以並立。「理」爲無形需因「氣」而呈現，「理」亦爲「氣」之律則，兩者必相結合才能有所成，「理」與「氣」當合爲一，而無先後之分，如此將「理」、「氣」並提，始能賦予一定的生命力，可知朱一新「理氣合一」論乃相異於康有爲「氣先理後」的觀點。

二、論人性

（一）康有為的「人性論」

康有爲在人性論的問題上，批判程朱理學「存理滅欲」的觀念，其主張「天理在人欲之中」，而反對禁欲主義。康氏云：

> 若耳目百體，血氣心知，天所先與，嬰兒無知已有欲焉，無與人事也。故欲者，天也。程子謂天理是體認出，此不知道之言也，蓋天欲而人理也。〔註5〕

嬰兒雖無知卻已有欲，因之「人欲」和耳目血氣一樣是天生自然，可知「人生而有欲，天之性哉！」既是人生而有欲，有欲便是天性之一，所以「欲無可盡，則當節之；欲可近盡，則願得之。」〔註6〕康氏認爲有欲爲合理，理學家的「去人欲」主張便違反了天性。

程朱理學在人性論上主要繼承了孟子的性善說。康有爲則贊同告子的「性無善無不善」說，反對孟子的性善論，「性者，生之質也，天生人爲，性無善無惡」、「言性，告子是而孟子非」〔註7〕，康氏認爲孟子的人與禽獸之別，孩提的良知良能，皆因「知覺」，而無關乎性的善惡，雖然康氏並未對「知覺」加以說明〔註8〕，但可知其並不完全認同孟子的性善論。康氏認爲「性」是與

〔註4〕朱一新：〈答康有爲第五書〉，《翼教叢編》，《近代中國史料叢刊》第三十六輯（臺北：文海出版社，1966年10月），卷一，頁14。

〔註5〕康有爲：〈理氣篇〉，《康子內外篇》（臺北：成文出版社，1978年4月），頁30。

〔註6〕康有爲著、朱維錚編校：《大同書》（香港：三聯書店，1998年7月），頁90。

〔註7〕康有爲：〈荀子（兼言孟子）〉，《南海康先生口說》，頁56。

〔註8〕康有爲：〈答朱蓉生先生書〉：「孟子之言性善，以人之性善於禽獸者爲善，而

生俱來，屬於氣質的，是物性，正如「附子性熱，大黃性涼」〔註9〕，人性並無善惡的分別，皆是人類的本然之性，進一步說明：

> 朱子謂性者，人之所得於天之理也，生者，人之所得於天之氣也。性形而上者也；氣形而下者也。人物之生，莫不有是性，亦莫不有是氣。然以氣言矣，則知覺運動人與物各不異也。以理言之，則仁義禮智之稟，豈物之所得而全哉！此人之性所以無不善而爲萬物之靈也！……孟子亦言形色爲天性，則性不專就理言。〔註10〕

「性」既本於自然，就無善惡之分，「性」中就不存在先天主宰的「善」，「性」落於生的層面，只是「氣質之性」，「義理之性」則屬於氣質的後天習得推擴，此亦爲人與萬物最大的區別。康有爲並不贊成宋儒提出的雙重人性論，其以爲將人性分爲「氣質之性」與「義理之性」是牽強附會孟子的觀點。就康氏觀點而言，人只有「氣質之性」，並不存在一個超然於「氣質之性」的「義理之性」，而所謂的「氣質之性」是指人生理上的本能，屬於自然之性。可知，康有爲對人性的看法是屬於「自然人性論」的立場，其曰：

> 人稟陰陽之氣而生也。能食味、別聲、被色，質爲之也。于其質宜者則愛之，于其質不宜者則惡之，兒之于乳已然也。見火則樂，暗則不樂，兒之目已然也。故人之生也，唯有愛惡而已。〔註11〕

由上所論述，康氏是以自然之氣論人性，其所強調的是人性的本質性原則，而不是形式性原則，因之，對於宋明理學所強調的「存天理，去人欲」便有了一個徹底的大轉變〔註12〕。康氏以爲人性、物性既同是自然本身，也就無所謂「善」的性是否爲人欲氣質所蔽障的問題，每個人的「性」當然就是平等相近的。因之，針對宋儒以修養功夫及道德高下的不同而將人劃分爲「君子」、「小人」的觀念，康有爲提出「人性平等」的主張，強調人的自然之性皆平等，以反駁宋儒的說法。康氏此說雖是自然的人性論，將人性歸結爲生

不知人之異於禽獸者，知覺也，非善也。孟子又以孩提之良知良能爲證，而不知此亦知覺也，與善惡無與也。」收錄於蔣貴麟編《萬木草堂遺稿外編·下》（臺北：成文出版社，1978年4月），頁830。

〔註9〕康有爲：〈愛惡篇〉，《康子內外篇》，頁13。

〔註10〕康有爲：〈性命第二〉，《孟子微》（臺北：宏業書局，1976年9月），卷二，頁11。

〔註11〕康有爲：〈愛惡篇〉，《康子內外篇》，頁11。

〔註12〕參考林師安梧：〈「傳統」與「啓蒙」〉，《中國近現代思想觀念史論》（臺北：臺灣學生書局，1995年9月），頁226～227。

理的特質，與物性可渾然一致，卻忽略了人性的社會及歷史性質。

「性」既然是指自然的人性與人情，如食色與喜怒哀樂，而「學」卻是逆其自然之性，乃指努力節制〔註13〕，曰：

> 夫性者，受天命之自然，至順者也。不獨人有之，禽獸有之，草木亦有之。……故孔子曰性相近也。夫相近則平等之謂，故有性無學，人人相等，同是食味，別聲被色，無所謂小人，無所謂大人也。有性無學，人與禽獸相等，同是視聽運動，無人禽之別也。〔註14〕

就「性」而言，是天命之自然，天地萬物均相同，無論是人與人或人與動物之間，所有的生理本能皆相同，所以有君子、小人之分，人與禽獸之別，都是因爲後天的「學」與「不學」所產生的結果，康氏謂:「學,所以節食色喜怒哀樂。」、「學也者，由人爲之勉強，至逆者也。」〔註15〕以「學」做爲後天的努力，可節度人性先天的種種欲望，因此,「順而率性者愚，逆而強學者智，故學者，唯人能之，所以戴天履地，而獨貴於萬物。」〔註16〕不僅人禽之別在於「學」，人的智愚之別亦在於「學」。又謂「學出於不能」〔註17〕，應指窮不能而後學，在此「學」可說是求變通的一種努力。

另者，康氏認爲雖然人類的本性相同，表現的結果卻有所不同，亦是因爲「積人事爲之，差近於習」的關係〔註18〕康氏此處延用孔子「性相近，習相遠」之說，以「習」表示後天的努力，乃與「學」相互呼應。

（二）朱一新的辯駁

朱一新對於「性」與「善」的觀點，正與康有爲相反，其以爲「質」、「情」、「欲」皆有善有惡，惟「性」有善無惡，而「善」必先於「性」，必須主宰並節制著「性」，其以絲與繭、雛與卵的關係說明：

> 性如繭如卵，亦如絲在繭中，苟無絲何有繭？雛在卵中，苟無雛何有卵乎？卵之不能爲絲，繭之不能爲雛，理也，惟性之不能爲惡亦

〔註13〕康有爲：〈性學篇〉:「人性之自然，食色也，是無待于學也；人情之自然，喜怒哀樂無節也，是不待學也。學所以節食色喜怒哀樂也。」，頁15。

〔註14〕康有爲:〈長興學記〉,《翼教叢編》,《近代中國史料叢刊》第六十五輯（臺北：文海出版社，1966年10月），卷四，頁36。

〔註15〕康有爲：〈長興學記〉,《翼教叢編》，卷四，頁37。

〔註16〕同前註。

〔註17〕康有爲：〈理學篇〉,《康子內外篇》（臺北：成文出版社，1978年4月），頁11。

〔註18〕康有爲：〈愛惡篇〉,《康子內外篇》，頁12。

理也。……性自皆善不可即以性爲善，容得謂性之非本善乎？譬諸繭自出絲，卵自出雛，不可即以繭爲絲，以卵爲雛，容得謂繭非起於絲，卵非起於雛乎？有雛種而後成卵，有絲種而後成繭，有繼善而後成性。……天道無不善，則稟乎天以爲性者，安有不善？董子但知善出於性，而不知性實出於善。〔註19〕

朱氏以爲先有絲後有繭，先有雛後有卵，所以先有善而後有性，作爲先天的雛的本質先於卵，並可以主宰著卵，作爲先天的「善」也就先於「性」並可決定著「性」，至於決定「性」的先天的「善」，實質上就是決定「氣」的「天道」，也就是「理」。此「理」放諸於社會秩序、社會意識中，即是「禮」。如此「理」與「善」必須決定和主宰「氣」與「性」，使「氣」與「性」服從「理」與「善」。朱一新雖主張「人性善」的本質，仍以「性」當受節制，曰：

惟氣有理以爲之宰，故性可節……夫性何以節，恃有禮而已。禮也者，理之不可易者也，本於太一，殺於萬殊，皆所以範其血氣心知以漸復乎天命之本。……有物必有則，有氣質必有義理；有父子必有慈愛，有君臣必有等威。……人性之本善，……，理固具於生初，知皆擴而充之，可以贊天地之化育也，其逆而制也，以理寓乎氣，性發爲情，氣有昏明厚薄之不同，其發之也亦異，苟失其養，則旦晝梏亡，人欲肆而天理滅。……非禮無以防之也。〔註20〕

朱氏認爲性必受禮的節制，需以天理來管理人欲，如此才合乎天道，正如父子與慈愛，君臣與等威皆是人類的社會秩序，但人的「情」、「欲」則被視爲「氣質之性」是惡的，因之，必須以「義理之性」加以引導，以「禮」加以管制，如此始能維護「性本善」的本質，使人欲受約束而天理亦可存。

對於康有爲人性平等及物性平等的理論，舊學派的學者乃持反對的立場，朱一新言：

氣有昏明厚薄之不同，斯理之隨氣以賦者，亦因之爲差等，苟無是以宰是氣，則人物之生，渾然一致，而人之性眞同犬牛之性矣！〔註21〕

君子與小人的差別，是因爲所得的「理」受「氣質」所蔽障的情況不一樣，

〔註19〕朱一新：〈答康有爲第五書〉，《翼教叢編》，卷一，頁17。全文因以論「性」爲主題，所以蔣貴麟所編的《萬木草堂遺稿・外編》稱此書爲〈論性書〉。

〔註20〕朱一新：〈答康有爲第五書〉，《翼教叢編》，卷一，頁15～16。

〔註21〕同前註，頁14。

從而實際上的「性」就並不相近，君子與小人如此；人與禽獸亦如是，朱氏以爲「天理」（即善）作爲人「性」的本質的存在，「天理」之於君子、小人、禽獸、草木，所保有的並不一樣，因之，無論是人性或物性皆無法眞正的相近或平等。

（三）葉德輝的批駁

一向反對平等說的葉德輝（西元1864～1927年）駁斥康有爲「性者，受天命之自然」、「有性無學，人禽相等。」的說法，曰：

> 今日說經之書，汗牛充棟，誠有如古人所譏博而寡要者，然未有以平等爲相近，以人與禽獸爲無別者也。夫平等之說出於《四十二章》佛經，西人《舊約》諸書乃演爲萬物平等之義，作者（指康有爲）非空桑之子，何以俯首帖耳，甘爲異氏之前驅。〔註22〕

葉氏將康有爲同類之物的自然之性相近的說法，解釋爲人與禽獸無所分別，並強調平等之說是外傳而來，原非我國固有的觀念，曰：

> 《孟子》言犬牛之性，與人不同，是人禽之異，不因學不學也。《中庸》言「率性之謂道」，率性即順性也，何至於愚。〔註23〕

《孟子》曾以犬牛之性與人不同，又言「人之異於禽獸者幾希。」人與禽獸相異的原因，在於人能存養擴充仁義之性，而禽獸卻不能，葉氏引《孟子》人禽之辨，以說明人禽之性本就不同，並無關乎「學」，藉此否定康有爲以萬物自然之性相近的前題下，將「學」與「不學」作爲人禽之分的判準。

三、論「仁」

（一）康有為論「仁」

儒家以「仁」統諸德目，康有爲亦注重「仁」，其將「仁」視爲人之所以爲人的根本之道，曰：

> 人之所以爲人者，仁也。……故天下未有去仁而能爲人者也。虎狼鷹鸇，號稱不仁，而未嘗食其類，亦仁也。人莫不愛其身，則知愛父母，其本也。推之天下其流也，有遠近之別耳，其爲仁一也〔註24〕

康氏認爲「仁」是人之所以爲人的重要特質，並以虎狼鷹鸇等未嘗食其類，除

〔註22〕葉德輝：〈長興學記駁義〉，《翼教叢編》，卷四，頁36～37。

〔註23〕同前註，頁37。

〔註24〕康有爲：〈長興學記〉，《翼教叢編》，卷四，頁37～38。

強調「仁」的重要性外，更說明「仁」是萬物的天賦之性，可從自身推展至天下國家，而實行「仁」有大小之分，「仁小者，爲小人；仁大者，爲大人」其言：

> 爲孝弟於家者，仁之本也。睦婣於族者，仁之充也。任恤於鄉者，仁之廣也。若能流惠於邑，則仁大矣。能推恩於國，則仁益遠矣。能錫類於天下，仁已至矣！……夫即能仁及天下，亦僅能自愛其類，盡乎人道耳。〔註25〕

「仁」可本於家、充於族、廣於鄉、惠於邑、至於天下，隨著推拓範圍的增大，「仁」的力量也愈大，正是人類文教與政治進化的根源，所以康有爲一再以「敦孝弟」、「宗尚任恤」、「廣宣教惠」、「同體饑溺」作爲孔子「依於仁」的具體內容來規約學生〔註26〕，推「仁」至極，也就成全了博愛與平等。康氏除將「仁」界定爲「不忍人之心」外，並視爲宇宙間的支配力量，人間的一切都出自於它，其曰：

> 不忍人之心，仁也。……人人皆有之，故謂人性皆善。既有此不忍人之心，發之於外，即爲不忍人之政。若使人無此不忍人之心，聖人亦無此種，即無從生一切仁政，故知一切仁政，皆從不忍之心生，爲萬化之海，爲一切根，爲一切源。……人道之仁愛，人道之文明，人道之進化，至於太平、大同，皆從此出。〔註27〕

可見，康氏的進化思想亦發端於人的不忍人之心，其將不忍之心作爲人的先天善性，它是根本，是推動人道進化的主體力量。唯有人人秉有此性，始能「同好仁而惡暴；同好文明而惡野蠻；同好進化而惡退化。積之久，故可至太平之世，大同之道，建德之國。」〔註28〕在此人性不再僅是個人內在的靜態修養，已轉化爲推動社會由野蠻進至大同的發展動力。梁啓超對康氏的仁愛思想下了界定：

> 先生之論理，以「仁」字爲唯一之宗旨，以爲世界之所以立，眾生之所以生，家國之所以存，禮義之所以起，無一不本於仁，苟無愛力，則乾坤應時而滅矣！〔註29〕

〔註25〕同前註，頁38。

〔註26〕同前註，頁39。

〔註27〕康有爲：〈總論第一〉，《孟子微》（臺北：宏業書局，1976年9月），卷一，頁2。

〔註28〕康有爲：〈性命第二〉，《孟子微》，卷二，頁2。

〔註29〕梁啓超：《康南海傳》，《飲冰室文集》之六，冊一，頁71。（北京：中華書局，

將世界一切的生命、國家社會一切的存在，全歸於「仁」所展現的愛力，所以稱爲博愛派哲學。康氏對仁、義之辨亦有不同於孟子的見解，其採董仲舒「仁者人也，義者我也。」認爲「仁者人也」言兼愛，「義者我也」言爲我，又謂：「兼愛者，宜於爲君者也；爲我者，宜於爲民者也。」〔註30〕康氏欲藉仁義之辨與人我之辨，打破君民之間的階級關係，對傳統帝制下「君尊臣卑」的觀念予以省思，並企圖尋求改變的可能。

另外，康有爲也特別強調「智」的重要性，其認爲「仁」與「智」皆是性之德，其曰：

> 人道之異於禽獸者全在智，惟其智者，故能慈愛以爲仁，斷制以爲義，節文以爲禮，誠實以爲信。……上古之時，智爲重，三代之世，禮爲重，秦漢至今，義爲重，後此之世，智爲重。〔註31〕

康氏認爲人與禽獸的差別在於人類有智慧，思考性高，唯有以「智」做爲判斷的準則，才能衍生出「仁」、「義」、「禮」、「信」……等德目，儒家的諸德目皆深具時代性，爲因應時代的變遷與需要，歷代皆會有不同的偏重，當時正處於時代危機及西學衝擊下的康有爲，更能深覺「智」的重要。

（二）舊學派的批駁

康有爲推己及人的博愛觀，在舊學派人士的眼中深恐過度強調「仁愛」，將會產生「無父無君」的思想，對君臣、父子的綱常與傳統的階級分別造成一定的破壞，朱一新就對康有爲提出：「求仁之說，將主孔孟，而以立達爲仁乎？抑主墨氏，而以兼愛爲仁乎？」〔註32〕的質疑，朱一新以爲儒家所指的「仁」仍有遠近階層之分，具有穩定政治與社會秩序的功能，相反的對墨家所持的「仁」則有泯除階級的顧忌，恐造成政治與社會秩序的不安，因之，朱一新即引儒入墨，將「仁」歸納於「禮」的約束中，曰：

> 禮教明而仁在其中矣！禮貫以敬，則來書所謂心在腔子裡也，言其體也，子輿氏之愛有差等，程叔子之理一分殊，一爲求仁之事；一爲窮理之事，互相發明，言其用也。捨此而言仁，則墨氏之兼愛，釋氏之慈悲，摩西氏之救世主，謬以毫釐，差以千里矣！人人親其

1989年3月）

〔註30〕康有爲：〈人我篇〉，《康子內外篇》，頁23。

〔註31〕康有爲：〈仁智篇〉，《康子內外篇》，頁24～25。

〔註32〕朱一新：〈答康有爲第四書〉，《翼教叢編》，卷一，頁12。

> 親長其長，天下之至私實天下之至公，……捨此而言愛則五倫去其四，一以朋友處之，而君臣、父子、兄弟、夫婦之道苦矣！〔註 33〕

以禮爲體，而仁之實行，必當合於禮，兩者相輔而成，才能維繫社會中的人倫關係，此亦爲儒家講求親疏遠近與墨家兼愛、佛家慈悲、基督教的博愛相異之處。在儒家傳統的思想體系內，「仁」與「禮」原是相互調和補充的，朱一新於此特別強調「禮」的防制功能，是爲維護傳統的倫理，唯恐新學派因過度強調「仁」所產生的平等、博愛觀念會泯滅原有的倫常綱紀。

葉德輝批評康有爲「虎狼鷹鸇，號稱不仁，而未嘗食其類，亦仁也」的說法，是「欲平人禽之等」、「不惜以其身同鳥獸之群」並譏爲「千古講學之奇談」〔註 34〕曰：

> 夫虎狼鷹鸇之不食其類，殘暴之性相敵耳。如以爲仁，則梟鳥何以食母？破獍何以食父？豈天之生虎狼鷹鸇不如其生梟獍哉！且鳳凰仁禽也，與飛鳥爲類；麒麟仁獸也，與走獸爲類，孟子之言，不聞引與聖人爲類也。〔註 35〕

葉德輝認爲虎狼鷹鸇雖不食其類，但殘暴之性是相同的，其不贊同康有爲以「仁」爲萬物的天賦之性，且視人與飛鳥、走獸本爲不同類，即使《孟子》有「仁禽」、「仁獸」之言，仍爲飛禽、走獸之類，絕不與人類相同等。

第二節　劉歆僞經說及相關問題的論爭

在康有爲之前，已有今文學家對古文經傳提出了質疑，但多爲片斷、部分的著作，而康氏《新學僞經考》則是對古文經做全面性的懷疑、批判，直接從理論上撼動了古文經學「述而不作」的傳統觀念，同時引發了劉歆僞經說及今古文經學等相關問題的論戰。

一、劉歆與古文經

（一）今古文之爭

今文經學和古文經學，是中國研究經籍的不同學術流派，前者重於經文「大

〔註 33〕朱一新：〈復王子裳同年〉，《佩存齋雜文存》，《近代中國史料叢刊》第二十八輯（臺北：文海出版社，1966 年 10 月），卷下，頁 25～26。

〔註 34〕葉德輝：〈長興學記駁義〉，《翼教叢編》，卷四，頁 38。

〔註 35〕同前註。

義」的發揮，附會陰陽五行，特別重視《春秋》經傳的研究，尊孔子爲宗主，認爲孔子作《春秋》，藉事以寓理，以闡發微言大義。後者專講古代典章制度，治學重師承守家法，尊周公爲儒家學派的開創者，以孔子爲「述而不作」的先師，是古代歷史文化的保存者。在漢初時並無所謂「今古文之爭」，整個西漢在經學研究上，可說是今文學的天下，至西漢末年，因王莽（西元前 45～23 年）、劉歆（西元前 50 年～20 年）等崇尚古文經學，平帝時欲立《左氏春秋》、《毛詩》、《逸禮》、《古文尚書》於學官，王莽主政時，又增《周官經》博士，自然引起今文學者的反對。東漢初期，光武帝建武年間立經學十四博士，《易》有施讎、孟僖、梁丘賀、京房，《書》有歐陽和伯、夏侯勝、夏侯建，《詩》有魯申公、齊轅固、燕韓嬰，《春秋》有嚴彭祖、顏安樂，《禮》有戴德、戴聖此十四博士皆以今文學爲主〔註 36〕，與西漢宣帝、元帝年間所立略同，惟無《穀梁春秋》，而古文學則並廢不立。然當時已有不少古文大師，對《古文尚書》、《毛詩》、《左氏春秋》等的研究風氣十分盛行，諸如：馬融（西元 79～166 年）爲全部的古文經作注解，鄭玄（西元 127～200 年）則融合古今文，可知，此時古文經雖不立學官，卻是一般研究儒家經籍者的依據，聲勢顯然已超越今文經學。

就典籍所使用的書寫文字而言，凡用先秦文字寫成書的，都屬於廣義的古文，到了漢代隸書盛行，改用隸書寫的典籍，才稱爲今文。因之，西漢時所遺留下來的先秦典籍，應都有今古文本，現今所稱的今古文，卻僅指經籍而已。其原因一者是由於兩漢重視經學，朝廷設有今文經學博士之官，博士們爲了維護所得的利益，對於本子的要求特別注意，於是各據所見，自以爲是，造成今古文的壁壘分明，至劉歆時更形成對立的局面。二者是因爲相傳孔壁發現了一些古文經典，如：《古文尚書》、《逸禮》、《論語》、《孝經》……等，卻未曾提及經學以外的書籍，再加上劉歆對今文博士的挑戰，才有所謂今古文之爭〔註 37〕，而劉歆在今古文的爭論上則是個關鍵性人物。

（二）劉歆對古文經的貢獻

就整個古文經學的建立而言，劉歆應居於重要地位，其與古文經學的關

〔註 36〕此未見於《後漢書・光武帝紀》，而見之於《後漢書・徐防傳》漢官夷注：「光武中興，恢弘稽古，《易》有施、孟、梁丘賀、京房，《書》有歐陽和伯、夏侯勝、建，《詩》有申公、轅固、韓嬰，《春秋》有嚴彭祖、顏安樂，《禮》有戴德、戴聖，凡十四博士。」（臺北：鼎文書局，1973 年 12 月），頁 1501。

〔註 37〕李師威熊：《中國經學發展史論・上冊》（臺北：文史哲出版社，1988 年 12 月），頁 118～119、頁 124～125。

係，可根據李師威熊在《中國經學發展史論·上冊》的分析，包括了：

（一）言孔壁古文經，首見於《漢書》，其說出自劉歆。

（二）班固云河間獻王德，得古文經典，此說亦本劉歆。

（三）整理《左傳》，並宣揚於世者，當始於劉歆。

（四）今古文的爭端，由劉歆所引起。〔註38〕

《漢書》有關漢武帝以前的資料，大都鈔自《史記》，關於古文經出自孔壁及河間獻王劉德有古文經典之說，皆是根據劉歆的資料而立說。再者，根據劉歆所言，《左傳》是「左氏丘明所修，皆古文舊書，多者二十餘通，藏於祕府，伏而未發。」而秘府《左傳》「經或脫簡，傳或間編」〔註39〕又《漢書·楚元王傳》云：「初，《左氏傳》多古文古言，學者傳訓故而已。及歆治《左氏》，引傳文以解經，轉相發明，由是章句義理備焉。」劉歆因爲職務之關係得以見脫簡、間編的秘府《左傳》，於是下一番工夫做整理，並引傳文以解經義，將兩部書內在的聯繫起來，使《左傳》眞正成爲釋《春秋》的傳，由是《左傳》始有機會納入經學的軌道，成爲章句義理兼備之學，受後世學者重視，此乃劉歆對《左傳》之功。

劉歆最初治《易》，後受《穀梁》、《左傳》，其欲立《左氏春秋》、《毛詩》、《逸禮》、《古文尚書》等於學官，遂與今文學者引發爭端。其〈移讓太常博士書〉批評今文學家云：

> 往者綴學之士不思廢絕之闕，苟因陋就寡，分文析字，煩言碎辭，學者罷老且不能究其一藝。信口說而背傳記，是末師而非往古，至於國家將有大事，若立辟雍封禪巡狩之儀，則幽冥而莫知其原。猶欲抱殘守缺，挾恐見破之私意，而無從善服義之公心，或懷妒嫉，不考情實，雷同相從，隨聲是非，抑此三學，以《尚書》爲備，謂《左氏》爲不傳《春秋》，豈不哀哉！〔註40〕

此處「三學」指的是《逸禮》、《左氏春秋》、《古文尚書》，由文中可見劉歆嚴厲痛責今文學家欲抑古文的私心，並極力護衛古文經的完整與價值。劉歆推出《左傳》、《周禮》，使這兩部典籍得以保存下來，此爲劉歆對古文經的貢獻。然其爲

〔註38〕李師威熊：《中國經學發展史論·上冊》，頁130～134。

〔註39〕劉歆：〈移讓太常博士書〉，嚴可均校輯《全上古三代秦漢三國六朝文》（臺北：世界書局，1982年2月），卷四十，頁8。

〔註40〕同前註。

迎合王莽政權的需要，強將經義與政治糾合，有附會經文的現象。由於今文學以《公羊》爲主，以「多任權變」爲訴求，深具變革思想，欲打破舊有的統治秩序，而以劉歆爲代表的古文學家，則尋求復古、保守的路徑，以鞏固新莽政權的政治利益爲目的，與今文學者的主張截然不同〔註 41〕。總之，劉歆保存古文經有學術上的貢獻，而爲政治目的以附會經義，則是學術上的缺失。

二、康有爲的「劉歆僞經」說

康有爲在光緒十七年（西元 1891 年）完成了《新學僞經考》；在光緒二十二年（西元 1896 年）完成《孔子改制考》，前者旨在破舊，後者則在立新。《新學僞經考》經過康氏的鉤沉輯佚、爬梳剔抉、鑒別考辨，提出了古文經籍眞僞的問題，旨在闡明東漢以來的古文經皆是劉歆所僞作，其目的在於以輔佐王莽篡漢，不僅所有的古文經成了僞書，又劉歆欲掩其僞作之跡，乃竄亂所有的古籍，後人不察，咸奉僞經爲聖經，至此已盡失孔子的微言大義。再者，康氏認爲傳統經典本無所謂今文、古文之分，秦始皇所焚之書僅是民間藏書並未殃及六經，漢十四博士所傳，即爲孔門足本，並無殘闕遺漏。孔子所採用的字體，即秦漢間的篆書，所以字體亦無今古之別。康氏以爲劉歆篡改《國語》爲《左傳》，其以司馬遷作《史記》曾用《左》史，卻未視之爲經，卻視《公羊》、《穀梁》爲經，故康氏遂以《左傳》乃劉歆僞作。因劉歆僞作的動機乃爲助王莽政權的穩定，因之，以僞《周禮》作爲新朝改制的依據；以僞《左傳》爲新朝新君的依據。賈逵曾以帝師之尊尊古文，馬融爲僞經作注，鄭玄則以古文總結經今古文之爭。康氏認爲鄭玄一統儒學之後，鞏固了劉歆僞經的地位。許慎（西元 30～124 年）又爲僞經建立聲勢，致使劉歆及其僞經，籠罩中國兩千餘年〔註 42〕。康有爲於《新學僞經考》首頁即說明其著作的目的：

> 吾爲《僞經考》，凡十四篇，敘其目而繫之辭曰：始作僞亂聖制者，自劉歆；布行僞經篡孔統者，成於鄭玄。……統二十朝王者禮樂制度之崇嚴，咸奉僞經爲聖法，誦讀尊信，於是奪孔子之經以與周公，

〔註 41〕章權才：《兩漢經學史》（臺北：萬卷樓圖書有限公司，1995 年 5 月），頁 199～201，頁 204。

〔註 42〕康有爲：《新學僞經考》（臺北：宏業書局，1976 年 9 月），頁 3、125、131、149、158、179。

而抑孔子爲傳，於是掃孔子改制之聖法，而目爲斷爛朝報，奉持施行，違者以非聖無法論，亦無一人敢違者，亦無一人敢疑者。……不量綿薄，摧廓僞說，犂庭掃穴，……冀以起亡經、翼聖制，其於孔子之道庶幾御侮云爾！〔註43〕

此言除攻訐劉歆僞亂聖制，批評鄭玄篡亂孔統，質疑傳統經典外，對自己有著摧廓僞說、挽救亡經、羽翼聖制的期許，欲極力推翻兩千年來的成案，還孔子學說的本源，康有爲曰：「凡後世所指目爲漢學者，皆賈、馬、許、鄭之學，乃新學，非漢學也。」〔註44〕其認爲古文經學家不辨眞僞，所尊的經書只是僞經，非孔子的眞經，高談所謂的「漢學」，僅是混亂聖制的新莽之學，予漢學以根本性的打擊。所以康氏在《新學僞經考》中，運用歷史考證法，極力明辨劉歆所爭立於學官的《周禮》、《逸禮》、《毛詩》、《左傳》等書，皆爲僞造，非明義之書，孔子作經的托古改制精神已然不存。

總之，康氏寫作《新學僞經考》的目的是爲了否定古文經，以定今文經於一尊，對儒家經典的否定，無疑是對傳統儒家思想的挑戰，「起亡經、翼聖制」是爲了通過學術著作，達於國家、社會的變革維新，最後導致的結果，除了衝擊中國傳統經學的權威性，更引發了中國傳統帝王專制威權的極大動搖。

三、舊學派對康有爲僞經說的辯駁

（一）朱一新的辯駁

朱一新與康有爲的情誼乃屬至交，但兩人在學術思想上卻頗相異，朱氏以爲康有爲之所以疑經，目的乃在於破壞舊經學的權威，欲重建經學的理論系統，因之，朱一新不客氣的指出康有爲治經的態度與企圖心，曰：

惡近儒之言訓詁破碎害道也，則蕩滌而埽除之。以訓詁之學，歸之劉歆，使人無以自堅其說，而凡古書之與吾說相戾者，一皆詆爲僞造，夫然後可以唯吾欲爲，雖聖人不得不俯首爲吾驅策。……古人著一書，必有一書之精神面目，治經者，當以經治經，不當以己之意見治經。〔註45〕

朱一新所憂慮者在於康氏的劉歆僞經之說，對於治經方式及傳統儒家典籍具

〔註43〕同前註，頁3。

〔註44〕同前註。

〔註45〕朱一新：〈答康有爲第四書〉，《翼教叢編》，卷一，頁11。

有潛在的破壞性，其以爲康有爲的偏執武斷有害於人心士風，以己意治經有屈解經典之虞，強調治經當循經書的原始面目，因之，規勸康氏，曰：

自頃道術衰息，邪說朋興，聖學既微，異教遂乘間而入，……憂世者亟當明理義而正人心，豈可倡爲奇邪，啓後生以毀經之漸？〔註 46〕

強調學術的精神在於平澹而非新奇，唯恐康氏此觀念大流行，反使傳統學術衰微，逐漸造成後世學者毀棄六經的情況。至於康有爲以《周禮》、《左傳》、《逸禮》及《毛詩》皆爲僞經，朱一新則提出「僞《周官》、《左傳》可也，僞《毛詩》不可也，僞《左傳》之羼亂者可也，僞其書不可也。」〔註 47〕反對《左傳》、《毛詩》爲僞經的說法。

關於《左傳》的問題，朱一新曰：

《左傳》之可疑，以論斷多不中理，分析附益，自必歆輩所爲，故漢儒及朱子皆疑之。然漢儒齦齦爭辨者，但謂《左氏》不傳經，非謂其書之僞也。〔註 48〕

朱氏認爲歷代學者對《左傳》論斷質疑的原因是緣於劉歆的增飾附會，推衍事跡，強以《左傳》傳《春秋》，才有羼亂的現象，而非《左傳》爲僞經，因《左傳》乃記載歷史之文獻資料，僅是不傳《春秋》的微言大義，並非不傳《春秋》之事。

另者，針對康有爲懷疑司馬遷《史記》所採用的《左傳》資料，實爲劉歆離合《國語》而成其文，朱一新對《左傳》及《國語》提出看法：

《左氏》與《國語》，一記言，一記事，義例不同，其事又多複見，若改《國語》爲之，則《左傳》中細碎之事，將何所附麗？且《國語》見采於史公，非人間絕不經見之書，歆如離合其文以求勝，適啓諸儒之爭，授人口實，愚者不爲，而謂歆之譎爲之乎？《史記》多采《左傳》，不容不見其書，或史公稱《左傳》爲《國語》則有之，謂歆改《國語》爲《左傳》，殆不然也。〔註 49〕

朱氏並不接受劉歆篡亂《史記》的指控，其認爲康氏即使對同一書仍只取合於己意者，對於不合己意者則稱僞之。且《左傳》記事，《國語》記言，兩者

〔註 46〕朱一新：〈答康有爲第三書〉，《翼教叢編》，卷一，頁 7。

〔註 47〕朱一新：〈答康有爲第二書〉，《翼教叢編》，卷一，頁 2。蔣貴麟所編的《萬木草堂遺稿．外編》則列爲〈答康有爲第一書〉。

〔註 48〕朱一新：〈答康有爲第二書〉，《翼教叢編》，卷一，頁 2～3。

〔註 49〕同前註，頁 3。

體例不同，各有特色，《國語》無法以記言之方式記《左傳》中瑣碎之史事。《史記》所采的文獻資料除有《左傳》外，亦采《國語》，但由於當時典籍之名稱並未確立，太史公或可能稱《國語》爲《左傳》，並非劉歆改《國語》爲《左傳》。

關於《毛詩》的問題，朱一新亦提出看法：

> 《毛詩》晚出，與三家互有得失。三家之説，班史謂如不得已，魯爲最近，而《魯詩》久佚，近儒綴輯，百無一存，郢書燕説，蓋猶不免，就其存者愼擇焉，以訂毛之失則可矣！欲廢毛而遠述三家，無是理也。〔註50〕

朱氏以爲《魯詩》雖近，但因久佚，不免失其眞確性，《毛詩》晚出，猶可藉三家詩加以校正，而非斷言《毛詩》之僞而盡廢之，朱氏以此加以駁斥康氏的僞《毛詩》之說。此外，更肯定《左傳》與《毛詩》的價値：欲廢《毛詩》，然《毛詩》廢矣，魯、韓之簡篇殘佚，可使學者誦習乎？欲廢《左傳》，然《左傳》廢矣，《公》、《穀》之事實不詳，可使學者懸揣乎？〔註51〕

此處說明了《毛詩》對三家詩及《左傳》對《公》、《穀》二傳具有釐清補闕的重要性。朱一新反對康有爲以主觀偏執之論，將六經典籍皆歸於劉歆的僞經說，歷來學者辨證《左傳》、《周官》之失者不乏其人，然對於不應疑之處而懷疑並委過於劉歆所贗者，都是殃及無辜的典籍。

針對康有爲以今文之與今文，古文之與古文皆同條共貫，而懷疑古文爲劉歆所僞造的說法，朱一新作了辨析：

> 夫古文東漢始行，本皆孔氏一家之説，豈有不同條共貫之理。若今文固不盡同，西漢立十四博士，正以其説之有歧互也。立《魯詩》復立《齊》、《韓》，立歐陽《尚書》，復立大小夏侯，一師之所傳且如此，況今古文之學，豈能盡同。〔註52〕

古文皆本孔氏一家之說，可同條共貫，但就今文而言，各家之說不盡相同，今文並不同條共貫，西漢宣帝立今文十四博士即可證明，以《詩》而言，立《魯詩》，又立《齊詩》、《韓詩》，《詩》之所傳如此，又何況六經？所以今古文之間的差異自是不可避免，不可就此便斷定古文即劉歆僞造而成，由而可

〔註50〕朱一新：〈答康有爲第二書〉，《翼教叢編》，卷一，頁4。
〔註51〕朱一新：〈答康有爲第三書〉，《翼教叢編》，卷一，頁9。
〔註52〕同前註，頁7～8。

見朱一新護衛古文經學之心，所以對於今古文學的態度，自然不同於康有爲的看法，其曰：

> 今學、古學行之幾二千年，未有大失也。若《周官》、若《左氏傳》、若古文《尚書》疑之者代不乏人，然其書卒莫能廢也。毋亦曰先王之大經大法，藉是存什一於千百焉，吾儒心知其意可矣！禮失而求諸野，古文不猶愈於野乎？〔註 53〕

古文經學雖有令人質疑處，卻仍保存了典籍部份的經義，可與今文經學相互補證，朱氏除了肯定古文經學存在的價值外，對於今文經學所呈現的新義理，頗不以爲然，曰：

> 今文、古文皆以大中至正爲歸，古今止此義理，何所庸其新奇，聞日新其德矣！未聞日新其義理也。〔註 54〕

古文、今文所闡發的經義應是以義理的精神爲主，並不以講究新奇爲尚，同時也批評康有爲的以《公羊》學說解經之方式，指出康氏「以《公羊》家之偏論，變《易》、《詩》、《書》、《禮》、《樂》」〔註 55〕的做法，是憑臆妄造而誣聖人。況且六經本就各具有微言大義，十四博士亦各有家法，通三統是《春秋》之旨，並不能立論於《易》、《詩》、《書》、《禮》、《樂》、《論語》、《孝經》之旨〔註 56〕，所以康氏若僅論此《公羊》一家之說，又何必再論及其他經籍？由是觀之，朱一新認爲康氏以《公羊》學說解析諸經，有穿鑿附會之嫌，乃持反對的立場。對於說經重微言的今文經學，朱氏亦有所批評：

> 道、咸以來說經專重微言，而大義置之不講。其所謂微言者，又多強六經以就我，流弊無窮。即如魏默深《詩古微》之攻故訓傳，《書古微》以杜林《漆書》誣馬、鄭，遂欲廢斥古文，魏氏史學名家，其經學實足以誤人。〔註 57〕

朱氏認爲今文經學「強六經以就我」，乃篡改經學的本意，將使經學走入了歧途。朱一新站在學術立場上，憂心康氏的持論過高，恐會造成政治及社會的影響，且否定古文經亦可能使今文經日後遭質疑，其曰：「六經更二千年，忽

〔註 53〕朱一新：〈答康有爲第二書〉，《翼教叢編》，卷一，頁 6。
〔註 54〕朱一新：〈答康有爲第四書〉，《翼教叢編》，卷一，頁 12。
〔註 55〕同前註，頁 12。
〔註 56〕朱一新：〈答康有爲第二書〉，《翼教叢編》，卷一，頁 4。
〔註 57〕朱一新：《無邪堂答問》（臺北：廣文書局，1969 年 1 月），卷一，頁 24。

以古文爲不足信，更歷千百年，又能必今文之可信耶？」〔註 58〕朱氏甚至認爲秦始皇當時未盡燬的經書，會因康氏的劉歆僞經說及崇尚今文學而盡毀。因之，康有爲的目的若在明學術，朱一新以爲恐將使學術有轉歧的現象；若爲正人心，則人心亦有轉惑的危疑。學術思想的偏差，將會造成國家社會亂日多而治日少，此亦舊學派學者之所以批駁新學派學者的重要原因。

（二）洪良品的辯駁

洪良品（西元 1827～1897 年）在〈答梁啓超論學書〉一文中，對於康有爲的劉歆僞經之說，有不少的辯駁。洪氏根據《漢書》、《西京雜記》、《史通》三書之言，反覆分析論證，其意乃欲駁辯康有爲、梁啓超的劉歆僞亂經籍之說，以證明劉歆竄亂經典之說並無實證。其首先肯定《史記》與《漢書》對五經傳承的記載，曰：

> 五經至漢出有先後，各有本師，《史記》、《漢書》載之甚詳。當時所謂古文今文者，皆指字畫言之，古文蝌蚪，今文隸書，同一經也，至今日刊本皆俗行楷書，無所謂古學、今學。〔註 59〕

五經既然各有所本，同一經而有今文、古文之分，僅在於字體的不同，後既以通行楷書書寫，就無今學、古學的區別。對於康氏以古文經爲僞造之經，洪氏則一一提出質問與駁斥，認爲《易》、《書》、《詩》在周、秦雖別無傳注，然孔子作〈序卦〉、〈說卦〉、〈雜卦〉、〈書序〉，子夏作〈詩序〉，皆可證明各典籍的存在。其次，洪氏舉出《史記‧儒林傳》傳首即有：「太史公曰：余讀功令、廣厲學官」之語，後又有「孔氏有古文《尚書》，而安國以今文讀之，因以起其家，逸書得十餘篇」諸語，以駁斥康氏舉《史記‧儒林傳》不言古文《尚書》，疑爲僞書之論。至於《周禮》一書，洪氏以爲自漢以來，便疑信在人，《史記‧封禪書》亦引《周官》：「冬日至，祀天於南郊，迎長日之至，……而神乃可得而禮也。」及《王制》：「天子祭天下名山大川，五嶽視三公，四瀆視諸侯。」之語，皆出現在劉歆之前，以駁康氏劉歆僞《周禮》之說。再者，《左傳》、《公》、《穀》均爲周人之書，三傳互有得失，新學派學者，除了貴《公》、《穀》黜《左傳》外，並謂《左傳》有所竄改，洪氏質疑新學派以何古本爲依據而下此一論斷？由於康氏的劉歆僞經說多以《史記》的記載，作爲論證的依據，但對於資料的取舍，則失之於主觀，若不合其意者皆視爲

〔註 58〕朱一新：〈答康有爲第三書〉，《翼教叢編》，卷一，頁 7。
〔註 59〕洪良品：〈答梁啓超論學書〉，《翼教叢編》，卷一，頁 19。

劉歆的竄入，因之，洪良品說明辯駁康氏僞經說的動機：

在漢止有《史》、《漢》二書，謂所載半皆僞事則天下既無可據之經，又無可據之史，人肯信乎？……欲辨《史》、《漢》之竄造，既疑劉歆自當問之劉歆，而欲辨劉歆之實竄造與否？則當考之劉歆竄造之出處。劉歆之罪不明，斯經典之僞不定。……非可以莫須有之詞，想當然之語，肆意周內，證成其罪也。〔註60〕

洪氏肯定《史記》、《漢書》記載經、史資料的可靠性，然因康氏等人解經不通則歸咎於劉歆之竄入，並附會《漢書・王莽傳》、《西京雜記》、《史通》諸書，視《史記》、《漢書》的記載有劉歆竄僞之跡，藉以論斷劉歆之罪。洪氏認爲當先考證劉歆竄造《史記》、《漢書》說的出處，乃惟恐康氏以個人主觀的臆測，而論斷經典之僞及定劉歆之罪。由於康氏的劉歆竄亂五經之說，乃根據《漢書・王莽傳》、《西京雜記》、《史通》而來，所以洪氏亦依此三書所載做爲反駁康說的依據。

首先，洪氏以《漢書・王莽傳》曰：「國師嘉新公顛倒五經、毀師法，令學士疑惑。」指劉歆是「顛倒」五經，而非「造竄」五經，其言：

顛倒二字訓詁不作造竄解，於是非則曰顛倒，謂是其所非，非其所是也。若造竄則當論有無，不必計是非也。……歆卒挾王莽勢而立之（指古文經），公孫祿謂其立非所立，顛倒是非也。〔註61〕

洪良品從「顛倒」與「造竄」兩詞的意義上辨析其中的差異性，「顛倒」應指是非的錯亂，「造竄」則是論資料的有無，又以劉歆附會經典以取媚王莽之說，駁斥劉歆造竄經典之論，曰：

蓋誤以莽、歆附會經典，爲劉歆造竄經典耳。不知附會經典者因所有也，造竄經典者增所無也，一字爲差，毫釐千里。〔註62〕

再以「附會」與「造竄」的不同，申辯劉歆僅「附會」經典，並非「造竄」經典，洪氏認爲後人因誤解班固「劉歆顛倒五經」一言，而將僞造僞竄五經之罪加於劉歆，實失平允。

其次，葛洪（西元 284～363 年）《西京雜記・序》：「洪家有劉子駿《漢書》一百卷，無首尾題目，但以甲乙丙丁紀其卷數，先公傳云：歆欲撰《漢

〔註60〕同前註，頁 22～23。
〔註61〕同前註，頁 24。
〔註62〕同前註，頁 25。

書》，編錄漢事，未得締構而亡，故書無宗本，止雜記而已，失前後之次，無事類之辨。以此記考校班固所作，殆是全取劉書，有小異同耳，并固所不取，不過二萬許言，今鈔出爲二卷，名曰《西京雜記》，以裨《漢書》之缺。」說明班固（西元 32～92 年）《漢書》乃取用劉歆所編錄的漢事雜記，兩者有重覆的現象。又劉知幾（西元 661～721 年）《史通・正史篇》記載劉向（西元前 77～前 6 年）、劉歆、揚雄（西元前 53～18 年）等人相次撰續的史記「班彪以爲其言鄙俗，不足以踵前史，又雄、歆褒美僞新，誤後惑眾，不當垂之後代，於是采其舊事，旁貫異聞，作後傳六十五篇。其子固以父所撰未盡一家，乃起源高皇，終乎王……，爲《漢書》紀、表、志、傳百篇。」劉知幾將班彪父子撰修《漢書》的過程及內容大致作了說明。洪良品則根據劉知幾之言提出質疑：

> 班固之所因者，其父彪之書也。彪與雄、歆同時，於雄、歆等撰續之「史記」，證以躬所見聞，且謂雄、歆褒美僞新，誤後惑眾，不當垂之後代，則凡涉雄、歆褒美者，尚必爲之區別，豈於劉歆一人所造竄者，彪竟不知而攙入其中哉？固之《漢書》因於彪不因於歆，或由彪采向、歆等撰續之「史記」而訛耳。〔註 63〕

班彪（西元 3～54 年）既然批評揚雄、劉歆等撰續之「史記」是褒美僞新，誤後惑眾，不當垂之後代，怎會攙入《漢書》中？且班固《漢書》乃承自班彪，如《漢書》有訛誤，也是班彪採用劉向、劉歆等撰續「史記」的緣故。因之，洪氏認爲劉歆是否撰《漢書》？歷來論難頗多，尚無定論，且《西京雜記・葛序》僅記載劉歆撰《漢書》，班固承而用之，並未言劉歆僞造之事，又如何斷定班固《漢書》乃因於劉歆（西元前 53～23 年）的僞蹟？所以洪氏認爲劉歆竄亂經典之說並無實據。

再者，劉知幾《史通・正史》篇：「《史記》所書年止漢武，太初以後闕而不錄，其後劉向，向子歆及諸好事者，若馮商、衛衡、楊雄、史岑、梁審、肆仁、晉馮、段肅、今丹、馮衍、韋融、蕭奮、劉恂等，相次撰續，迄於哀、平間，猶名「史記」。至建武初，司徒傳掾班彪，以爲其言鄙俗，不足以踵前史文，雄、歆褒美僞新，誤後惑眾，不當垂之後代者也。」洪氏對《史通》之言提出詮釋，曰：

> 今據《史通》所述，……撰續者向、歆以至劉恂有十五人之多，使

〔註 63〕同前註，頁 26。

皆在百三十篇中，則《史記》衆人共成之書而非馬遷專書矣！余繹《史通》文義，其曰：「相次撰續猶名『史記』者」，必於百三十篇外，另有撰續之篇，不過猶沿《史記》之名耳！〔註 64〕

洪氏根據《史通》的文義推論劉歆等十五人所撰續的《史記》，僅沿襲《史記》之名，並未置於《史記》百三十篇中，應另當有撰續之書，否則《史記》怎能稱爲司馬遷之獨家專書？又《漢書・藝文志》有「《太史公》百三十篇，十篇有錄無書。」又有「馮商所續《太史公》七篇」〔註 65〕諸語。洪氏認爲可證明撰續之篇，僅沿「史記」之名稱，實非馬遷百三十篇之《史記》，且除馮商受詔所撰續的《太史公》諸篇外，其餘皆已散亡無可考，如何得以知有撰續之篇混入百三十篇中？況且撰續之書皆已亡佚，無法得知內容爲何？康有爲又如何能將十五人的撰續之書，全歸於劉歆一人所作？又豈能因有劉歆在內，遂將莫須有之事誣加一人身上？洪良品對劉歆竄亂《史記》之說，提出意見：

《史記》一書，褚先生所補，顯有識別，後人誤入，不過相如贊一條，向、歆以下，十五人所撰續，雖不可考，要自另爲一書，其不得以此藉口，造古事以伸己說。〔註 66〕

《史記》雖有會稽褚先生爲補其缺而作〈武帝本紀〉、〈三王世家〉、〈龜策列傳〉、〈日者列傳〉，然辭多鄙陋，絕非司馬遷的本意，所以無論是褚先生所補或劉向、劉歆所撰續，皆與太史公的《史記》有所分別，所以洪良品認爲康氏直以莫須有之事誣加於劉歆，是欲擬造古事以伸己見而已。

總而言之，洪良品以《漢書・王莽傳》、《史通・正史篇》、《西京雜記・序》中相關於劉歆撰作史傳的論述，反覆推證，乃爲證明康氏所依據的《史記》資料絕對是司馬遷所作，並無劉歆等人所續撰的「史記」摻雜其中，因之，對於康氏以《史記》中合於己意者則曰鐵案不可動搖；不合己意者則歸咎爲劉歆所竄入的說法，不啻是一有利的批判。綜觀洪氏的論證，直接否定《史記》曾遭劉歆竄亂的說法，使康氏的立論缺乏有力的支持，自然是駁斥了康氏的劉歆僞亂經典之說，其中雖不乏有主觀的論斷，卻明顯見出其反對康氏劉歆僞經說的立場。

〔註 64〕同前註，頁 27～28。

〔註 65〕關於馮商等人受詔所續撰之「史記」篇數，韋昭曰：「馮商受詔續《太史公》十餘篇。」之語，不同於《漢書・藝文志》之說法。見施之勉：《漢書集釋》（臺北：三民書局，2003 年 2 月），頁 4187。

〔註 66〕洪良品〈答梁啓超論學書〉，《翼教叢編》，卷一，頁 28。

（三）葉德輝的辯駁

葉德輝曾將經學流派分爲今文學、古文學、鄭（玄）氏學、朱子學四派，流派雖不同，然均傳孔子之道，並說明四學派的產生與演變，曰：

> 秦火之厄，漢初諸儒，壁藏口授，……當時讀者以隸書釋之，謂之今文。今文者對古文而立名也。自後古文之學，則爲大宗。門户紛爭，互相攻駁，……故終漢之世，師説愈甚，而經學愈衰。至鄭康成出，始一掃而空之，於是集今古文之大成，破經生之拘陋。……五季之亂，圖籍蕩亡，……其弊至吐棄一切舊文訓詁，自創新義，……荒經蔑古之風於是乎益熾。迨朱子乃力糾其失，兼取漢、唐諸儒之長，其學洞貫百家，往往求之古史子書，以補傳注之未備。〔註67〕

葉氏之意乃爲調和漢、宋學，並取鄭學、朱子學，以對抗維新派的崇今文學、貶損古文學的論點。今文學派重口說的微言大義，古文學派則重傳記的章句訓詁，葉德輝雖認爲無論口說或傳記皆所以傳經，然對於新學派的重口說，則有不同的見解，葉氏曰：

> 口説託之傳聞，失多而得少。傳記託之載筆，得多而失少。況且今日群經如日再中，何假口説？……不知口説盛行，邪説將遍天下，而又無傳記以載之，使一時是非之跡，後人不得而知。〔註68〕

就傳經而言，口說多出於後學的傳述，傳記則多出於及門的載筆，且口說之經數傳之後則易失本旨，的確比傳記的漏失爲多，葉氏此言的「邪說」應指康有爲所宣揚的學說，因當時康氏的弟子稱南海先生曰者，爲口說之遺。因之，葉氏主張口說與傳記必須相互印證，始能判斷學說的是非。再者，葉氏以爲微言大義僅爲空泛之談無法致用，新學派乃欲藉之以作比傅而已〔註69〕，可知葉德輝是非常尊重古文經學傳統的，其曰：

> 六經皆漢儒所傳，章句訓詁，師承可據，名物制度，去古未遠，後人才智即出于漢人之上，能廢其章句之本，而別求一孔門之眞跡乎？〔註70〕

〔註67〕葉德輝：〈皮錫瑞六藝疏證・序〉，轉引自皮名振《皮鹿門年譜》（臺北：臺灣商務印書館，1981 年 12 月），頁 65～66。

〔註68〕葉德輝：〈輶軒今語評〉，《翼教叢編》，卷四，頁 4。

〔註69〕葉德輝：〈輶軒今語評〉：「凡空談學術、經濟者，同歸于無用，未見微言大義之致用，即能勝于考據訓詁，特微言大義可以比傅近事，故藉此以行其私。」《翼教叢編》，卷四，頁 3。

〔註70〕葉德輝：〈與羅敬則大令書〉，《郋園書札》，《觀古堂所著書》（臺北：藝文印書館 1979 年 6 月），冊四，卷一，頁 37。

漢儒所傳的六經無論在章句訓詁或名物制度的記錄上，都能保有經典最初的原貌，葉氏以爲欲通六經的經義，求儒學之義理，不可偏廢章句訓詁的功夫。葉氏尊重古文經學傳統，自然反對康、梁等人欲以今文經學來否定古文經學的作法，其曰：

> 夫不讀東京諸儒傳注之全經，而讀後人掇拾之殘經；不讀文完義足之內傳，而讀斷章取義之外傳，其心非盡滅全經，以入於異氏之室，必猶有不能息喙者。〔註71〕

葉氏一再強調漢代儒者所注之經，才是正統的儒家經典，因之，對於康氏等人所否定的諸經多所護衛。此外，葉氏特別尊崇《左傳》，曰：

> 終漢之世，許鄭通儒，皆尊《左氏》，鄭氏《六藝論》云：「《左氏》善于禮，《公羊》善于讖。」試起千秋學人于九原，信禮乎？抑信讖乎？〔註72〕

葉氏引用鄭玄的話不外是爲自己尊《左傳》而抑《公羊》之說增添說服力。關於《左傳》的問題，葉氏以爲《春秋》經所傳，包括「事」與「義」兩層面，「事」指的是歷史的事實；「義」所指的是微言大義。雖然《春秋》所重在於「義」，但《春秋》之「義」必須依據「事」的陳述始能彰顯，所謂「非睹其事，不得明其義」，可見「事」與「義」均爲《春秋》重要的內外部份，兩者皆不能有所偏廢。就《春秋》三傳言，《公羊傳》、《穀梁傳》所傳者爲《春秋》的微言大義；《左傳》則多載《春秋》的歷史事實，微言大義必須借助《左傳》所載的歷史事實方得彰顯，否則將成爲斷爛朝報，可見《左傳》的重要性。因之，葉氏批評康氏「痛斥記事之《左傳》，而偏主明義之《公羊》，明爲尊經，實則背經。」〔註73〕由於學術立場的差異，對於康氏尊《公羊》而抑《左傳》的思想，葉氏始終無法認同。

至於《周禮》的問題，葉氏陳述意見：

> 《周禮》一書，于民間之事，巨細必舉，管子得其大略，遂以治齊。康門因其爲古文，一概誣爲劉歆之作，……一部西政書，可惜爲古文掣肘，眞彼缺之事。〔註74〕

〔註71〕葉德輝：〈與戴宣翹校官書〉，《翼教叢編》，卷六，頁29。
〔註72〕葉德輝：〈與邵陽石醉六書〉，《翼教叢編》，卷六，頁14。
〔註73〕葉德輝：〈正界篇〉上，《翼教叢編》，卷四，頁25～28。
〔註74〕葉德輝：〈與段伯猷茂才書〉，《翼教叢編》，卷六，頁37。

葉氏除肯定《周禮》具有政治功能，可以媲美一部西政書外，亦感嘆《周禮》是古文經而被康有爲等人視爲是劉歆所僞作，雖然康有爲乃藉此以批評劉歆，卻也因此而限制了《周禮》的價值。又曰：

> 以《周禮》爲劉歆僞撰，宋儒胡五峰之言也，朱子已駁之，近世萬充宗、方望溪之徒，揚其頹波，康有爲又拾萬方之唾餘以爲《新學僞經》之證，其本旨只欲黜君權，伸民力以快其恣睢之志，……其言之謬妄，則固自知也，於是借一用《周禮》之王莽，附王莽之劉歆以痛詆之。〔註 75〕

《周禮》爲劉歆僞撰之說，雖早已被朱子駁斥，至清代萬斯大（西元前 1633～1683 年）、方苞（西元 1668～1749 年）等人，又承胡五峰（西元 1105～1155 年）之言，以《周禮》爲劉歆所僞，康有爲《新學僞經考》則未加以考證，直接援以爲證據。葉氏言下之意對《周禮》一書是肯定的，且揭示康氏所以爲《新學僞經考》誣劉歆竄亂古文經，其旨在於黜君權、伸民權的政治目的，《周禮》只不過作爲詆毀劉歆的手段而已。

至於《毛詩》，葉氏以爲《毛詩》之所以被疑爲僞經，乃因爲在西漢立學之初，無師傳可考，所以被視爲僞作。因之，葉氏認爲無師傳可考，並不足以作爲判定《毛詩》爲僞作的依據。其言《毛詩》「正出於西京，何得西京無此學派，三家既亡，《毛詩》又僞，試問今日應讀何詩？」〔註 76〕可知葉氏仍肯定《毛詩》存在的必要與價值。

至於儒家諸經雖有附會，甚或僞傳、僞疏的情形，葉德輝對於諸經，仍持護衛的態度，所以其言：

> 十三經中，《書》有僞傳，《孟子》有僞疏，治學之士，皆知其詳。顧《書》之僞傳，閻惠以下，已如鐵案之不可動搖，後之護經者，猶且百計彌縫，恐其廢墜，何況兩京諸儒傳注之書乎？〔註 77〕

葉氏擔憂讀書人一旦對經書發生了疑問，如洪水決堤，一發不可收拾，以至於廢六經而後已。葉氏的維護傳統經典，除有學術上的目的，亦深恐儒學秩序發生紊亂，將造成儒學傳統及政治體制的動搖。

綜合以上所論述，朱一新、洪良品、葉德輝等舊學派認爲康有爲的劉歆僞

〔註 75〕葉德輝：〈輶軒今語評〉，《翼教叢編》，卷四，頁 8～9。
〔註 76〕葉德輝：〈輶軒今語評〉，《翼教叢編》，卷四，頁 4。
〔註 77〕葉德輝：〈與段伯猷茂才書〉，《翼教叢編》，卷六，頁 38～39。

經說既以《史記》、《漢書》爲立論根據，凡《史記》、《漢書》所未提及的經典，皆歸爲劉歆所僞造，而《史記》、《漢書》所言及的古文經或有不合康氏說法的則指爲僞造，甚至若干經文，已明見於其他經書典籍，康氏仍一概斥之爲僞，此種以一己之主觀偏好爲考證的立論方式，自然引起舊學派的質疑與反駁。

第三節　孔子改制說及相關問題的論爭

康有爲在《孔子改制考》一書中，藉著《公羊》家的孔子素王改制論來寄託其政治思想，卻不免引起許多舊學派學者的疑慮，紛紛提出相異的見解加以批駁。

一、孔子與六經

儒家是中國文化傳承的主流，以六經爲思想的依據，六經係古代文化長期積累的結晶。司馬遷曾點出六經深刻的意蘊，《史記・太史公自序》曰：

> 夫《春秋》，上明三王之道，下辨人事之紀，別嫌疑、明是非、定猶豫，善善惡惡，賢賢賤不肖，存亡國，繼絕世，補敝起廢，王道之大者也。《易》著天地陰陽，四時五行，故長於變；《禮》經紀人倫，故長於行；《書》記先王之事，故長於政；《詩》記山川谿谷，禽獸草木，牝牡雌雄，故長於風；《樂》樂所以立，故長於和；《春秋》辨是非，故長於治人。……是故《禮》以節人；《樂》以發和；《書》以道事；《詩》以達意；《易》以道化；《春秋》以道義。

可知《詩》除了含有豐富的文物資料以及記錄先民的情感與思想外，也是儒家藉以啓發民智的教本，具有宣揚教化的功用；《書》記述了虞夏商周四代的政事，除爲記錄上古史事的主要文獻外，亦具垂教立政的範本；《禮》是人類社會賴以維持共同生活的社會規律，也是修己治人的基本原則；《樂》是內在心性的陶冶，具有調和人際的作用；《易》乃研究宇宙人生的現象，說明宇宙人生變化的法則及道理；《春秋》則是一部發揮王道理論，以褒貶予奪的方式寄託微言大義，可視爲講論治道的著作。總而言之，六經是關於宇宙人生的古代文獻，就典籍的彙編而言，六經是文獻史料；就內容而言，六經富有修身治國的道理，再經由周公的保存和孔子的刪述推擴，確立了「善善惡惡」、「補敝起廢」的傳統精神。

關於孔子與六經的問題，歷來今古文學家均對此問題提出意見，統括而言，今文學家將六經視爲孔子所作，以六經寓託微言大義，做爲經世致用之術；古文學家認爲孔子乃信而好古，述而不作，把六經看成是孔子所整理的古代史料文獻之書。由於今古文學家觀念的差異，對於孔子的定位亦相異，今文學家視孔子爲宗主，古文學家則以孔子爲先師。兩派學者均由各自的門戶之見出發，立論皆不免充斥著宗派的偏見。然而通過對現存五經的考察，各經無論在文句結構、撰述內容、編排體例……等方面，都顯示出頗大的差異性，不難斷定它們決非一時、一地之作，更非成於一人之手。孔子既以六經爲教本，可見在孔子之前，六經等文獻就已存在，《莊子‧天運篇》記載：「孔子謂老聃曰：『丘治《詩》、《書》、《禮》、《樂》、《易》、《春秋》六經，自以爲久矣！孰知其故矣！』……老子曰：『……夫六經，先王之陳跡也，豈其所以跡哉！』說明了孔子之前確實存在著先王的文獻資料。孔子爲了設教的需要，對各種故國文獻必當加以蒐集，並整理編次，以做教學之用，形成《詩》、《書》、《禮》、《樂》、《易》、《春秋》等六種教本。由於這些教本來自古代文獻，孔子整理時儘管有所刪節，但其所秉持的態度是「述而不作，信而好古」，所以仍保有原本的史事內容與文字風格，只是在整理的過程中，孔子必定會依照自己的思想與見解來闡明經義，所以六經不但保存許多的古代歷史資料，同時也有系統的展現了孔子的思想學說，後經儒家學者的傳承、損益成爲儒家學派的經典。

二、康有爲的「孔子改制」說

康有爲除以《新學僞經考》一掃「僞書」外，其進而欲以《孔子改制考》樹立一新的權威。《新學僞經考》的主要內容和目的是爲了證明劉歆僞造經典，湮滅了孔子的微言大義，那麼《孔子改制考》的主要內容則是要正面闡發、極力論證孔子的微言大義，且已明確點出「托古改制」的主題。首先關於孔子與六經的問題，康氏云：「孔子所作謂之經，弟子所述謂之傳，又謂之記，……，凡漢前傳經者無異論。故惟《詩》、《書》、《禮》、《樂》、《易》、《春秋》六藝爲孔子所手作，故得謂之經。」〔註 78〕將六經全視爲孔子所作，不同於古文學家孔子「述而不作」的看法。康氏堅持六經爲孔子所創，眞正的目的無非是要將孔子的地位置於諸子之上，如果六經爲先王之舊典，孔子不

〔註 78〕康有爲：《孔子改制考》（臺北：宏業書局，1976 年 9 月），卷一，頁 3。

過是鄭玄、朱子之流，康有爲曰：

以孔子脩述六經，僅博雅高行，如後世鄭君、朱子之流，安得爲大聖哉！〔註 79〕

若《詩》、《書》、《禮》、《樂》、《易》皆伏羲、夏商文王、周公之舊典，于孔子無與，則孔子僅爲後世之賢士大夫，比之康成、朱子尚未及也，豈足爲生民未有，範圍萬世之至聖哉！〔註 80〕

其實六經是否爲孔子所作，並不是那麼重要，將孔子置於神聖的地位，才是關鍵的所在。康氏提倡孔子創作六經說的目的是爲了改制，而改制的方法就是托古，因之，必須推崇孔子爲托古改制的創始人。

康氏以爲中國的古史，「六經以前，無復書記，夏殷無徵，周籍已去，共和以前，不可年識，秦漢以後，乃得詳記。」〔註 81〕可知，中國上古的歷史是茫昧無稽、若有若無，根本無從查考的，直至秦、漢以來始可考信。康氏即認爲六經中所記載關於堯、舜、文王等人的事跡，未必是眞實的，或是出於孔子的編造，或是出於孔子的渲染，所以「三代文教之盛，實由孔子推托之故」〔註 82〕，都是孔子對民主、君主的寄託所構成。孔子創立儒教，提出堯、舜、文、武的政教禮法，並著作六經，其目的是要藉著推托上古以明改作之義，即托古改制，以表述自己的政治理想。具體而言，孔子乃欲「托堯、舜以行民主之太平」、「托文王以行君主之仁政」〔註 83〕。因之，六經實際上是孔子爲了「改制」而假托古人事跡的言論，來表述自己政治理想的作品，其中充滿著改制的微言。梁啓超曾爲《孔子改制考》作一番說明：

定《春秋》爲孔子改制創作之書，……又不惟《春秋》而已，凡六經皆孔子所作；昔人言孔子刪述者，誤也。孔子蓋自立一宗旨，而憑之以進退古人，去取古籍。孔子改制，恆托於古；堯舜者，孔子所托也，其人有無不可知，即有，亦至尋常，經典中堯舜之盛德大業，皆孔子理想上所構成也。〔註 84〕

〔註 79〕同前註，卷七，頁 1。
〔註 80〕同前註，卷十，頁 1。
〔註 81〕同前註，卷一，頁 3。
〔註 82〕同前註，卷一，頁 3。
〔註 83〕同前註，卷十二，頁 1。
〔註 84〕梁啓超：《清代學術概論》（臺北：臺灣商務印書館，1985 年 2 月），頁 129～130。

梁氏此言將孔子改制的學說勾勒出來，除了說明六經皆爲孔子所作，以推翻已往學者視孔子僅「刪述六經」的觀點，並認爲堯、舜是孔子改制所寄托的古聖者，六經中所描繪的堯、舜盛德大業，均依孔子的理想所構成。康有爲曾提出改制說的源起及孔子改制的必要性，曰：

> 孔子早而從周，晚莫道不行，思告後王，於是改制，與顏子論四代，子張言十世是也。蓋周衰禮廢，諸子皆有改作之心，猶黃梨洲之有《明夷待訪錄》，顧亭林之有《日知錄》，事至平常，不足震訝。必知孔子改制六經，而後知孔子之道，所以集列聖之大成，賢於堯舜，法於後王。〔註 85〕

康氏《孔子改制考》的主旨雖在於論述孔子的改制，其先訴諸於先秦諸子的改制，又比之於黃宗羲的《明夷待訪錄》及顧炎武的《日知錄》，其目的是將「改制」視爲一普遍的現象，以增加說服力，進而避免引起社會的震訝。今文學家皮錫瑞（西元 1850～1908 年）亦提出孔子作《春秋》的原因及素王改制之義，曰：

> 孔子作《春秋》在晚年，因道不行，著書立法，以俟後世，有王者作，舉而行之，《春秋》之義大明，後世實有從其說以改制者，如古時封建，至孔子時，封建法敝當改，《春秋》大一統是改制，後世遂改封建爲郡縣。古時世卿，至孔子時，世卿法敝當改，《春秋》譏世卿是改制，後世遂改世卿爲選舉。他如此類尚多，後世儒者，亦多襲用素王改制之意，自戰國諸子，以至國朝亭林、梨洲、船山諸公，其所著書，莫不欲以所以立之法，見之施行。〔註 86〕

皮氏認爲孔子作《春秋》以立法制，《春秋》之義明，使後世的改制有所依據，且歷代皆有欲效法孔子素王改制之意，而著書立法者，並列舉顧炎武《日知錄》、黃宗羲《明夷待訪錄》及王夫之《黃書》皆著書創法以待後世。皮錫瑞的孔子改制之義，實與康、梁之說相應。由此以見，晚清時期，孔子托古改制之說已成爲新學派者所提倡變法言論的廣泛形式了。

另者，康氏欲藉孔子改制之說，重新塑造孔子形象，在他的筆下，孔子不再是個「述而不作，信而好古」的聖人，而是位從事變革改制的教主了。

〔註 85〕康有爲：〈長興學記〉，收錄於《翼教叢編》，卷四，頁 59～60。

〔註 86〕皮錫瑞：《南學會講義・第八講》，收錄於《湘報類纂》講義・乙下（臺北：大通書局，1968 年 7 月），頁 383～384。

康氏言：「中國義理制度皆立於孔子，弟子受其道而傳其教以行之，天下移其舊俗。」〔註87〕就樹立義理制度而言，孔子可說是改制的王者。又曰：

> 所謂托先王以明權，孔子撥亂升平，托文王以行君主之仁政，尤注意太平，托堯、舜以行民主之太平。……可知六經中之堯、舜、文王皆孔子民主、君主之所寄托。〔註88〕

兩千餘年來，中國仍未見太平之治及大同之樂，康氏將原因歸於「降孔子之聖王而爲先師，《公羊》之學廢，改制之義湮，三世之說微。」〔註89〕孔子地位的下降，《公羊》學說的廢弛，正是中國未能實施民主政治的主要原因，所以康氏爲提升孔子地位，彰顯聖人之微言而作《孔子改制考》，終極目的則是爲其政治理想尋求理論上的依據。另者，梁啓超亦認爲制度有未善時可以改制，曰：

> 黃梨洲有《明夷待訪錄》，黃氏之改制也；王船山有《黃書》有《噩夢》，王氏之改制也；馮林一有《校邠廬抗議》，馮氏之改制也。凡士大夫之讀書有心得者，每覺當時之制度有未善處，而思有以變通之，此最尋常事，孔子之作《春秋》，亦猶是耳。〔註90〕

既然作爲聖人的孔子以及歷史上這些著名的賢良、學者均可以因爲當時的制度有未善處而思之變通，以改制立教，正是給後人一個好榜樣，以此作爲新學派學者提倡改制的歷史根據。顯而言之，康有爲的孔子改制說，其實眞正要「托古改制」的不是孔子，而是康氏自己，孔子之所以要「托古改制」，是因爲以布衣的身份進行改制，恐事大駭人，所以不如托與之先王，既可不驚人，亦可避禍。由而可知，康氏欲藉「托古改制」的方式爲其所主張的變法維新運動製造理論依據，且在儒家的外衣下表述自己變革的思想。

三、舊學派對孔子改制說的辯駁

（一）朱一新的辯駁

梁啓超曾對孔子改制說提出了歷史依據：

> 孔子改制之說，本無可疑，其見於周秦諸子兩漢傳記者極多，不必遍舉，即如《論語》麻冕禮也一章，顏淵問爲邦一章，改制之精義

〔註87〕康有爲：《孔子改制考》，卷九，頁1。

〔註88〕同前註，卷十二，頁1～2。

〔註89〕康有爲：《孔子改制考・敘》，頁6。

〔註90〕梁啓超：〈讀春秋界說〉，《飲冰室文集》之三，(北京：中華書局，1989年3月)，頁15。

猶可考見。使孔子而僅從周云爾，則何不云行周之時，乘周之輅，樂則武舞，而必兼采三代耶！可見當時孔子苟獲爲邦，其制度必有所因革損益明矣！〔註 91〕

梁啓超以爲孔子改制之說在周秦之際已存在，並舉《論語・子罕》篇：「麻冕，禮也，今也純，儉，吾從眾。拜下，禮也；今拜乎上，泰也。雖違眾，吾從下。」及《論語・衛靈公》篇：「顏淵問爲邦。子曰：行夏之時，乘殷之輅，樂則韶舞，放鄭聲，遠佞人。鄭聲淫，佞人殆。」兩章做爲改制的印證，由於前者乃記孔子從恭儉之德，說明君子處世，事之無害於義則可從俗，有害於義則不可從。後者乃言治國之法，記載孔子舉魯國之舊法以答顏淵治國之問，兩章皆無關乎改制之事，梁氏之說乃屬附會。舊學派朱一新則持不同意見，其謂：

秦漢之際，言《春秋》者，尚無改制之謬說。漢儒泥於陰陽，推跡五運，乃始以是摻入《公羊》耳。〔註 92〕

朱氏以爲秦漢之際尚無改制之說，改制之論乃漢代公羊學家受限於陰陽五行思想的影響所致。原始儒家並未提及改制之說，雖然歷來有學者以「《春秋》者乃天子之事」，作爲孔子主改制之根據，朱氏有不同的見解，其以爲所謂「《春秋》天子之事」指的是「正名定分，以誅亂賊之事，非干犯名義，以改制度之事也。」〔註 93〕朱氏既然以《春秋》爲天子定正名分，誅亂臣賊子爲義，而否定孔子改制之事，也就不認同康有爲的孔子改制之論。

御史文悌（西元？～？年）更批評康氏的孔子改制之說，實爲其變法思想的託詞，曰：

閱其著作，以變法爲宗。而尤堪駭詫者，託詞孔子改制，謂孔子作《春秋》，西狩獲麟，爲受命之符，以《春秋》變周，爲孔子當一代王者，明似推崇孔教，實則自申其改制之義。〔註 94〕

究而言之，朱一新與文悌均認爲《春秋》及《公羊傳》並無明文言及改制之事，且秦、漢之際亦尚無此說，至董仲舒（西元前 179～前 104 年）、何休（西元 129～182 年）立改制說以說《公羊》，純爲後人臆說。康有爲的改制說只

〔註 91〕同前註，頁 15。

〔註 92〕朱一新：《無邪堂答問》（臺北：廣文書局，1969 年 1 月），卷一，頁 31。

〔註 93〕同前註，頁 35。

〔註 94〕文悌：〈文仲恭侍御嚴參康有爲摺〉，《翼教叢編》，卷二，頁 7～8。

是欲託素王改制之文，假《公羊》學說，以推行變法改制爲目的。

（二）葉德輝的批駁

葉德輝反對康氏的孔子創作六經之說，葉氏曰：「孔子贊《易》象，刪《詩》、《書》，定《禮》、《樂》，修《春秋》，秦漢以後百家傳記所載，莫不相同。」此處所指的「贊」、「刪」、「定」、「修」即已表明孔子之於六經僅是作整理的功夫，再引《論語》、《孟子》的話，進一步說明孔子並非六經的創造者，其言曰：

> 《論語》言：五十以學《易》，雅言《詩》、《書》、執禮；又言：自衛反魯，樂正。《春秋》則孟子述其言曰：其義則某竊取之矣！夫述而不作，竊比老彭，不知而作，我無是言也。〔註95〕

關於孔子與六經的關係，歷來學者多有所議論，葉氏則認爲孔子學《易》、雅言《詩》、《書》、執禮、正樂、取《春秋》之義，一再顯示孔子非六經的創造者，因之，康氏的孔子創造六經之論，實屬爲今文學家之說。既然孔子僅是整理六經而非創制六經，六經均各有所長，那麼康氏的孔子改制之說則無法成立。葉氏認爲《春秋》經傳並未明文指稱孔子改制，《公羊傳》哀公十四年雖有語云：「制《春秋》之義以待後聖。」葉氏以爲所謂「制義」是指「制撥亂反正之義」，非指素王改制；所謂「俟後聖」則言明「非改當王之制。」〔註96〕葉氏又曰：

> 孔子爲萬世師表，當時則志在尊王，故一則曰從周，一則曰爲東周，一則曰非天子不議禮、不制度、不考文，其非改定制度，從可知矣！〔註97〕

孔子既然志在尊王，則凡舉國家制度的改變更定，皆需由天子始可爲之，況且「孔子道全德備，尊之以帝王之統，誰曰不宜，而必謂當時假魯而託王，背周而改制。」〔註98〕葉氏之意說明孔子志在尊王、從周，便無改制的必要，所以孔子改制之論，僅爲後世學者的附會之說，實際上是沒有文獻資料的根據。因之，葉氏云：「孔子改制乃七十子後學之說，何休取之以說《公羊》，遂爲今日邪說之本。」〔註99〕葉氏將改制之說歸於孔門後學所爲，原非孔子之意，又因東漢何休取其義以解說《公羊傳》，演而爲今日新學派學者所藉以

〔註95〕葉德輝：〈讀西學書法書後〉，《翼教叢編》，卷四，頁64～65。

〔註96〕葉德輝：〈正界篇〉上，《翼教叢編》，卷四，頁29。

〔註97〕葉德輝：〈讀西學書法書後〉，《翼教叢編》，卷四，頁65。

〔註98〕同註96，頁25。

〔註99〕同前註。

變法的理論依據。

關於康有爲、梁啓超所推崇的黃宗羲、王夫之以及近代的龔自珍、魏源、馮桂芬等人的改制，葉氏均加以批評：

> 若夫黃梨洲《明夷待訪錄》一書，其〈原君篇〉隱詆君權太重，實開今日邪說之先聲。〔註100〕
>
> 馮林一《校邠盧抗議》，後世經濟家箸述之常，其去聖不知幾萬里。〔註101〕

在君主專制時代，葉氏認爲黃宗羲的〈原君篇〉過度貶抑君權，可謂爲新學派宣揚民主思想的先聲；馮桂芬《校邠廬抗議》雖有可采之言，卻背離了聖道。因之，對於康氏的改制之說，葉德輝批評：「隱持民主之說，煽惑人心而猶必托於孔孟。」〔註102〕又曰：「康有爲之徒，……，欲立民主，欲改時制，乃託於無憑無據之《公羊》家言，以遂其附和黨會之私智。」〔註103〕認爲康有爲乃托言孔孟，以遂其民主、改制思想，此乃嚴重破壞了傳統的學術與社會秩序。

孫家鼐則指出康氏的《孔子改制考》一書「雜引讖緯之書，影響附會，必證實孔子改制稱王而後已。言《春秋》既作，周統遂亡，此時王者即是孔子。」其認爲康氏之說法乃雜引讖緯、附會經義，並非《春秋》原意，且易啓人犯上作亂，改制稱王之心。更何況：

> 無論孔子至聖，斷無此僭亂之心。即使後人有此推尊，亦何必以此事反覆徵引，教化天下？……康有爲必欲以衰周之事，行之今時，竊恐以此爲教，人人存改制之心，人人謂素王可作，……是導天下於亂也！〔註104〕

孫家鼐以爲孔子從無僭亂之意，乃後世《公羊》家以孔子作《春秋》，爲托王魯而改制，是素王受命改制之義，康有爲如強以此觀念教化天下，則天下之人皆可稱王以改制，將導致原有的社會秩序混亂。

〔註100〕葉德輝：〈輶軒今語評〉，《翼教叢編》，卷四，頁7。
〔註101〕葉德輝：〈正界篇・上〉，《翼教叢編》，卷四，頁25。
〔註102〕葉德輝：〈讀西學書法書後〉，《翼教叢編》，卷四，頁70。
〔註103〕葉德輝：〈輶軒今語評〉，《翼教叢編》，卷四，頁6。
〔註104〕孫家鼐：〈奏譯書局編纂各書請候欽定頒發並請嚴禁悖書疏〉，《皇朝蓄艾文編》學術四（臺北：文海出版社，1964年11月），卷七十二，頁5。

第四節　對漢學與宋學的論爭

雖說新學派對於漢、宋學的爭議仍屬於儒學內部的論爭問題，康有爲對於今文學爲孔學正宗的闡釋則帶有個人思想色彩，及對漢、宋學的批判皆引起舊學派的異議，而成爲新、舊兩派學術思想論爭的範圍。

一、新學派的觀點

康有爲治學以今文經學爲宗，其雖曾將程、朱理學視爲儒學中的一個學派，卻已否認其爲孔、孟學的「嫡派」，《南海康先生口說》即謂：「周、程、張、朱，二千年來莫之能及也，其學爲孔子傳人，然尚非嫡派耳。」康氏否定了程、朱理學的「正宗」地位，至《新學僞經考》時，康氏對程、朱理學轉而稱之「僞經」，曰：

> 凡後世所指目爲「漢學」者，皆賈、馬、許、鄭之學，乃「新學」非「漢學」也；即宋人所尊述之經，乃多僞經，非孔子之經也。「新學」之名立，學者皆可進而求之孔子。漢、宋二家退而自訟，當自咎其夙昔之昧妄，無爲謬訟者矣！〔註 105〕

康氏否定漢學亦否定宋學，尤其認爲宋學所尊之經非爲孔門之經，將程、朱之學排拒於孔學之外，並藉此表明今文經學爲孔學的「正宗」，對於漢、宋學之爭，則認爲原本就是件昧妄謬訟的事。關於歷來漢、宋學本身的演變及相與爭訟，康氏以爲終將導致漢、宋學皆亡的局勢，云：

> 後世學術日繁，總其要歸，相與聚訟者，曰漢學、曰宋學而已。若宋學變爲心學，漢學變爲名物訓詁，又歧中之歧也。至於今日，則朱陸並廢，舒向俱亡，而新歆之僞書爲經學，荊舒之經義爲理學，於是漢學、宋學皆亡，蓋晦盲否塞極矣！〔註 106〕

後世學術派論爭雖多，究而言僅漢學、宋學兩大端，程朱道學如轉變爲陸王心學，西漢經學如轉爲東漢講求名物訓詁之學，又是學術歧出中的歧出，終將走向漢、宋學皆不存的情況。康氏此一想法不外是欲提倡今文學而貶抑理學並抨擊劉歆的僞亂經書，以今文學的孔子取代宋學的程朱，並直承西漢的經學。

〔註 105〕康有爲：《新學僞經考》（臺北：宏業書局，1976 年 9 月），頁 3。
〔註 106〕康有爲：〈長興學記〉，《翼教叢編》，卷四，頁 56。

督學使徐仁鑄對於所謂的「漢學」認爲應包括西漢主微言大義之學及東漢主名物訓詁之學。通經學的微言大義以達於政事，一切經濟皆出於經義，爲西漢之學通經致用之效。名物訓詁亦爲經學中的一派，讀古書所必當有的治學方法，然學者如僅沾沾於章句訓詁，則將造成博而寡要，勞而少功。徐仁鑄對於清代學者治經多宗名物訓詁之學所造成的偏失現象，提出批評曰：「本朝儒者以爲捨此之外，別無經學則大不可。」、「近儒之言經學者，動曰經學所以考古，此最謬之論！」〔註107〕徐仁鑄是以今文學家的觀點，將東漢的訓詁之學視爲治經學的方法，西漢的闡發經義之學才是徐氏所稱美的「漢學」，實際上所指的即是今文經學。

嚴復對於理學的陸王心學，亦有所批判：

> 夫陸王氏之學，質而言之，則直師心自用而已，自以爲不出户可以知天下，而天下事與其所謂知者，果相合否？……。自以爲閉門造車，出而合轍，而門外之轍與其所造之車果相合否？〔註108〕

嚴復以實證主義對陸王心學加以評斷，其以爲陸王心學是強物以就我，強使客觀世界的事物符合自己的主觀精神，此種唯心主義的先驗論所帶來的危害，將「始於學術，終於國家」，視宋學爲一大禍害。

在新學派學者或抵漢學的重訓詁；或拒宋學的空言義理，亦有如皮錫瑞者順著當時漢學、宋學合流的趨勢，以爲漢、宋學可以會通調和，不應有門戶之見，皮氏曰：

> 今之學者，有漢學、有宋學。……學者黨同伐異，總以學自己是，人家不是，平心而論，漢學未嘗不講義理，宋學未嘗不講訓詁，同是師法孔子，何必入室操戈？……無論何項學術，不要務虛名，要切實用。講漢學者要通微言大義，方有實用，破碎支離，不成片段者無用。講宋學者，要能身體力行，方有實用，空談性命，不求實踐者無用。〔註109〕

漢學、宋學既宗本於孔子，雖各有訓詁或義理的偏重，卻無法全然的偏廢，實不應相互爭持，黨同伐異。再者，學術當以實用爲主，漢學重訓詁恐流於

〔註107〕徐仁鑄：〈輶軒今語〉，《翼教叢編》，卷四，頁3～5。

〔註108〕嚴復：〈救亡決論〉，《嚴幾道詩文鈔》，《近代中國史料叢刊》第四十二輯（臺北：文海出版社，1966年10月），卷二，頁16。

〔註109〕皮錫瑞：《南學會講義・第二講》，收錄於《湘報類纂》講義・乙下（臺北：大通書局，1968年7月〕，頁351～352。

破碎支離，仍需通微言大義，方能實用。宋學講性命理氣，恐流於浮泛空談，需重力行實踐，方能實用。從皮錫瑞調和漢、宋學的主張，不難理解其治學師法孔子，以去虛名、切實用爲主。其在治學方式上雖宗漢學，卻仍不失今文學家的治學觀念。

新學派之所以排抵漢學、宋學，不外是教人讀古書，不當求諸章句訓詁、名物制度之末，當求義理，所謂的義理，又非言心言性的宋學，而是在於古人創法立制的精義，於是漢學、宋學皆爲新學派者所摒棄，而另爲學界開闢一新的學派，即今文經學的興起。

二、舊學派的觀點

舊學派人士對於新學派變法思想的產生及其對當時學術人心所帶來的衝擊，已意識到要維護當時的學術思想及風俗人心的問題，必須重新鞏固一向維繫士人思想與生活的官方之學，即宋學或朱子學的地位，此正是舊學派學者之所以將康、梁的新學視爲異端的原因。

給事余聯沅於光緒二十年（西元 1894 年）七月，上了〈請毀新學僞經考片〉的奏摺，參劾康有爲「惑世誣民，非聖無法，較之華士、少正卯有其過之無不及。」此篇由御史安維峻所起草的摺稿中〔註 110〕，指責康有爲以詭辯之才，肆狂瞽之談，倡劉歆僞撰六經的學說，來「扇惑後進，號召生徒」，使「浮薄之士，靡然向風」，不但如此，康有爲還自號「長素」以爲長於素王，其徒弟則各以「超回」、「軼賜」……等爲號〔註 111〕，此種種行徑在舊學派者的眼中不但是毀壞經典，且侮辱了先聖先賢，其罪甚於少正卯。其文曰：

> 伏思孔子之聖，爲生民所未有。六經如日月經天，江河行地，自漢儒表章，宋儒註釋，而經學愈以昌明。我朝聖聖相承，重道尊經，列之學官，垂爲功令，一時名臣碩輔，耆學鉅儒，無不講明而切究

〔註 110〕此篇奏摺稿據康有爲《康南海自編年譜》所記載是光緒二十年七月：「給事中余晉珊劾吾惑世民，非聖無法，同少正卯，聖世不容，請焚《新學僞經考》，而禁粵士從學。」可知是余聯沅爲參劾他的《新學僞經考》所上的摺子，見於蔣貴麟主編《康南海先生遺著彙刊》，冊二二，頁 28。事實上這篇奏摺是侍御安維竣所草，見《翼教叢編》，卷二，頁 1。

〔註 111〕康有爲自封「素王」，其五位及門弟子也各有逾越孔門十哲的名號。陳子秋號「超回」；梁啓超號「軼賜」；麥孟華號「駕孟」；韓文舉號「乘參」；曹泰號「越伋」。

之。況六經訓詞深厚，道理完醇，劉歆之文章俱在《漢書》，非但不能竊取，而實無一語近似。康祖詒乃逞其狂吠，僭號長素，且力翻成案，以痛詆前人，似此荒謬絕倫，誠聖賢之蟊賊，古今之巨蠹也。〔註112〕

此段文字除闡明漢儒、宋儒乃至清儒對經學的貢獻與承續的肯定外，更不忘對康有爲的劉歆僞經說加以反駁，及對康氏的行爲做了激烈的批判。

由於清代的官學以朱子學爲正統，張之洞以讀《四書》並讀朱注，強調朱子學的重要性：「《四書》一編，爲群經之綱維，萬理之淵海。」而其中又以「朱注最精最顯」因之，主張「讀《四書》時，可連朱注讀」〔註113〕。張氏之所以重視朱注，除因朱注能精確闡發《四書》義理外，朱子學爲清代官學，亦是一重要原因。另者，張之洞藉舉宋、明兩代的崇尚朱學，以言明宋學的特質與經世的功能：

宋代學術之中正，風俗之潔淨，遠過漢、唐，國脈既厚，故雖弱而不亡，宋儒重綱常，辨義利，朱子集其成。……明尚朱學，中葉以後并行王學，要皆以扶持名教砥礪氣節爲事，三百年間，主昏於上，臣忠於下，明祚以延。〔註114〕

認爲宋學重視名教綱常，有利於端正社會風俗，可厚植國脈，所以宋代國勢雖弱卻不亡國，明代雖君主昏庸，卻因能崇尚朱、王理學，以維護名教砥礪讀書人的氣節，所以有三百年的國祚。翰林學士惲毓鼎（西元 1861～1918年）亦指出：

有宋程、朱諸子出，實始修明孔孟之道，正名分，重人倫，提良心，遏私欲，忠孝禮義之道，著書垂教，三致意焉。此理既明，天下趨向始正，士之離經叛道者，即爲公議所不容。故自宋以來，政治有盛衰，世運有否泰，而犯上作亂之禍，罕發於朝廷，程、朱之力也。〔註115〕

〔註112〕安維竣：〈安曉峰侍御請毀新學僞經考片〉，《翼教叢編》，卷二，頁1。

〔註113〕張之洞：《輶軒語二》，《張文襄公全集》，《近代中國史料叢刊》第四十九輯（臺北：文海出版社，1966年10月），卷二〇五，頁5，頁19。

〔註114〕張之洞：〈同心第一〉，《勸學篇・內篇》，《近代中國史料叢刊》第九輯（臺北：文海出版社，1966年10月），頁2。

〔註115〕惲毓鼎：〈翰林院侍講學士惲毓鼎摺〉，楊家駱主編《戊戌變法文獻彙編》（臺北：鼎文書局，1973年9月），冊五，頁505。

此處除了說明學術對人心與社會風氣的影響外，更標舉程朱之學乃承繼與發揚孔孟之學的正統，且認爲明代之所以多節義之士，皆由於朝廷致力於「懸程朱之說爲功令，驅天下聰穎秀異之士於宋學，而不使稍越範圍」〔註 116〕的結果。惲氏認爲清代自中葉以後，訓詁辭章之學興盛，一反程朱所承繼的儒學思想，「詆斥程朱，弁髦名教，以講學爲僞，以敦品爲迂，以恪守正道爲平庸，以創造新奇爲才智。浮薄之子，自命文人，挾其所長，凌蔑一世，競爲猖狂怪誕之辭，震動世俗。……蓋人心之囂然不靖非一朝矣！而康有爲、梁啓超等乃逞其筆舌，乘間而興，附會《公羊》，創爲孔子改制之文，以遂其變法行私之舉。」〔註 117〕由於宋學遭到揚棄，學者以創造新奇爲尚，致使非常異議的《公羊》思想興起，造成學術界及社會的動盪，因此，欲恢復傳統儒學，則須先致力於宋學的提倡，強調宋學爲儒學重要的提昇，藉此以削弱今文學的勢力。

舊學派除了對宋學的注重外，朱一新則對漢學提出看法：

> 漢學家治訓詁而忘義理，常患其太淺，近儒知訓詁不足盡義理矣！而或任智以鑿經，則又患其太深。夫淺者之所失，支離破碎而已，其失易見，通儒不爲所惑也。若其用心甚銳，持論甚高而兼濟之以博學，勢將鼓一世聰穎之士，顛倒於新奇可喜之論，而惑經之風於是乎熾！〔註 118〕

朱氏此言乃針對新學派而發，其以爲漢學家雖偏重名物訓詁而輕忽義理，其缺失不過使經義破碎繁瑣，並不會造成太大的影響，但若任意穿鑿附會以說經義，使學者顛倒迷亂於新奇之論，恐將引起惑經的風氣大盛。

清代學術無論崇宋學或崇漢學皆各有其利弊得失，最終爲取兩者之利而去兩者之弊，乃趨向漢、宋學的合流。因之在儒學思想上，張之洞對於當時漢學及宋學所採取的態度是「兼宗漢、宋學」，曰：

> 兩漢經師、國朝經學諸大師，及宋明諸大儒皆所宗仰。信從漢學，師其詳實，而遺其細碎；宋學，師其謹篤，而戒其驕妄空疏，故教士無偏倚之弊。〔註 119〕

〔註 116〕同前註，頁 505。
〔註 117〕同前註，頁 506。
〔註 118〕朱一新：〈答康有爲第二書〉，《翼教叢編》，卷一，頁 2。
〔註 119〕張之洞：〈抱冰堂弟子記〉，《張文襄公全集》，《近代中國史料叢刊》第四十九輯（臺北：文海出版社，1966 年 10 月），卷二二八，頁 27。

> 近代學人大率兩途，好讀書者宗漢學，講治心者宗宋學，逐末忘源，遂相詬病，大爲惡習。夫聖人之道，讀書治心，宜無偏廢，理取相資；詆其求勝，未爲通儒。……要之，學以躬行實踐爲主，漢、宋兩門，皆期於有品有用。〔註120〕

張氏認爲漢學考證詳實卻失之細碎繁瑣，宋學義理謹篤卻失之狂妄虛浮，各有其優劣之處，學者當取其利而避其害，所以主張兼重漢、宋學，且以爲不僅漢、宋學不可偏廢，一切學術皆不可廢，並以躬行實踐爲主。張之洞與傳統儒者一般，重視儒家經學，其以爲：

> 何爲必通經乎？曰：有本。……凡學之根柢，必在經史。讀群書之根柢在通經，讀史之根柢亦在通經。……此萬古不廢之理也。〔註121〕

張氏將經學視爲一切學術的基礎，學者治學當先通經，由於受清代乾嘉經學的影響，所以主張通經宜遵漢學，因爲「經是漢人所傳，注是漢人創作，義有師承，語有根據，去古最近，多見古書，能識古字，通古語，故必須以漢學爲本。要之宋人皆熟讀注疏之人，固能推闡發明」〔註122〕以漢學爲治經之本源，通漢儒之傳注，始能明白經典的精粹，且宋儒治學亦因熟讀注疏，所以能闡發經書義理，因之，治宋學必先以漢學爲本源，可見張之洞治學雖是兼採漢、宋學，仍特別看重漢學的治學工夫。

舊學派對宋學的重視乃基於其承繼並闡揚孔孟學的義理，講求名教綱常之理，對社會結構與秩序皆有穩定的作用，亦可見維護官方之學的用心。至於漢學，舊學派將之視爲治學的基礎工夫，非僅流於瑣碎的名物考證而已。可知，無論是漢學或宋學，舊學派皆同樣重視，並欲藉以抵制在晚清時期逐漸興起的今文學。

結　語

康有爲論「性」，反對宋儒將性分爲義理之性及氣質之性，其認爲僅有「氣質之性」，強調萬物的自然之性皆相同，而人之所以異於禽獸，則在於「學」與「習」。康氏論「仁」，謂「仁」爲博愛，愛及天下萬物，其始點仍從親親

〔註120〕張之洞：《輶軒語一》，《張文襄公全集》，卷二〇四，頁13。
〔註121〕張之洞：〈創建尊經書院記〉，《張文襄公全集》，卷二一三，頁24。
〔註122〕張之洞：《輶軒語一》，《張文襄公全集》，卷二〇四，頁13。

開始，以本身爲核心，漸及於他人、萬物。舊學派不贊同康氏之意，因之，朱一新仍將性分爲義理之性及氣質之性，欲以義理之性引導氣質之性，以反駁康氏的自然之性論。葉德輝更因誤解康氏之論，而批駁康氏的自然之性萬物皆同的論點，是藉泯人禽之辨，進而泯君臣之別，以倡平等之說。

康有爲雖非傳統的《公羊》派學者，其接受並運用儒家經典中的「非常異義」外，並加入了自己的詮釋與創見，自成一套思想體系。康有爲對儒家經典的重新詮釋，原是爲了政治改革，無論是具有破壞性的《新學僞經考》，或是有建設性的《孔子改制考》，就哲學創作而言，康氏對儒學的重詁自有其發明與見識，對於中國正統思想的大膽衝擊，有其貢獻之處。

由於康有爲的「劉歆僞經說」及「孔子改制說」的理論太具爭議性，在學術風氣尚未大開的時代，過多的爭論必將引起思想的混淆，甚至模糊了問題的中心。康氏原意先由學術思想入手，以說服當時的士大夫，但因古文皆僞說與孔子素王改制說，均缺乏確切的歷史與學術根據，甚至添加康氏個人主觀的好惡，在儒學尊嚴與權威尚盛的時代，尚且無法說服一般的士大夫，更遑論提出反駁論的舊學派學者了。其次，康氏對古文經學的否定，推翻了向來一直被接受的經學系統，不啻破壞了傳統的價值根源，同時也意味著舊學派學者所遵循的學術傳統，已面臨了極大的考驗。

舊學派人士對於康氏學說的批判，正是集中於「劉歆僞經說」及「孔子改制說」兩大觀念，所以反對康氏此二學說，乃因康氏對儒家經典的解釋，已脫離傳統的儒學形象，其中更有康氏個人主觀思想的濃厚色彩。舊學派人士所重視的是歷代學者一脈相傳的儒學系統，將之視爲傳統中國文化的價值基礎，相對於康有爲所表彰的儒學系統—以《公羊》學與改革思想爲中心，雙方的觀念即出現無法相容的現象，因而引發新、舊兩派學術上的爭辯。

關於漢、宋學的論爭，新學派對於漢學與宋學皆有所批判，其將漢學局限於章句名物訓詁，並視爲破碎支離；將宋學局限於空言心性天理，視朱子、陸王等學非孔子之正學，亟欲爲中國學術在漢、宋學外，另闢一新的學術領域，藉此提倡並宣揚新學派的各種思想。舊學派學者之所以推崇漢學，乃訴諸漢學的治學方法爲通經之要，崇尚宋學的原因，不外是因宋學言義理，可端正社會風氣，維護倫理綱常，無論是尊漢學或崇宋學，舊學派均欲藉此抵制新學派異議可怪之論的《公羊》學思想，新、舊兩派看待漢學或宋學或今文學的用心及目的皆不同，自然有所論爭。

附表 3-1　新、舊學派學術思想論爭議題之對照表

		哲學		
		論「理」、「氣」	論「人性」	論「仁」
新學派	康有爲	氣先理後	自然人性論，人性平等，以「學」判分人禽	仁爲不忍人之心，仁爲博愛，由親親推及萬物
舊學派	朱一新	理氣合一	以義理之性，引導氣質之性	歸「仁」於「禮」
	葉德輝		人禽之異，無關乎「學」	反對萬物皆有「仁」

		劉歆僞經說	孔子改制說	論漢、宋學
新學派	康有爲	攻擊劉歆僞亂聖制，稱古文經爲僞，定今文經爲尊	六經皆爲孔子創作，托古改制的依據，變法思想的實行	否定漢、宋學爲孔學正宗
	梁啓超		肯定孔子及諸子的改制	
	徐仁鑄			稱美西漢闡發經義之學
	嚴　復			否定陸、王心學
	皮錫瑞			主漢、宋學合流
舊學派	朱一新	肯定古文經的價值，反對劉歆僞經之說	《春秋》、《公羊傳》皆無明文言及改制	
	洪良品	以《漢書》、《史通》、《西京雜記》之記載反駁劉歆僞經說		
	葉德輝	尊重古文經的傳統，駁斥劉歆僞經說	孔子僅整理六經，孔子改制說爲附會	
	張之洞			肯定宋學經世之功 主張漢、宋學合流
	惲毓鼎			宋學爲孔學之正統

第四章　政治思想之論爭

儒家講求貴賤、尊卑、長幼、親疏的倫理秩序，是構成中國傳統社會的倫常基礎。其中又以「君臣」的關係，不僅是社會倫常的綱領，更是絕對王權秩序下的理論依據。新學派學者則欲否定絕對的王權秩序，提倡民權，不外予以舊學派新思想、新觀念的挑戰。就晚清時期新學派變法運動的政治意義而言，其主要的理想乃爲改造中國傳統的政治體制。對於幾千年來的君主專制政體，要進行改造，不異是極大的挑戰與威脅，新學派欲從事政治上的變法改革運動，必須有理論上的依據，做爲變法改革的基礎，與此相關的思想，勢必令新、舊兩派學者產生激烈的思想論戰。

第一節　變法思想的論辯

《周易》思想涵蓋了「易簡」、「變易」與「不易」三層意義〔註 1〕，其中「變易」之意，根據《易緯・乾鑿度》有「天地不變，不能通氣，五行迭終，四時更廢，君臣取象，變節相和，能消者息，必專者敗，君臣不變，不能成朝，紂行酷虐，天地反……此其變易也。」〔註 2〕的說法，可知「變易」不僅是天地萬物能生生不息的原因，亦是人類社會能進步的重要法則。在先

〔註 1〕孔穎達曾論「易之三名」引《易緯・乾鑿度》云：「易一名而含三義，所謂易也、變易也、不易也。」又引鄭玄《易贊》及《易論》云：「《易》一名而含三義。易簡一也，變易二也，不易三也。」見《周易正義》，《十三經注疏》（臺北：藝文印書館，1989 年 1 月），頁 3。

〔註 2〕《易緯・乾鑿度》，頁 3～4。引自黃奭《黃氏逸書考》（臺北：藝文印書館，出版日期不詳）

秦諸子中，最深具「變的史觀」的莫過於韓非，其認爲人類的歷史永遠在變〔註3〕，必須懂得與時推移，不能執著於任何固定的規範，言曰：「時移而法不易者亂，能眾而禁不變者削，故聖人之治民，法與時移，則禁與能變。」〔註4〕既然歷史不斷的推移，在現實的事物中亦無恆久不變的模式可供依循，也就沒有永久不變的法，因之，要成大功業者，無不由變法而來〔註5〕。此「變易」思想，在晚清時期，深受新學派人士重視，並引以爲變法思想的理論基礎。舊學派對於「變易」思想則持審慎的態度，然其面對不可遏止的時代變動，權衡「可變」與「不可變」，以利尋求因應之道，亦是當時舊學派必須逐漸正視的問題。

一、新學派的變法思想

（一）變易思想

康有爲以爲孔子繫《易》以言變通，以變爲本質，知進退消息變通而後始可久，將「變易」視爲孔子繫《易》的最高思想，乃透過對天地萬物的變化所產生的體悟，康氏曰：

> 蓋變者，天道也。天不能有晝而無夜，有寒而無暑，天以善變而能久。火山流金，滄海成田，歷陽成湖，地以善變而能久。人自童幼而壯老，形體、顏色、氣貌，無一不變，無刻不變。《傳》曰：「逝者如斯。」故孔子繫《易》，以變易爲義。〔註6〕

康有爲認爲孔子繫《周易》旨在闡發「變易」思想，「變易」即是天道亦爲人道，天有晝夜寒暑之變，地有滄海桑田之變，人有童幼壯老之變。總之，天地萬物無不時時的處在變易中，且因爲「變易」得以延續長久，生生不息。譚嗣同認爲只有不斷地變化日新，天地萬物才有生命力，如果停止了變化，天地萬物終將歸於滅亡，其言：

> 天不新，何以生？地不新，何以運行？日月不新，何以光明？四時

〔註3〕韓非：〈五蠹〉篇：「上古競於道德，中世逐於智謀，當今爭於氣力。」引自陳奇猷《韓非子集解》（臺北：莊嚴出版社，1984年10月），頁1042。

〔註4〕韓非：〈心度〉篇，頁1135。

〔註5〕韓非：〈南面〉篇：「伊尹毋變殷，太公毋變周，則湯、武不王矣！管仲毋易齊，郭偃毋更晉，則桓、文不霸矣！」，頁298。

〔註6〕康有爲：〈進呈俄羅斯大彼得變政記・序〉，《戊戌奏稿》（臺北：宏業書局，1976年9月），頁59。

不新，何以寒暑發斂之迭更？草木不新，豐縟者歇矣！血氣不新，經絡者絕矣！……歐、美二洲，以好新而興，……亞、非、澳三洲，以好古而亡，中國動輒援古制，死亡之在眉睫。〔註7〕

此處所指的「新」即是「變易」，不只是自然界的運行如此，國家社會的興衰存亡亦如是，新與舊的循環進化是永無止境的，昨日之新，至今日已陳舊；今日之新，至明日又已陳舊。如此生生不息的變化替換，才能綿延不絕，並舉歐、美洲國家因求新、求變而興盛，以對中國的堅守古制提出警訊。

梁啓超更切實的指出，人類社會一切的典章制度、法令條規與一切的自然之物一樣，須不斷地發展變化，因爲「法行十年，或數十年，或百年而必敝。敝而必更求變，天之道也。」〔註8〕既然古今中外無不敝之法，那麼執政者就應順著歷史的發展，不斷地變法革新。任何一個國家，只有遵循進化的規律，不斷地變革，才能興盛，反之必走向危弱，曰：

印度，大地最古之國也，守舊不變，夷爲英藩矣！突厥地跨三洲，立國歷千年，而守舊不變，爲六大國執其政，分其地矣！……今夫俄宅寒苦之地，受蒙古軩轄，前皇殘暴，民氣凋喪，岌岌不可終日。自大彼得游歷諸國，學習工藝，歸而變政，後王受其方略，國勢日盛。……日本幕府專政，諸藩力征，受俄德美大創，國幾不國，自明治維新，改弦更張，不三十年，而奪我琉球，割我臺灣也。〔註9〕

梁氏列舉原爲強國的印度、土耳其因守舊不變，而導致衰微的情形，對比於俄國、日本因維新求變，國勢日盛的情景，有力的論證了變革的重要性。反觀中國，誠如徐仁鑄所言：「官制爲一朝政治之所出，學派爲一朝人才之所出，二者皆治亂興衰之大原也。中國二千年，政治、學術大率相互因襲，未嘗衡以公理，而思所以變通之道。」〔註10〕官制與學派是影響國家治亂興衰的根本，中國的政治與學術已相互沿革兩千餘年，未曾衡以世界公理，其中最主要的原因，不外是執政者的守舊觀念，因承襲過久，所以必須尋求變通。唐常才認爲執政者應勇於變革，其言：「善變者有國之公理，日新者進種之權輿，公法由野番而文明，春秋由據亂而升平而太平，天地初不設一成之格以限人，人豈容畫不變之

〔註7〕譚嗣同：《仁學》一（臺北：臺灣學生書局，1998年11月），頁37～38。

〔註8〕梁啓超：〈論不變法之害〉，《變法通議》，《飲冰室文集》之一（北京：中華書局，1989年3月），頁2～3。

〔註9〕同前註，頁7～8。

〔註10〕徐仁鑄：〈輶軒今語〉，《翼教叢編》，卷四，頁12。

程以自限？」〔註 11〕變易可謂為宇宙一恆久不變的定理，亦是人類社會演變的法則，所以世界應愈變愈新，愈變愈文明，就中國歷史而言，「自邃古至唐虞，世局一變；自唐虞至秦漢，世局一變；自秦漢至今，世局又一大變。」〔註 12〕唐常才以為中國正處於第三次歷史性的變動中，此時的變法維新正合符時代變動的要求。由上述康、梁、譚、唐等人的言論，可知，變易日新的思想，正反映了新學派學者要求變革的願望及積極進取的精神。

（二）變法的主張

變易思想，除了是宇宙運行生息變化的通則外，亦是人類社會進步的法則，新學派學者即將變易、變革思想，推進於政治主張上，以闡發變法的必要性，尤其面對強大的西方勢力時，更需要尋求法制的變革以因應外侮的危機。康有為曰：「使彼不來，吾固可不變。其如數十國環而相迫，日新其法以相制，則舊法自無以禦之。」〔註 13〕物新則壯，舊則老，法制若實行過久，弊端必定叢生，自然無法抵禦外侮。皮錫瑞亦認為：「凡法既知有弊，不可不革，譬如房屋積敗，必須改造，若不改造，將有覆壓之憂。……欲易貧弱為富強，非翻然一變，必不能致。」〔註 14〕要革除舊法之弊，國家欲轉貧弱為富強，實行變法是唯一的途徑，所以梁啓超認為「今日非變法，萬無可以圖存之。」〔註 15〕當時的新學派多以中國非變法不能為治，非變法不能求存。然而變法首先必須改變君臣之間的關係，「今日欲求變法，必自天子降尊始，不先變去拜跪之禮，上下仍習虛文，所以動為外國訕笑。」〔註 16〕首先應泯除君臣之間尊卑的階層限制，將變法思想落實於實際的運作。譚嗣同更將矛頭指向君主的獨裁專制，曰：

> 豈不方將愚民，變法則民智；方將貧民，變法則民富；方將弱民，變法則民強；方將死民，變法則民生。方將私其智其富其強其生於一己，而以愚貧弱死歸諸民，變法則與己爭智爭富爭強爭生，故堅

〔註 11〕唐常才：〈論熱力・下〉，《唐常才集》（北京：中華書局，1982 年 8 月），頁 145。

〔註 12〕唐常才：〈歷代商政與歐洲各國同異考〉，《唐常才集》，頁 2。

〔註 13〕康有為：〈答朱蓉生書〉（光緒辛卯年作），光緒新卯年為西元 1891 年，收錄於蔣貴麟編《萬木草堂遺稿外編》（臺北：成文出版社，1978 年 4 月），頁 818。

〔註 14〕皮錫瑞：《南學會講義・第九講》，收錄於《湘報類纂》講義・乙下，頁 389～390。

〔註 15〕梁啓超：〈上陳中丞書〉，《翼教叢編・附》，頁 1。

〔註 16〕梁啓超：〈時務學堂課藝批〉，《翼教叢編》，卷五，頁 6。

> 持不變也。究之智與富與強與生，決非獨夫之所任爲。〔註 17〕

最迫切的是變法使民智、民富、民強、民生，以挽救國與教與種的危亡。至於變法的性質，譚嗣同提出務實的主張，諸如：無議院之名而有議院之實、無變科舉之名而有變科舉之實、無變制度之名而有變制度之實……等〔註 18〕，眾多無變名而有變實的主張，以達變法的成效。

從新學派變法思想的產生，象徵著中國傳統的變易思想正因應時勢，逐漸展開具有時代意義的變革，而變法革新則成爲當代必然的選擇。

二、舊學派對變法思想的態度

（一）可變與不可變的權衡

遭逢千古以來時代的非常變局，舊學派的人士不得不面對變革思想做審慎地權衡。在舊學派者的觀念中，綱常名教是絕對的，視爲支配一切，決定一切的精神力量，具有萬古不變的永恆性，葉德輝即謂：「孔子之制，在三綱五常，而亦堯舜以來相傳之治道也。三代雖有損益，百世不可變更。」〔註 19〕說明綱常名教的可損益性及不可更變性，朱一新曰：

> 今以藝之未極其精，而欲變吾制度以徇之，且變吾義理以徇之，何異救朋而牽其足？拯溺而入於淵？〔註 20〕

反對一味的效法西方技藝，而變更中國原有的傳統制度或義理，將會陷中國於危疑的地步。曾廉曰：「凡變之而足以守土地，禦夷狄，保人民，則變之；凡變之而不足以守土地，禦夷狄，保人民，而益足以亂人心，壞風俗，敺民以從夷，則何如其勿變也。」〔註 21〕將變與不變的條件界定在國家統治權的掌控，以及嚴防夷夏的分別。王仁俊曰：「夫一時可變者，法也。萬世不變者，綱也。爲一時計則變；爲萬世計則變而不變。」〔註 22〕法可因權宜而有所更易，綱紀卻是長久不可變動的，因之，在變與不變間存有明顯的際限。

〔註 17〕譚嗣同：《仁學》二，頁 66～67。

〔註 18〕譚嗣同：《壯飛樓治事十篇》第三～第九（臺北：華世出版社，1977 年 10 月），頁 93～101。

〔註 19〕葉德輝：〈讀西學書法書後〉，《翼教叢編》，卷四，頁 69。

〔註 20〕朱一新：〈答康有爲第四書〉，《翼教叢編》，卷一，頁 13。

〔註 21〕曾廉：〈應詔上封事〉，《戊戌變法文獻彙編》（臺北：鼎文書局，1973 年 9 月），冊二，頁 498。

〔註 22〕王仁俊：〈實學平議〉，《翼教叢編》，卷三，頁 14。

面對時代急遽的轉變，爲求國家的生存，舊學派人士亦不得不順應時勢，爲變革提出一條可行的途徑。由於基本立場相異於康、梁等新學派的主張，所以提出的變易思想仍以中國的傳統思想爲主脈，一者爲合於聖道；另者爲對抗新學派的變革思想，並不主張全面性的變革，而在可變與不可變之間，自有一定的準則，張之洞以爲：

> 夫不可變者，倫紀也，非法制也；聖道也，非器械也；心術也，非工藝也。……法者，所以適變也，不必盡同；道者，所以立本也，不可不一。〔註23〕

倫紀、聖道、人心均爲中國傳統，是不可變革的立國之道；法制、器械、工藝則可隨時日而有所轉變，以適應時代的各種需求，「倫紀」、「聖道」的不變是爲因應「法制」、「器械」的萬變，「法制」、「器械」的萬變是爲衛護「倫紀」、「聖道」的不變。顯而易見，張之洞乃欲強調並肯定傳統價值的絕對性，認爲變革「倫紀」、「聖道」將會導致失敗，張氏藉歷史以說明之，其言：

> 商鞅變法，廢孝弟仁義，秦先強而後促；王安石變法，專務剝民，宋因以致亂，此變而失者也。〔註24〕

以爲商鞅、王安石的變法廢弛了倫常綱紀，導致變法的失敗，國家亦隨之而亡。可知，「法之變與不變，操於國家之權，而實成於士民之心志議論。」〔註25〕變法之權固然是操於國家，但人民的反應卻是變法成敗的重要關鍵，在變法觀念尚未大盛的時代，人民的心志議論通常趨向保守，所以必須在穩固的傳統觀念下尋求變法的可行性，張氏又曰：

> 夫所謂道本者，三綱四維是也。若並此棄之，法未行而大亂作矣！若守此不失，雖孔孟復生，豈有議變法之非者哉！〔註26〕

「道」就是三綱四維的抽象化，「道」是根本，「道者，所以立本也，不可不一，此變法而悖道之鑰也。」〔註27〕「道」是不變的，是一切事物統一的所在，舍棄「道」就是廢除綱紀，將引起社會秩序的混亂。但如能堅守正統原

〔註23〕張之洞：〈變法第七〉，《勸學篇・外篇》，《近代中國史料叢刊》第九輯（臺北：文海出版社，1966年10月），頁18～20。

〔註24〕同前註，頁19。

〔註25〕張之洞：〈變法第七〉，《勸學篇・外篇》，《近代中國史料叢刊》第九輯（臺北：文海出版社，1966年10月），頁18。

〔註26〕同前註，頁20～21。

〔註27〕同前註，頁20。

則，在不叛逆聖道的基礎下，亦能進行實用性的變法。

（二）法祖的觀念

敬天法祖是中國人固有的傳統觀念，清代法祖的觀念更被舊學派視爲安定政治秩序的最終權威，亦是變法革新者的重大阻力之一。榮祿（西元 1834～1903 年）曾與康有爲議論變法之事，即以「祖宗之法不能變」駁難康有爲的變法思想〔註 28〕。曾廉則對光緒皇帝（西元 1872～1908 年）大談祖宗之法的不可變動性，曰：

> 天下者，祖宗之天下也。皇上爲祖宗持守宗廟，有萬世不變之法，有隨時修改之政，然其所以修改者，皇上亦無以出列聖範圍也。故必常以祖宗爲心，兢業罔墜。〔註 29〕

雖然光緒皇帝有意效法三王五帝的開創新政，曾廉卻認爲三王五帝是異姓受命，而清代君王，主要的職責就是爲祖宗持守國家大業而已，必須遵承祖制，並無權力改變祖宗所創定的大經大法。在舊學派的觀念中，祖法的權威性遠超過君權之上，既然君主都需以祖法爲依歸，又何況臣民？翰林院學士貽穀（西元？～1926 年）曾就湖北巡撫曾鉌建議朝廷根據西洋法律酌量變通中國法律一事，指責爲變亂祖法，曰：

> 我大清尊崇聖道，垂爲典章，凡屬臣工，無不遵循有自。曾鉌原奏則稱「新猷未煥，百僚無所適從」。然則必須盡廢祖法，概學洋人，乃爲新猷丕煥，百僚得所適從乎？……然則必概令學成洋人，不復知有大清祖法，但知洋人政教者，乃爲實惠均沾，群黎咸知感化乎？〔註 30〕

此言論雖不免失之偏頗，卻反應出堅持祖法觀念的舊學派人士，擔心以西法進行變革，將造成祖法盡廢，甚至僅知洋法而不識祖宗之法。或許舊學派人士對祖宗之法的堅守有許多不同的因素，然援引祖法否定變革，卻往往成爲阻止變法的正當依據。

〔註 28〕康有爲：《康南海自編年譜》記載：「光緒二十四年（戊戌）正月初二日，總理衙門總辦來書，告初三日三下鐘王大臣約見。至時李鴻章、翁同龢、榮祿、廖受恆、張蔭桓，相見於西花廳，待以賓禮，問變法之宜。」（北京：中華書局，1992 年 9 月），頁 36～37。

〔註 29〕曾廉：〈應詔上封事〉，《戊戌變法文獻彙編》（臺北：鼎文書局，1973 年 9 月），冊二，頁 490～491。

〔註 30〕貽穀：〈翰林院侍講學士貽穀摺〉，《戊戌變法文獻彙編》，冊五，頁 500。

（三）「人」的改造重於「法」的變革

舊學派雖對新學派的變革主張有所批判，然其所堅持不可變革者，不外是傳統的倫理綱常，在不變革名教綱常的前提下，爲因應實際的需要，並不完全排除實用性變革。

舊學派所以反對新學派的變法，除了指責其毀亂綱常外，並認爲人心的敗壞才是積弊的根源，誠如于蔭霖（西元 1838～1904 年）曰：「我中國積弊，人心不變，法斷變不好。」〔註 31〕中國一切的弊端，皆在於人心的敗壞所引起，人心如不改革，即無法建立完善的制度，葉德輝更舉實施三十年的洋務運動爲例，說明無法救衰起弊的原因在於人心未變，曰：「采西學、製洋器諸議，行之已三十年，而法、日兩次戰事，何以無效？是知變法而不變人，不值外人一笑耳。……西人與中國交涉之事，何者合于公法？此彰彰在人耳目者也。」〔註 32〕將變法的成敗關鍵歸之於「人」的因素，而非僅講求「法」的變易而已，況且中國爲效西方講求公法，反爲西人所牽制，這些論點都是主張「人心改造」重於「法制變革」，朱一新更指出治國的先後、主從關係：

> 人心陷溺於功利，行法者借吾法以逞其私，而立一法，適增一弊，故治國之道，必以正人心、厚風俗爲先，法制之明備抑其次也。〔註 33〕

因人心已敗壞，行法者往往藉所立之法以謀取私利，此種立法適足以成爲弊端之源，因之，治國之道，當以端正人心、淳厚社會風俗爲首要，法制的完善則屬次要。又曰：「方俗拘牽文法，乃奉行者之失，苟有豪傑任其事，焉用法？恆得法外意，必不爲文法所拘。」〔註 34〕視「法」爲拘束人的條文，只要有人才任事或能得法外之意，即不需受制於法的拘牽。

另者，舊學派除強調人心的重造外，相對於西人務實的態度，中國士大夫崇尚空談的習性，不務實際的現象亦被視爲弊端之一。因之，凡事講究務實的態度，實事求是，亦是舊學派所主張的改革。于蔭霖言：

> 今日之害，其始皆由人人務名，而不務實，故悍然者敢於大肆詬病而一切掃蕩之。向始務實，決不至此。外國治法盡低，只爲務實，

〔註 31〕于蔭霖：《悚齋日記》，《近代中國史料叢刊》第二十三輯（臺北：文海出版社，1966 年 10 月），卷六，頁 44。

〔註 32〕葉德輝：〈輶軒今語評〉，《翼教叢編》，卷四，頁 7。

〔註 33〕朱一新：〈答康有爲第四書〉，《翼教叢編》，卷一，頁 13。

〔註 34〕朱一新：《無邪堂答問》（臺北：廣文書局，1969 年 1 月），卷三，頁 17。

故強勝中國。欲救今日之弊，其惟務實乎？〔註35〕

以務名與務實說明當時中國社會的現象，再以中國的務名與西方的務實，凸顯中、西形成強弱對比的原因，所以倡導拯弊唯有務實。葉德輝亦言：

維中西，莫如理政教。政何以理？曰求實；教何以理？亦曰求實。實則無空談之病，而人心一矣！……中國之事無不誤於空談，不求立學，徒以策論易時文，不求考工，徒以槍炮易弓馬。法則變矣，其如弊之未去何？〔註36〕

分析中國失敗的原因在於空談，西方則求實以理政教，空談造成中國不知務實、務本，惟求枝節的改變，所以即使實施變法，積弊仍存，國勢仍衰，由此強調基礎功夫的重要性，務去空談以求實際，如此始能達成人心團結一致。換言之，舊學派者以爲治國之道在於「核其名實」，朱一新更相信「中國法制名備，果能實事求是，何患不復昔時之盛？」〔註37〕將「務實」視爲國家強盛的最重要因素，同時檢討了中國所以衰弱的原因。

除了積極的重建人心，講究務實外，另一項「去弊」，可作爲前兩項的基本前提，于蔭霖指出：「今日不須言變法，只言除弊，除弊不易言，但先揭弊。」〔註38〕強調除弊端重於變法制。人心需要改造是因爲有弊，尙浮誇不務實亦是有弊，所以當先「去弊」。朱一新認爲變革法制是改朝換代之事，不是守文之世所能輕言的，朱氏雖不贊成變法，但仍不諱言地認爲處在「叔季之世，當言除弊，毋遽言興利。」其言：

古人立一法，自可行諸久遠，其不能行者，弊端害之。天下事無一事非可作弊之地，法愈密，弊愈繁，去其弊，則利自出。〔註39〕

朱氏認爲「法」與「弊」與「利」三者的關係往往相對而生，因之，「善爲治者，不貴更法而貴除弊，弊去則法之精意自出，而後知昔人之立法皆非漫然爲之也。」〔註40〕朱氏一再強調「去弊」的必須性及重要性，「去弊」爲先，而後「法」自可成、「利」自可興。此外，葉德輝更指出不僅中法本身爲弊端

〔註35〕于蔭霖：《悚齋日記》，卷七，頁13。
〔註36〕葉德輝：〈與南學會皮鹿門孝廉書〉，《翼教叢編》卷六，頁22。
〔註37〕朱一新：《無邪堂答問》（臺北：廣文書局，1969年1月），卷三，頁17。
〔註38〕于蔭霖：〈南陽商學偶存〉，收錄於《于中丞（蔭霖）奏議》，《近代中國史料叢刊》第二十輯（臺北：文海出版社，1966年10月），頁2。
〔註39〕朱一新：《無邪堂答問》（臺北：廣文書局，1969年1月）卷三，頁17。
〔註40〕同前註，頁22。

所害，即以中國採用西法而論，凡西方善政一入中國，也都百弊叢生，舉例言之：

> 製造興，則士途多無數冗員；報館成，則士林多一番浮議；學堂如林，仍蹈書院之積習；武備雖改，猶襲洋操之舊文。〔註41〕

針對新學派所提倡興製造、設報館、立學堂、精武備等的主張，葉氏均加以批評駁斥，認爲不是變法制的問題而是弊端的因素，即使效西法，卻也僅襲其態勢，而未能效其精神，所以言：「鄙人素不言變法，而祇言去弊，弊之既去，則法不變而自變矣！」〔註42〕就舊學派者的思想觀之，反對康有爲、梁啓超的變革思想，無疑是將變法視爲改朝易代之事。因之，舊學派提出改革的思想，並不是要變更法制，而是指去除弊端，此即其所謂的修正與變革。事實上，當時的舊學派學者，儘管反對新學派的變法，但卻也承認中國確實有改革的需要，只是問題在如何變？變些什麼？曾多方思考，從中尋求一套準則作爲變或不變的引導。換言之，舊學派學者面對社會的轉變，以及新學派改革的思潮，亦有其因應之道，從人心的重建、崇尚務實、去除弊端均是舊學派者認爲必須變革的，而法制的變與不變，卻顯得不那麼重要了。

第二節　三世進化思想的論辯

三世說原爲漢代《公羊》學家所創，說明歷史循環論的模式，晚清新學派學者多崇尚《公羊》學，其三世進化思想，乃以《周易》的變易思想，結合《公羊》學三世之說推演而來，成爲歷史的進化論，新學派者援引之於政治的改革，做爲變法的理論依據。舊學派者對於三世進化思想，則多持反對的立場，認爲非本原於《公羊傳》的思想，尤憂心三世進化思想將造成君主體制的變動及夷夏不分的結果，新、舊兩派皆各持理論，對三世進化思想展開支持與否定的論爭。

一、新學派的三世進化思想

（一）康有為的三世進化思想

康有爲以「孔子道主進化，不主泥古；道主維新，不主守舊；時時進化，

〔註41〕葉德輝：〈答友人書〉，《翼教叢編》，卷六，頁30。

〔註42〕同前註。

故時時維新。……凡物舊則滯，新則通。」〔註 43〕康氏的三世說是愈來愈進步的進化，所以其明確的反對泥古守舊，時時要求進化維新，此處的「道」已非儒家傳統的道德性之道，而是以變化、以進化爲本質的道。又云：「凡物積粗而後精生焉，積賤而後貴生焉，積愚而後智生焉，積土石而草木生，積蟲介而禽獸生，人爲萬物之靈，其生尤後者也。」〔註 44〕除承繼孔子進化思想的精義外，並以西方自然科學中的由生物進化推及歷史進化和社會進化，注入《公羊》三世說中，以建立完整的三世進化理論體系。

康有爲認爲孔子作《春秋》乃在發明三世進化觀，曰：「蓋《春秋》有三世進化之義，爲孔子聖意之所寄，孔子之所以賢於堯舜，功冠生民者，在是。」〔註 45〕將孔子的賢聖與功蹟，全歸於創三世進化思想所致，可見康氏對三世進化說的重視。三世之說，分別在《公羊傳》隱公元年、桓公二年、哀公十四年，三次述及「所見異辭，所聞異辭，所傳聞異辭」之義，顯示《春秋》在時間方面有遠近的差別。因之，董仲舒將《春秋》十二公劃分爲所見、所聞、所傳聞三個段落，因時代的遠近而異其書法，分別以「微其辭」、「痛其禍」、「殺其恩」三種不同的用辭記載之〔註 46〕，顯示隨著時間遠近的不同，對待亦有分別，由此而知，三世異辭的《公羊傳》文例，已演變爲《公羊》學的義例了。康有爲即謂：「《春秋》要旨分三科，據亂世、升平世、太平世，以爲進化，《公羊》最明。」〔註 47〕三世進化思想是從最早的《公羊》三世說所衍伸而來的進化思想，將對專制思想有著極大的衝擊。

最初，三世之說原爲嚴夷夏之防，「據亂」爲蠻夷入侵之世；「昇平」爲拒蠻夷於中國之外；「太平」則用夏變夷，使天下爲一統之世。對於三世的特徵，康有爲曾從不同的角度作說明：

〔註 43〕康有爲：〈仁政第九〉，《孟子微》（臺北：宏業書局，1976 年 9 月），卷四，頁 4。

〔註 44〕康有爲：《孔子改制考》（臺北：宏業書局，1976 年 9 月），卷二，頁 1。

〔註 45〕葉德輝：〈答友人書〉，《翼教叢編》，卷六，頁 19～20。

〔註 46〕董仲舒《春秋繁露．楚莊王第一》即云：「《春秋》分十二世以爲三等：有見、有聞、有傳聞。有見三世，有聞四世，有傳聞五世。故哀、定、昭，君子之所見也；襄、成、文、宣，君子之所聞也；僖、閔、莊、桓、隱，君子之所傳聞也。所見六十一年，所聞八十五年，所傳聞九十六年。於所見微其辭；於所聞痛其禍；於所傳聞殺其恩，與情俱也。……義不訕上，智不危身，故遠者以義諱，近者以智畏，畏與義兼，則世逾近，而言逾謹矣，此定、哀之所以微其辭。」（臺北：臺灣中華書局，1965 年 11 月），卷一，頁 3～4。

〔註 47〕康有爲：〈仁政第九〉，《孟子微》，頁 21。

亂世者，文教未明也；升平者，漸有文教，小康也；太平者，大同之世，遠近大小如一，文教全備也。〔註 48〕

此是以文教的發展作爲三世進化的階段，康氏乃融合進化理論，認爲三世實指人類文明的進展，即是「文教未開」之世到「漸入文教」之世，以至於到「大同世界」。除了以三世說明歷史的進化外，同時亦以政治體制的變化發展作爲三世進化的標誌，並作爲政治變革的理論根據，曰：

若其因時選革，或民主、或君主、或君民共主，迭爲變遷，皆必有之義，而不能少者也。即如今大地中，三法並存，大約據亂世尚君主；升平世尚君民共主，太平世尚民主矣！〔註 49〕

康氏認爲三世進化實爲社會制度的更替，據亂世、升平世、太平世，分別呈現三種不同的政治體制：君主專制是據亂世時期；君民共主是升平世時期，民主政治即爲太平世時期。三種政治型態雖有其存在的道理，然由君主專制進至君民共主體制，再向民主政體進化，亦爲歷史發展的必然性。當時的中國正處在據亂世與太平世之間的「升平世」階段，當實行「君民共主」的君主立憲制度，康有爲曰：

今當進至升平，君與臣不隔絕而漸平；貴與賤不隔絕而漸平；男與女不壓抑而漸平；良與奴不分別而漸平，人人求自主而漸平，人人求自立而漸平，人人求自由而漸平。〔註 50〕

康氏認爲依《公羊》三世之義而演化，隨著文教的發展及政治體制的轉變，三世亦逐漸進化，最終可消弭人類的階級觀念，達及人人自主、自立、自由的世界。總而言之，康氏的三世說，可謂是一元的歷史進化觀，然此觀點並非根據正確的歷史經驗所歸納產生的歷史法則，康氏卻以之爲人類發展的共同模式，成爲說明人類進化的標準公式〔註 51〕，因之，將「大同思想」視爲是世界人持續不斷進步的必然結果。

儘管康有爲對三世進化說的詮釋有幾種不同的說法，然而其目的不外是宣傳歷史進化思想，其進化史觀乃藉用今文經學的「三統」、「三世」及傳統儒家的「太平」、「大同」等語言表達，以論證變法維新的必要性，爲其政治

〔註 48〕康有爲：《春秋董氏學》（臺北：宏業書局，1976 年 9 月），卷二，頁 61。
〔註 49〕康有爲：〈同民第十〉，《孟子微》，卷四，頁 19～20。
〔註 50〕康有爲：《春秋筆削大義微言考》（臺北：宏業書局，1976 年 9 月），卷一，頁 13。
〔註 51〕汪榮祖：《康有爲》（臺北：東大圖書公司，1998 年 7 月），頁 35。

變革提供學理上的依據，並與舊學派做各方面的角力。

（二）梁啟超的三世進化思想

梁啓超的三世進化思想乃從進化的變易觀念而來，認爲天地萬物的變易，並非循環而是不斷的向前發展，其言：「大地之事事物物，皆由簡而進於繁，由質而進於文，由惡而進於善。有一定之等，有一定之時。」〔註 52〕天地萬物都是遞嬗遞進，都是由簡單到複雜；由粗陋至美善；由低級至高級，不斷向前發展進化，對於進化的觀念，梁氏進一步說：

> 進化者，向一目的而上進之謂也。日邁月征，進進不已，必達於其極點。凡天地古今之事物，未有能逃進化之公例者也。〔註 53〕

梁氏深信「進化」是宇宙萬物的公例，人類社會是一個不斷進步向上的有機體，並將西方學者對世界人類的分等與《春秋》三世做比附，訴諸於人類社會進化的通則，曰：

> 泰西學者，分世界人類爲三級，一曰野蠻之人，二曰半開之人，三曰文明之人，其在《春秋》之義，則謂之據亂世、升平世、太平世，皆有階級，順序而升。此進化之公理，而世界人民所公認也。〔註 54〕

此三世進化模式還可擴及政治制度的變化及發展，梁氏進一步發揮《公羊》三世進化論，而有「三世六別」說，曰：

> 《春秋》張三世之義也，治天下者有三世。一曰多君爲政之世，二曰一君爲政之世，三曰民爲政之世。多君世之別又有二，一曰酋長之世，二曰封建及世卿之世。一君世之別又有二，一曰君主之世，二曰君民共主之世。民政世之別，亦有二，一曰有總統之世，二曰無總統之世。多君者據亂世之政也，一君者升平世之政也，民者，太平世之政也。〔註 55〕

梁氏認爲人類社會的演進正是按此三大階段、六個時期，依序而遞進，所以未達其世不可越躐等級，然既達之則不能遏止。關於三世的特色：多君爲政，不免爭城爭地，戰事甚多，且君主窮奢暴斂，傜役苛、刑罰重，人民

〔註 52〕梁啓超：〈論君政民政相嬗之理〉，《飲冰室文集》之二，（北京：中華書局，1989 年 3 月）頁 10。

〔註 53〕梁啓超：〈中國專制政治進化史論〉，《飲冰室文集》之九，頁 59。

〔註 54〕梁啓超：〈文野三界之別〉，《自由書》，《飲冰室專集》之二，（北京：中華書局，1989 年 3 月），頁 8。

〔註 55〕梁啓超：〈論君政民政相嬗之理〉，《飲冰室文集》之二，頁 7。

生活甚苦，所以爲據亂世。一君爲政之世，人民少了征戰之苦，較免於元氣及財力的耗損，且國力驟強，呈現小康現象，是爲升平世。民爲政之世，則無高踞於人民之上的君主，所以爲太平世。梁氏認爲中國三千多年以來，多君之運短，一君之運長，多爲升平世，至於何時達於以民爲政的世代？梁氏則強調必須先開民智，民力才可厚實〔註 56〕。梁氏的「三世六別」說，雖然是發揮康有爲的三世進化說，但已較康氏之說顯得具體、豐富了。

大同思想是新學派者根據《公羊》三世說而來，梁啓超則根據康有爲所推演的《公羊》三世來解釋孟子思想，進而闡發其「大同思想」〔註 57〕。梁氏將《公羊》三世說「遠近大小若一」的大同世界作爲最終的理想，如此即無所謂「夷夏」的區別，此一觀念則與舊學派堅持的「夷夏之辨」思想截然相反，不免引發爭論。

嚴復曾比較中、西方的歷史觀，兩者間有極明顯的差異：「中之言曰：今不古若，世日退也；西之言曰：古不及今，世日進也。惟中之以世爲日退，故事必循故，而常以愆妄爲憂。惟西之以世爲日進，故必變其已陳，而日以改良爲慮。」〔註 58〕中國以古爲善，強調今不如古，所以多沿襲舊制，以尊古繼承爲主。反之，西方則以今爲善，強調古不若今，所以多改革舊制，以創新進步爲要。正因如此，新學派學者亟欲以西方的進化說轉變中國的守舊觀念。可知，進化論學說拓展了新學派的思想，使三世進化說已非固定的一治一亂，而是代表過去、現在、未來的社會進化歷程，並且指出歷史將會往進步的方向持續發展，此觀念無異是突破了阻礙中國進化發展的保守主義。

二、舊學派對三世進化思想的批駁

對於《公羊》學家的三世進化之說，舊學派的葉德輝有不同於新學派的見解，曰：

> 三世之說曰所見、曰所聞、曰所傳聞，《傳》有明文，屢自申其義例。何休衍爲據亂、昇平、太平，雖《公羊》家舊說流傳，不爲無本，

〔註 56〕同前註，頁 7～11。

〔註 57〕梁啓超：〈讀孟子界說〉一文中有：「界說四，孟子於《春秋》之中，其所傳爲大同之義。」、「界說九，孟子言性善，爲大同之極效。」《飲冰室文集》之三，頁 18～19。

〔註 58〕嚴復：〈主客評議〉，《嚴幾道詩文鈔》，《近代中國史料叢刊》第四十二輯（臺北：文海出版社，1966 年 10 月），卷一，頁 30。

> 然祇可謂經師家法，不得謂聖作精神。春秋之世，何曾一日太平，聖人作《春秋》以垂法後人，豈以此高深要眇之談，使讀者迷惑其本旨。〔註59〕

《公羊傳》中三世原爲所見、所聞、所傳聞，東漢何休加以衍爲據亂世、昇平世、太平世。葉德輝認爲後世將《公羊》家所衍說的三世進化論，視爲經師家法則可，如稱之爲聖作精神則不可，否則將陷於「聖人之作《春秋》；聖人之作旦夢，空文垂世固如此。」〔註60〕。既然三世之說爲《公羊》後學之言，非聖人之作，其理論已不盡可信，新學派的三世進化說除承《公羊》說外，「更襲西人創世紀之文及佛經輪迴之旨，……瀆亂聖經，吾恐世界未進於太平，中華已淪於異教矣！」〔註61〕，葉氏認爲新學派的三世進化說已攙雜西方宗教及佛教思想，非旦瀆亂經典，更有招致亡國之虞。

另外，對於華夷之界，中外的區別，葉氏則舉《公羊傳》成公十五年的記載，以駁斥康、梁的三世進化說的大同境界，葉氏曰：

> 傳明言《春秋》內其國而外諸夏；內諸夏而外夷狄矣！而又曰王者欲一乎天下，言自近者始也。此言始內外之本末次第，非混夷夏而大同之也。況七等遞加由漸而進，昭、定以後難望太平。〔註62〕

葉氏引用《公羊傳》之義法：「內其國而外諸夏」〔註63〕，以魯國爲主體，至昇平之世，逐漸統一華夏，於是進一步「內諸夏而外夷狄」；至太平世則天下大一統「夷狄進至於爵，天下遠近大小若一」，可知《公羊傳》對中外、夷夏之分是非常嚴明的，因而君王的教化自然也就循序漸進，自近及遠，由其國進而諸夏再進而夷狄，以漸近大同，此爲治理天下的次第本末，況且以《春秋》實際的情況觀之，至昭、定公時期，天下動亂至極，難已有太平之世，並未有泯夷夏之界的思想。葉氏認爲《公羊》的命意「太平世，遠近大

〔註59〕葉德輝：〈與段伯猷茂才書〉，《翼教叢編》，卷六，頁37。

〔註60〕葉德輝：〈正界篇・下〉，《翼教叢編》，卷四，頁30。

〔註61〕同前註，頁29。

〔註62〕同前註，頁30。

〔註63〕何休在《春秋公羊文謚例》中歸納《春秋》的文例有「五始、三科、九旨、七等、六輔、二贊」其中最關鍵者爲「三科九旨」，徐彥《公羊疏》引《春秋公羊文謚例》述其要目：「三科九旨者：新周、故宋，以春秋當新王，此一科三旨也；所見異辭、所聞異辭、所傳聞異辭，二科六旨也；又內其國而外諸夏，內諸夏而外夷狄，是三科九旨也。」《公羊傳注》，《十三經注疏》，卷一，頁4。

小若一」並非要混同夷夏而求大同，而是「以爲聖人用心尤深，亦謂聖人大道爲公，望夷狄之治，無異望諸夏之治，而內外夷夏四者，何嘗不分別言之。」〔註64〕《公羊傳》之意爲聖人望夷狄之治同於諸夏之治，乃因聖人大道爲公之故，絕非欲不別夷夏之分而求大同。況且《公羊》家的三世之說，與春秋時期的史實相矛盾，至昭公、定公時政治愈混亂，更難以企求大同了，因之，葉氏認爲康、梁的大同思想乃源自於對《公羊》思想的曲解，因康、梁所稱的大同乃指「將來混一地球，必是美州」，無疑是主張「以夷變夏」，於是批評其爲「背清頌美」〔註65〕。

總之，葉氏認爲三世進化思想雖已背離了春秋的史實，然面對夷夏問題時，仍必需堅持「以夏變夷」的教化原則，畢竟「華夷之界，中外之大防」〔註66〕，其間的分際是不可隨意跨越的。究而言之，康、梁所謂的大同境界，是否眞意味著「以夷變夏」？想必葉德輝應已是曲解其中的原意了。

第三節　君權思想的論辯——從韓愈〈原道〉篇談起

就韓愈〈原道〉篇的中心思想而言，乃堪稱爲韓愈發揮君主專制理論的代表作，文中極力宣揚「君爲主」、「民爲僕」的觀念，爲君權的神聖性及權威性作辯護，對君主專制主義有強化的作用。此一尊君思想在清末政治動蕩，君主權威受到挑戰之際，自然成爲新、舊兩學派論辯的焦點。

一、韓愈〈原道〉篇的君權思想

韓愈（西元768～824年）是唐代儒家復古運動的領導者，其極力推崇儒家學說，極欲恢復儒家在傳統社會中的正統地位，從而與魏晉以來佔有學術思想主流地位的老莊思潮及佛教信仰相抗衡。〈原道〉篇乃其攻擊佛、老思想，宣揚儒家正統觀念的重要文獻。文中首先從辯老子的道德論開始，繼而做一番歷史的洄溯，慨歎異端害道，百姓卻習以爲常，最後作簡略的社會階層之分析，指出因佛、老二氏與儒家並主教化，破壞了社會秩序與社會制度，並

〔註64〕葉德輝：〈與段伯猷茂才書〉，《翼教叢編》，卷六，頁37。
〔註65〕葉德輝：〈正界篇．下〉，《翼教叢編》，卷四，頁30。
〔註66〕同前註。

損毀了社會利益，才導致生民窮困，繼而肯定儒家的學說與政治理論，並堅決主張排除佛、老兩家學說及活動。對於君王的產生與存在的必要性，〈原道〉篇云：

> 古之時，人之害多矣。有聖人者立，然後教之以相生相養之道。爲之君，爲之師，驅其蟲蛇禽獸而處之中土。寒然後爲之衣；饑然後爲之食。木處而顚，土處而病也，然後爲之宮室。爲之工以贍其器用；爲之賈以通其有無……。相欺也，爲之符璽斗斛權衡以信之，相奪也，爲之城郭甲兵以守之。害至爲之備，患生而爲之防。今其言曰：「聖人不死，大盜不止；剖斗折衡，而民不爭。」嗚呼！其亦不思而已矣。如古之無聖人，人之類滅久矣。何也？無羽毛鱗介以居寒熱也，無爪牙以爭食也。〔註67〕

其認爲君與師的地位等同於聖人，因聖人對天下百姓的養護之需，所以有君與師的產生，人類社會無論是政治或道德秩序，都出於聖人、君王有意的制作。顯然地，韓愈認爲君王同聖人一樣擔負了教養保護百姓的責任，藉以提升君王的能力與價值，且聖人立下標準，作爲人類依循的準則，並駁斥老莊強調自然泯除標準的言論。人類社會在聖人與君王的教化下，「其法：禮樂政刑，其民：士農工商，其位：君子、父子、師友、賓主、昆弟、夫婦」，使人類的倫常秩序有一定的關係與份位，因之，君、臣、民三者的關係，〈原道〉篇曰：

> 君者，出令者也；臣者，行君之令而致之民者也；民者，出粟米麻絲，作器皿、通財貨，以事其上者也。君不出令，則失其所以爲君；臣不行君之令而致之民，則失其所以爲臣；民不出粟米麻絲，作器皿、通財貨，以事其上，則誅。

除了道出三者之間不可踰越的階層份際外，對於君、臣、民所司的職責亦劃分清楚，藉此以提昇君王的層次，同時便於將君主專制的政治型態合理化。韓愈於文中通過對佛、老兩家的批判，強調儒家道統的尊嚴，除了點出儒家仁、義的內涵外，更凸顯道德倫理的重要性，且將帝王與聖人視爲合一的，同爲教化之源，可見韓愈對帝王的專制政治是肯定的，並且強調其存在的必要性。

〔註67〕韓愈：〈原道〉，《韓昌黎集》（臺北：漢京文化事業公司，1983年11月），卷一，頁829。

二、嚴復〈闢韓〉篇的反君權思想

韓愈的思考方式乃受當時帝王專制環境的影響，嚴復（西元 1854～1921年）的思維背景則受西方的民主觀念及其翻譯《天演論》的自然觀所影響，以自然的傳統替代了韓愈聖人的傳統，並重視落實於經驗的層次，其〈闢韓〉篇：

> 如韓子之言則彼聖人者，其身與其先祖父必皆非人焉而後可，必皆有羽毛鱗介而後可，必皆有爪牙而後可。使聖人與其先祖父而皆人也，則未及其生，未及成長，其被蟲蛇禽獸寒饑木土之害而夭死者，固已久矣，又烏能爲之禮樂刑政，以爲他人防備患害也哉？老之道，其勝孔子與否？抑無所異焉，吾不足以定之，至其自然，則雖孔子無以易，韓子一概辭而闢之，則不思之過耳！〔註68〕

嚴復對於韓愈〈原道〉篇「如古之無聖人，人之類滅久矣。何也？無羽毛鱗介以居寒熱也，無爪牙以爭食也。」此段文字，顯然有斷章取義，曲解原義之嫌。但嚴復認爲韓愈以聖人君主制作之論，缺乏歷史根據，舉凡人類的生活均需聖人的制作安排，才得以生存，那麼在聖人產生之前，祖先已滅絕，又何必要聖王制作禮樂刑政？嚴氏對此問題的思考角度是不同於韓愈的。

另者，嚴復亦受孟子「民爲貴，社稷次之，君爲輕」的民本思想所影響，認爲民貴君輕的觀念才是古今的通義，韓愈只知道有一人之君，卻忽略了有億兆之民，不知人民才是國家政治組織的根本，其欲突破韓愈以君王爲依歸的政治觀念，重新界定人民的主體性，對於傳統的君臣關係，則有不同的解讀，〈闢韓〉篇曰：

> 韓子胡不云，民者出粟米麻絲作皿器通貨財以相爲生養者也，其有相欺相奪而不能自治也，故出什一之賦而置之君，使之作爲刑政甲兵以鋤其彊梗，備其患害。然而君不能獨治也，於是爲之臣，使之行其令，事其事。是故民不出什一之賦，則莫能爲之君；君不能爲民鋤其彊梗，防其患害則廢，臣不能行其鋤彊梗，防患害之令則誅乎？（頁 5）

嚴氏對韓愈君、臣、民的主從關係作了逆向推演，動搖了傳統的政治組成結構，賦予人民對君主有置廢的權利，所以儒家的君臣之倫，在嚴復看來是出於不得已，〈闢韓〉篇：

> 君也、臣也、刑也、兵也皆緣衛民之事而後有也。而民之所以有待

〔註68〕嚴復：〈闢韓〉，《嚴幾道詩文鈔》，卷三，頁 4。

於衛者，以其有彊梗欺奪患害也。……是故君也者與天下之不善而同存；不與天下之善而對待也。……君臣之倫蓋出於不得已也，唯其不得已，故不足以爲道之原。（頁 6）

嚴復以爲君、臣、刑、兵的產生皆因要保衛人民的緣故，民之所以需要被保護，乃因社會有欺奪危害的事，由此推論君的存在，是社會性的因素所致，不是必然性的存在。在韓愈筆下的君王是一切的價值標準，君、臣、民三者的關係成爲絕對的階層性。嚴復意識到君、臣、民三者所呈現的張力及其中的互動關係，君臣的主從關係是不得已的權宜之計，並非不可變動的常經，因之，嚴復不贊成韓愈「君臣之倫乃道之原」的說法。

〈闢韓〉篇最後比較了中、西方「君」與「民」在政治地位上所以懸殊的原因：

西洋之言治者曰：「國者，斯民之公產也。王侯將相者，通國之公僕隸也。」而中國之尊王者曰：「天子富有四海，臣妾億兆。臣妾者，其文之故訓猶奴虜也。」夫如是則西洋之民其尊且貴也，過於王侯將相。而我中國之民，其卑且賤皆奴產子也。（頁 7～8）

西方人對國家的看法相異於中國「普天之下，率皆王土，率土之濱，莫非王臣。」的傳統觀念，而是將國家視爲全民所共有，人民的地位自然隨之提升，相對的君與臣的威權性驟減，消弭了君與民上下不可逾越的分際。反之，中國的尊君思想將國家的一切均視爲君王一人所有，如此君王愈尊貴，人民卻愈卑賤。

嚴復作〈闢韓〉篇的主要目的，乃欲對韓愈〈原道〉篇中對儒家思想的理解與對政治體制的詮釋，做一個批判與駁斥，同時藉由西方的民主政治觀念，作爲其評斷的標準，企圖彰顯自己的政治理念，以突破君主專制下尊君抑民的思想。

三、屠仁守〈辨闢韓書〉的君權思想

嚴復藉著批判韓愈的〈原道〉來否定君主專制下的君權思想，而在〈闢韓〉篇發表了兩個月以後，張之洞乃授意湖北的屠仁守作〈辨闢韓書〉，並在〈時務報〉上發表〔註 69〕以反駁嚴復的「溺於異學，純任胸臆。義理則以是

〔註 69〕王蘧常在《嚴幾道年譜》中引〈嚴伯玉京卿先府君年譜〉云：「先生〈原強〉、〈闢韓〉等篇，……湖廣總督張文襄公見而惡之，謂爲洪水猛獸，命屠侍御仁守作〈闢韓駁義〉。」（臺北：臺灣商務印書館，1977 年 9 月），頁 30。

爲非，文字則以辭害意，乖戾矛盾之端，不勝枚舉。」〔註 70〕的「闢韓」論。屠仁守與嚴復論爭的重點，乃在於對「君臣」關係形成的原因，有不同的見解。嚴復以爲立君的意義無非是爲了保護人民的生命財產，因之，「君臣」關係實是「不得已」，並非絕對的。屠仁守卻認爲君臣之義、上下之分，乃爲維持社會秩序的自然產物，其言：

在昔封建之時，天子撫有天下而爲君，則率土爲之臣；諸侯撫有一國而爲君，則境內爲之臣；大夫有家，則家眾爲之臣；下逮士、庶人，有主則有僕，猶君臣也。〔註 71〕

君臣、主僕等尊卑、貴賤的關係，在封建體制下是絕對而不容疑義的，猶如天與人之間的關係，人需尊天、事天，無所謂不得已，所以屠氏曰：「夫君臣之義，與天無極，其實尊卑上下云爾，自有倫紀以來，無所謂不得已之說也。」由此觀點而言，嚴復所謂的尊人民爲主體，君主爲客體，反而違逆了自然的倫理秩序。屠仁守言：

若〈闢韓〉之意，則必尊上其僕，卑下其主，由室老以祿大夫，由大夫以立諸侯，由諸侯以共置天子。而僕之視主曰：「爾直爲吾保性命財產，吾故不得已而事之，此則明自然也。」則夫人之於天，亦惟當責其保吾性命財產，曰：「吾之爲人於天也，不得已而事之也，由明自然也。」而可乎？〔註 72〕

屠氏雖然認爲君主有保護人民生命財產的責任，然此卻與君臣關係的形成不可混爲一談。臣之事君，猶如人之事天，乃是天經地義的事。對於嚴復所言「不得已」之說，屠氏亦加以批駁：

不得已之說，出於上則爲順；出於下則爲逆。闢韓者代爲君者言之善矣！凡經傳所以誡人君者法語、巽語大都此意，辟則爲天下僇，豈其使一人肆於民？上之兩言天人交儆，尤人君所不可一日忽忘者，此其不得已爲何如？而豈謂君臣之倫爲出於不得已也乎！〔註 73〕

屠氏所強調的仍是君上、臣下的關係，所以將「闢韓論」視爲如古代經傳對人君的警誡，此爲不得已之事，並非君臣之倫出於不得已。屠氏並未如嚴復

〔註 70〕屠仁守：〈辨闢韓〉，《翼教叢編》，卷三，頁 26。

〔註 71〕同前註，頁 26～27。

〔註 72〕同前註。

〔註 73〕屠仁守：〈辨闢韓〉，《翼教叢編》，卷三，頁 27。

從歷史的演變去追究君臣關係的緣起，其乃主觀的認定君臣尊卑的關係，實源於儒家的名教綱常思想。

總之，舊學派之所以反對民主，首先在肯定君父之義，以君爲五倫之首，其地位不可侵犯，同時肯定上下之義，以君爲上爲尊；庶民爲下爲卑，視之爲自然的秩序，不容紊亂，因此，對於違反天道的民主、民權之說皆加以駁斥。

第四節　民權思想的論辯

康、梁等新學派人士之所以否定君臣之義的傳統綱常，是欲以間接的方式對抗絕對的專制權威，而其於當時被視爲激烈的反專制思想，則直接地觸及專制王權的本身，直接撼動清末的官僚體系。民主思想與名教綱常的絕對主義有極大的衝突，新學派學者爲了提倡民權，曾一再的攻擊君主專制以及作爲君主專制倫理基礎的綱常名教，致使與一向維護君主政體與傳統君臣之義的舊學派之間存在著緊張的關係。

一、新學派的民權思想

所謂的民權與君權是相對的，其主要意義乃欲於傳統政治制度之外，尋出另一種可以取代君主專權的政治型態之可能性，因之，新學派學者除了反對專制政體外，更需進一步提出民權的政治主張。

首先要突破君臣之間尊卑的制限，對於中國傳統的名教綱常，譚嗣同直接予以批評:「君臣之禍亟，而父子、夫婦之倫遂各以名勢相制爲當然矣！……西人憫中國之愚於三綱也，亟勸中國稱天而治，以天綱人，世法平等，則人人不失自主之權，可掃除三綱畸輕、畸重之弊矣！」〔註 74〕除了抨擊綱常加諸於人的限制外，更強調西方的平等觀與自主權，唯有如此始能去除三綱的弊端，提倡民權思想。

嚴復認爲西方的民主政治是「捐忌諱、去煩苛、決壅蔽，人人得其意，申其言，上下之勢不相懸隔，君不甚尊，民不甚賤，而聯若一體。」〔註 75〕相反於我國傳統君尊民卑的情形，民主政治的實施乃通上下之情，對於社會

〔註 74〕譚嗣同：《仁學》二（臺北：臺灣學生書局，1998 年 11 月），頁 72～76。

〔註 75〕嚴復：〈原強〉，《嚴幾道文鈔》（臺北：世界書局，1971 年 10 月），卷一，頁 14。

秩序的重建，具有整合的作用。嚴復進而併合自由、平等立說，作爲民主觀念的根源，其言曰：

自由者，各盡其天賦之能事，而自承之功過者也。雖然彼設等差而以隸相尊者，其自由必不全，故言自由則不可以不明平等。平等而後有自主之權，合自主之權，於以治一群之事者，謂之民主。天之立烝民，無生而貴者也。使一人而可以受億兆之奉也，則必如班彪〈王命〉之論而後可，顧如〈王命論〉者，近世文明之國，所指爲大逆不道之言也。〔註 76〕

此段文字爲自由、平等、民主作了大略的界定，並且說明三者之間相繫而成的關係。既有自由、平等做爲立論之點，進而所言的法治、君主、政權，皆需出以新的解釋，嚴氏雖引會古說，而其中含義已非傳統觀念所能拘限，在此種觀念下，對於君主的地位、權力、統系，均爲追本溯源，賦予新的命義，實可謂新原君論。康有爲則主張民爲君之本而託爲聖人之言，其論：

民者君之本也，使人以其死，非正也，此專發民貴之義，而惡輕用民命。國之所立，以爲民也。國事不能無人理之，乃立君焉，故民爲本而君爲末。此孔子第一大義，一部《春秋》皆從此發。〔註 77〕

康氏民本君末之思想，除承繼孟子「民貴君輕」的思想外，亦以《公羊》家的觀點爲此思想尋找歷史的依據，而託之於《春秋》改制之義。既然民爲國本，自然政治的權責不必集中於君主一人，因之如逢易換君主之時，也無關乎國家大計，康有爲曰：

蓋國者人民種族共保之，有國然後託君以治，豈可以一君而累一國之人民種族乎，故有不幸迫於強國之勢，易君可也，害滅人民、種族不可也。〔註 78〕

因國家乃人民、種族所共有共保，君主的產生則需經過人民、種族共同推舉，所以君主既不必以一系一脈代傳世及，遇及國家局勢所迫則可易換君主，此爲打破君主的絕對地位與威權。譚嗣同對於君、臣與民的關係，作了分析必並提出其見解，其立論：

〔註 76〕嚴復：〈主客評議〉，《嚴幾道文鈔》（臺北：世界書局，1971 年 10 月），卷一，頁 30。

〔註 77〕康有爲：《春秋筆削大義微言考》（臺北：宏業書局，1976 年 9 月），卷二，頁 28。

〔註 78〕同前註，頁 2。

生民之初，本無所謂君臣，則皆民也。民不能相治，亦不暇治，於是共舉一民爲君。夫曰共舉之，則非君擇民而民擇君也。夫曰共舉之，則其分際又非甚遠於民，而不下儕於民也。夫曰共舉之，則因有民而後有君；君末也，民本也。……夫曰共舉之，且必可共廢之君。君也者，爲民辦事者也；臣也者，助民辦事者也。賦稅之取於民，所以爲民辦事之資也。如此而事猶不辦，事不辦而易其人，亦天下之通義也。〔註79〕

譚嗣同認爲原始社會之初，並無君、臣、民等階級的區別，君的產生方式必需透過人民共同推舉，所以民爲本，君爲末，君、臣之所以立是爲了服務人民，既然人民對君有推舉的權利，同樣亦有廢除、改立的權利。由此可見譚氏極力的提升人民的地位與權力。換言之，譚氏對於傳統的君權思想必然相當反對，其有一段對韓愈〈原道〉篇的激烈批評，言：

韓愈術之於下：「君者，出令者也；臣者，行君之令而致之民者也；民者，出粟米麻絲，作器皿、通貨財，以事其上者也。」竟不達何所爲而立君，顯背民貴君輕之理，而諂一人，以犬馬土芥乎天下。至於「臣罪當誅，天王聖明」，乃敢倡邪說以誣往聖，逞一時之諛說，而壞萬世之心術，罪尤不可逭矣！〔註80〕

譚氏批判韓愈不明白君之所以立的原因，且爲取諂於君主而視天下百姓如犬馬、土芥，違背民貴君輕的道理。另者，新學派學者韓文舉亦曾批評傳統的「忠君」觀念，其言：

後世爲臣者，不明以臣佐君之義，皆是爲民作用，而遂甘爲奴隸、婦孺。至於國破時，僅以一死塞責，後世遂目爲忠臣，二千年之錮蔽，牢不可破。〔註81〕

其釐清臣子的責任，突破臣子僅效忠於君王的觀念，實質上應是輔佐君王，以爲民用，挑戰傳統「忠」的思想，由「忠君」轉爲「忠國」、「忠民」的意義。因之，像韓愈一樣極力維護綱常名教和君主專制者，皆是倡導民權的新學派學者所批判的對象。

梁啓超曾於湖南時務學堂散發《明夷待訪錄》諸書，並指斥中國的「君

〔註79〕譚嗣同：《仁學》（臺北：臺灣學生書局，1998年11月），卷二，頁61～62。
〔註80〕譚嗣同：《仁學》，卷一，頁57。
〔註81〕韓文舉：〈湖南時務學堂課藝分教習韓文舉批〉，《翼教叢編》，卷五，頁7。

統太長」及二十四朝的專制君主爲民賊，所以主張「今日欲求變法，必自天子降尊始。」〔註 82〕梁啓超更以孟子的民本觀念與黃宗羲的公私之辨，做爲反對君主專制的主要思想。其以爲保民爲孟子的經世宗旨，曰：

> 孟子言民爲貴，民事不可緩，故全書所言王政，所言不忍人之政，皆以爲民也。泰西諸國今日之政，殆庶近之。惜吾中國孟子之學之絕也。〔註 83〕

孟子以倡貴民思想、實行仁政，做爲經世的依準，與西方國家的政治體制頗相近，因之，西方諸國國勢強。中國國勢的衰弱，實因孟子之學無法興暢，導致民權未能申張，政治權力皆由君主一人專制，所以言：「三代以後，君權日益尊，民權日益衰，爲中國致弱之根源。」〔註 84〕梁氏以爲興民權可使人民有政治參與的機會，藉以促進全體的意識與團結，因之，其〈時務學堂課藝批〉即云：「公法欲取人之國，亦必其民心大順，然後其國可爲我有也，故能興民權者，斷無可亡之理。」〔註 85〕說明了無論是取人之國或治國均以得民心、興民權爲重要的前提。倡導民權觀念雖是新學派學者們共同的政治理想，然康氏爲了減少變法維新的阻力，卻鼓吹以君權治天下以行民權，梁啓超曰：

> 中國倡民權者，以先生爲首，然其言實施政策，則注重君權。以爲中國積數千年之習慣，且民智未開，驟予以權，固自不易。況以君權積久如許之勢力，苟得賢君相，因而用之，風行雷厲，以治百事，必有事半而功倍者。故先生之議，謂當以君主之法，行民權之意。〔註 86〕

由於中國以君權爲主的政治型態已行數千年之久，且民智未開，尚未具備能直接行使民權的條件，因之，必須在君權與民權之間求得適合當時政治環境的平衡方式，不應驟然實施民權政治，而是將君權付托於賢君相的輔助，藉由君權的政治體制下，以實行民權。

綜觀各家對君權、民權的看法，雖立論不同，然探本溯源，皆以民立義，並沿承孟子貴民之說，強調民本思想，企圖逐漸改變數千年來，中國傳統的

〔註 82〕梁啓超：〈時務學堂課藝批〉，《翼教叢編》，卷五，頁 6、8、9。
〔註 83〕梁啓超：〈讀孟子界說〉，《飲冰室文集》之三，頁 18。
〔註 84〕梁啓超：〈西學書目表後序〉，《飲冰室文集》之二，頁 128。
〔註 85〕梁啓超：〈時務學堂課藝批〉，《翼教叢編》，卷五，頁 8。
〔註 86〕梁啓超：《康南海先生傳》，《飲冰室文集》之六，頁 85。

君權思想及君民之間的關係，而所議論者不外是抑制君主的權勢及降其尊位的論點。

二、舊學派的反民權思想

（一）以名教綱常反民權思想

舊學派人士皆是名教的維護者，極力反對利用民主之名否定中國傳統的名教綱常，既然護衛君權，勢必反對民權，其所持的理由與肯定君權的意義是相同的，誠如王仁俊所言：「必覈乎君爲臣綱之實，則民主萬不可設，民權萬不可重，議院萬不可通。」〔註 87〕民主、民權的提倡乃有違講求尊卑上下的綱常秩序，自然難以被舊學派學者所接受。

當時嶽麓書院學生賓鳳陽、黃兆枚、劉翊忠……等人，曾在書院院長王先謙的示意下，寫了一份〈上王益吾院長書〉，文中強調湘省原本「民風樸素」，爲一「安靜世界」，然「自黃公度觀察來，而有主張民權之說；自徐硯夫學使到，而多崇奉康學之人；自熊秉三庶常邀請梁啓超主講時務學堂，以康有爲之弟子，大暢師說，而黨羽翕張，根基盤固」，致使湘省民心「頓爲一變」〔註 88〕，接著強調「名教綱常」、「忠孝節義」的神聖性，大肆攻擊時務學堂所宣傳的民權、平等思想對傳統名教綱常的背離，其言：

> 不知康所探者何道？而譚所懷者果何德也？吾人舍名教綱常，別無立足之地；除忠孝節義，亦豈有教人之方？今康、梁所用以惑世者，民權耳、平等耳。試問權既下移，國誰與治？民可自主，君亦何爲？是率天下而亂也。平等之說，蔑棄人倫，不能自行，而顧以立教，眞悖謬之尤者。……煌煌諭旨，未聞令民有權也，教人平等也，即中丞設學之意，亦未嘗欲湘民自爲風氣，別開一君民共治之規模也！〔註 89〕

其所攻擊的不外是民權、平等之說，認爲此一思想足以傾國覆邦，並希望王先謙致函陳寶箴對時務學堂要加以整頓，並「辭退梁啓超等，另聘品學兼優者爲教習。」〔註 90〕。王先謙接獲此書後，自然明白其用意，隨後聯合湘省

〔註 87〕王仁俊：〈實學平議〉，《翼教叢編》，卷三，頁 14。
〔註 88〕賓鳳陽等：〈上王益吾院長書〉，《翼教叢編》，卷五，頁 5。
〔註 89〕同前註，頁 5。
〔註 90〕同前註，頁 6。

的守舊士紳劉鳳苞、張祖同、孔憲教、葉德輝……等，向巡撫衙門上呈了一份〈湘紳公呈〉，表明其堅決維護「綱常」的傳統立場：「爲政先定民志，立學首正人心，損益乃百世可知，綱常實千古不易。」繼而詆毀梁啓超「承其師康有爲之學，倡平等平權之說」，謾罵梁啓超、韓文舉、葉覺邁等人「自命西學通人，實皆康門謬種；而譚嗣同、唐才常、樊錐、易鼐輩，爲之乘風揚波，肆其簧鼓。學子胸無主宰，不知其陰行邪說，反以爲時務實然，喪其本眞，爭相趨附，語言悖亂，有如中狂。」即使謹厚如皮錫瑞亦被煽惑〔註 91〕，此〈公呈〉最終目的乃爲要求陳寶箴對時務學堂嚴加整頓，屏退主張異學之人而另聘教習，由此可見〈上王益吾院長書〉及〈湘紳公呈〉如出一轍，皆以攻擊時務學堂，維護名教綱常爲目的。

舊學派的官僚或士紳大多受傳統的儒家思想所影響，並在其言行中表現維護儒家文化，儼然成爲護持傳統道德及社會秩序的捍衛者，在政治思想上與新學派學者有極大的差異性，其肯定綱常名教的絕對性，君臣之義乃列三綱五常之首，自然極爲重視尊君、忠君的思想，葉德輝曰：「君臣之義，如何廢之？」〔註 92〕因之，就綱常倫理而言，新學派所倡的民權理念，被視爲破壞了倫常秩序，自然會被排拒。

另者，新學派學者以《墨子》兼愛思想有助於平等之說的倡導，所以推崇《墨子》，舊學派學者則襲《孟子》之說〔註 93〕斥之爲無父無君。在宗法及封建社會體制下，一切風俗習尙，最重視尊尊之等與親親之殺，以維護宗族社會的秩序，因此，君君、臣臣、父父、子子的倫理秩序不容動搖，形成不可變易的關係，此正爲反對平等說的舊學派所持最有力的理由，〈駁南學分會章程條議〉云：

> 人人平等，權權平等，是無尊卑親疏也。無尊卑是無君也；無親疏是無父也。無父無君，尚何兄弟、夫婦、朋友之有？是故等不平則已，平則一切倒行逆施，更何罪名之可加？豈但所謂乖舛云乎？聖人人倫之至，似此滅絕倫常，豈格外更有違背者乎？〔註 94〕

〔註 91〕王先謙等：〈湘紳公呈〉，卷五，頁 12～13。

〔註 92〕葉德輝：〈讀西學書法書後〉，《翼教叢編》，卷四，頁 71。

〔註 93〕《孟子・滕文公下》曰：「聖王不作，諸侯放恣，處士橫議，楊朱、墨翟之言盈天下。天下之言，不歸楊則歸墨，楊氏爲我是無君也。墨氏兼愛是無父也，無君無父是禽獸也。」（臺北：藝文印書館，1989 年 1 月）卷六，頁 4。

〔註 94〕見〈駁南學分會章程條議〉，《翼教叢編》，卷五，頁 2。

其認爲平等、平權將違逆傳統倫常的尊卑親疏，紊亂社會秩序，葉德輝更推論西方的民主爲陰陽倒置，其言：

> 西俗合眾公主之法，由於無君臣之倫；其無君臣，由於無父子；其無父子，由於無夫婦；其無夫婦，由於女權過重。妻可以去夫，夫不得出妻，陰陽反常，爲人情之大不順。〔註95〕

雖然葉氏嚴重扭曲西方的夫妻關係，其認爲由於女權觀念的提升，將推衍至夫妻、父子、君臣倫常關係的泯除，見解雖不正確，卻見其反對平等、平權的觀念。

張之洞認爲綱常名教是中國社會的倫理基礎，五倫爲百行之原，不可與民變革的，強調其絕對性，並批評民權思想破壞綱常名教，其言：

> 君爲臣綱，父爲子綱，夫爲妻綱，此《白虎通》引《禮緯》之說也。董子所謂道之大原出於天，天不變，道亦不變之義本之。……故知君臣之綱，則民權之說不可行也；知父子之綱，則父子同罪，免喪、廢祀之說不可行也；知夫婦之綱，則男女平權之說不可行也。〔註96〕

將倫理綱常歸於天之道，不可變動，而與三綱相應的就是「忠」、「孝」、「節」等德目，若三綱廢弛，「民權」、「免喪廢祀」、「男女平權」之說興起，將產生「不忠」、「不孝」、「不節」等以下犯上的現象，造成社會秩序混亂，更甚者或招致外患。張氏並以西方亦有君臣、父子、夫婦之倫，以說明名教綱常存在的必要性，曰：

> 西國君與臣民相去甚近，威儀簡略，……其尊嚴君上不如中國而親愛過之，……西國固有君臣之倫。摩醯十戒，敬天之外，以孝父母爲先，西人父母喪，亦有服服，以黑色爲緣，……西國固有父子之倫。……西俗男女交際，其防檢雖視中國爲疏，然淫佚之人國人賤之，……西人敬愛其妻，雖有過當，而於其國家政事、議院、軍旅，商之公司，工之廠局，未嘗以婦人預之，是西國固有夫婦之倫。〔註97〕

張氏視倫理綱常爲中、西社會的共同特色，頗能洞悉西方君臣、父子、夫婦的對待之義，然仍以中國傳統的禮教觀念作爲依準，強託中、西同調，舉西方實例說明西方社會的君臣、父子及夫婦的關係，其目的乃爲求得對中國三

〔註95〕葉德輝：〈與俞恪士觀察書〉，《翼教叢編》，卷六，頁34。
〔註96〕張之洞：〈明綱第三〉，《勸學篇・內篇》，頁13。
〔註97〕同前註，頁13～14。

綱五倫的維護而已。

舊學派視三綱爲治國的基礎，而君臣之綱，尤爲綱中之綱，所以尊君是治國的起點，君主爲一國元首，重視君權則全國才有統一的中心，並爲一般人民的信仰。從舊學派對新學派民權、平等思想的批駁中，雖然不免有情緒性的咒罵，然完全是以傳統的名教綱常作爲立論點，不難見出其乃深受縛於專制政治體制的影響。

（二）對民權思想的曲解

新學派學者喜歡引用《孟子・梁惠王》篇「民爲貴，社稷次之，君爲輕。」的觀念作爲反對君主專制的依據。葉德輝則批評：「民爲貴者，君貴之，非民自貴之也，且非貴民權也。」〔註 98〕葉氏雖確認君權的絕對性與主體性，人民沒有政治自主的權利，然仍堅持《周禮》所言：「民爲邦本，本固邦寧。」其言：「自古君臨天下之主，莫不懍然於民爲邦本，本固邦寧之訓。」〔註 99〕雖將人民視爲國家的組成根本，卻不表示人民即爲國家政治的主體，葉德輝進一步的說明：

> 孔子云：「事君以忠。」孟子云：「保民而王。」而王世無王者，天下又誰保乎？作者隱持民主之說，煽惑人心，而猶必託於孔孟。〔註 100〕

葉氏認爲新學派者，持民主之說乃託之於孔孟，乃曲解孔孟之義，因此仍強調君王的重要，需先有「忠君」後始談「保民」，要尊君權而非民權。葉氏除了曾對梁啓超〈時務學堂課藝批〉所言的「天子降尊」、「君統太長」、「二十四朝之君主，謂之民賊」等言論有所駁斥外〔註 101〕，對於新學派所推崇的黃宗羲，亦加以批評：「黃梨洲《明夷待訪錄》一書，其〈原君篇〉隱詆君權太重，實開今日邪說之先聲。」〔註 102〕葉氏認爲新學派的反君權思想乃受黃宗羲〈原君篇〉影響甚大，所以批評反君主專制思想，以維護君主威權的絕對性。

〔註 98〕葉德輝：〈正界篇・下〉，《翼教叢編》，卷四，頁 31。

〔註 99〕葉德輝：〈非幼學通議〉，《翼教叢編》，卷四，頁 72。

〔註 100〕葉德輝：〈讀西學書法書後〉，《翼教叢編》，卷四，頁 70。

〔註 101〕葉德輝：〈駁梁啓超時務學堂課藝批〉：「請天子降尊，悖妄已極。」又曰：「二十四朝之君主，謂之民賊，而獨推尊一孔子，是孔子之受歷代褒崇爲從賊矣！狂吠可恨。」又云：「惜君統太長五字，悖逆至此，殆欲人人造反，時時作亂，然後快於心與！」《翼教叢編》，卷五，頁 7～9。

〔註 102〕葉德輝：〈輶軒今語評〉，《翼教叢編》，卷四，頁 7。

對於民權平等之說，葉德輝以爲將使「民無論智愚，人人得伸其權，可以犯上作亂。」〔註 103〕人民如有政治的權力，則泯滅了上下尊卑之序，易造成國家社會的亂象又如何能治好國家呢？舊學派所預見的民權功能是負面的，且對於權力下移後，由誰治國？以當時舊學派人士的認知，皆認爲君權如下移，必遭亂民所乘，分裂割據，以至天下大亂不止。葉德輝即言：

中國自堯舜禪讓以來，已成家天下之局。亦以地大物博，奸宄叢生，以君主之，猶且治日少，亂日多。以民主之，則政出多門，割據紛起，傷哉斯民，不日在瘡痍水火之中哉。〔註 104〕

認爲從中國的歷史經驗中看來，需靠一強大的君權統治，始能使社會政治秩序安定，人民才有太平之生活。黃桂鋆即認爲權分於下則不成事體，曰：「夫天下古今，權操於上則治，權分於下則亂。」〔註 105〕雖然新學派認爲實施民權，可使人們藉著實際政治的參與而促進政治秩序的整合作用。舊學派學者則認爲民權興起將使政治權力分散，造成社會政治秩序的不安與解組，蘇輿曾對樊錐（西元 1872～1906 年）〈開誠篇〉:「四海一心，一心者人人所自主之權，人人以救亡爲是，窮極生變，鬱極生智。」〔註 106〕提出批駁曰：

治天下者，大權不可以旁落，況下移於民乎！所宜通者惟上下之情耳。樊錐謂人人有自主之權，將人人各以其心爲心，是使我億萬人民散無統紀也。樊錐謂可一其心，吾謂實億萬其心也，此則亡且益速，又烏能起而救之？泰西國固多民主，然法國議院朋黨蜂起，卒爲國禍，在泰西且不可行矣！〔註 107〕

樊錐以提倡民權可團結人心，達到救國的目的，蘇輿卻認爲君、臣之間上下之情可通，權則不可下移。君主爲政治權力的核心，提倡民權只會造成社會的紛亂，破壞國家的統紀。舊學派人士對民主政治未能全然認知，甚至對民主、民權、平等觀念的曲解，所以存著戒愼恐懼心者在所多有。朱一新即以西方政治制度的缺失對比於中國君主制度的安定，曰：

西俗之差勝者，在上下之情通。而其所以能通者，由於君民共主，

〔註 103〕葉德輝：〈長興學記駁義〉，《翼教叢編》，卷四，頁 39。
〔註 104〕同註 102，頁 13。
〔註 105〕黃桂鋆：〈禁止莠言摺〉，《覺迷要錄》（臺北：台聯國風出版社，1970 年 12 月），卷一，頁 20。
〔註 106〕樊錐：〈開誠篇・三〉，《樊錐集》（北京：中華書局，1984 年 10 月），頁 11。
〔註 107〕蘇輿：〈摘駁樊錐開誠篇中語尤悖謬者〉，《翼教叢編》，卷五，頁 3。

故君亡而國不亡。乃君民共主之不已，浸假而有民主之說，浸假而又有人人各保權利之說。近數百年，其說愈倡愈行。故俄、法、美三國，民氣至囂。俄則求爲君民共主而未能；法則君民迭主，屢變而不悛；美雖久爲民主，而分黨相軋，以固權位。……古先聖王明知之而不敢行，并不敢言，所以一天下之心志，使賢愚、貴賤各安其分，而民亦循循於禮義之中，然後可以久安長治。〔註108〕

西方的政治制度固然有其優點，朱氏仍列舉俄、法、美三國實施民主制度的結果，說明其中的弊端，以強調中國君主體制的優越性。除了因偏執的觀念而排斥民主、民權政治外，朱一新又以中、西方民情風俗的不同，自然有不同的政治體制，曰：

天下生齒之繁，莫過於中國，人稠地窄，失業者多，故粵東繁庶甲天下，盜風亦假天下。外國繁庶，僅在都會，窮鄉僻壤，隨地可耕。又其貿易之道，長駕遠馭，取利於他國而未奪小民之生計，此千百年來，習尚使然。其俗異，故其政異也。〔註109〕

朱氏以中、西的地理及社會習俗的相異，產生不同的政治型態。葉德輝亦以東、西方的歷史淵源及國情的差異，認爲不能混爲一談：

堯舜禪讓，聖人天下爲公之郅治也。泰西民主，大秦簡賢而立之舊俗也。一則權操自上；一則權操自下，豈得併爲一談。〔註110〕

王先謙同樣以中西歷史發展不同，政教風俗各異，西方經歷代的發展，政令、財產、土地皆公之，是其勢之不得不如此，而有民主體制，然中國則以君主爲主體的政治型態已傳承千年，已有穩定的模式可遵循，實不適於西方的民主體制，其言：

夫所謂自治云者，從前西國，本無政教，百姓困苦，不能相忍，自下劘上，以成此局。中國數千年聖帝明王，殫其作君作師之心力，積累經營，籌慮既周，防檢尤密，其立國之本固不侔矣！而中西公私之懸異，即由此而生。西人各挾一自治之權，鳩合大朋，互相抑制，坐而謀者公益，出而議者公言。……中國之民，自黃帝堯舜以來，戴君若天，望君若神，……自夏后氏家天下，民亦以爲吾君之

〔註108〕朱一新：《無邪堂答問》（臺北：廣文書局，1969年1月），卷四，頁43。
〔註109〕同前註，頁42。
〔註110〕葉德輝：〈正界篇・下〉，《翼教叢編》，卷四，頁32。

子也，而相與私之，君與民各據其私而私之局大定。〔註 111〕

既然中西各有其政治體制發展的背景與特點，如果強以中國自私之心，而行西人自治之政，決不能相合。王仁俊就曾以西方史實觀察，認爲民主之國動亂不安的情況尚不能免，因而推論西方的強盛，並非由於民主之故，曰：

自周敬王三十四年時，大秦始立民主，宜乎天下無事，永永禪賢矣。然而屋大維踐位後，仍爲君主者十有餘年，可見民主之政未必能久。法之多亂無論矣！西國如意爲教主所駐地，而盜賊多；德爲文學邦，而風俗靡。獨俄不有民主，君權仍操，而勢甚浡興，然則彼之興豈在民主哉！〔註 112〕

王仁俊列舉西國諸史例，無非想證明民權、民主之說與國家的興衰或社會的安定並無必然的關係。

張之洞除了強調國家的安定需以朝廷之法維繫外，更以爲民權的實行必召來社會的危亂，甚而遭至外侮，曰：

方今中華誠非雄強，然百姓尚能自安其業者，由朝廷之法維繫之也。使民權之說一倡，愚民必喜，亂民必作，紀綱不行，大亂四起，倡此議者，豈得獨安獨活。且必將劫掠市鎮，焚毀教堂，吾恐外洋各國必藉保護爲名，兵船陸軍深入占踞，全局拱手而屬之他人，是民權之說固敵人所願聞者矣。〔註 113〕

顯然地張氏對於民權充滿著不安與誤解，以爲民權思想將會破壞國體綱紀，造成國家社會的動亂，故而抨擊民權之說「無一益而有百害。」〔註 114〕在其看來，人民開工廠、創公司、辦學堂、書院，不需要有權，練兵、制械則屬國家專營，人民毋需插手，所以從興辦各行業觀之，仍以君主專制制度最好。因之，張氏堅持：「若強中禦外之策，惟有以忠義號召，合天下之心，以朝廷威靈合九州之力，乃天經地義之道，古今中外不易之理。」〔註 115〕其實無論張氏對民權思想是有意或無意的曲解，無非都是源自於對君權思想的絕對信念，最終目的則是爲了護衛尊君思想，而新學派以民權思想鼓吹變法，自然

〔註 111〕王先謙：〈復吟中丞〉，《虛受堂書札》，《近代中國史料叢刊》第六十九輯（臺北：文海出版社，1966 年 10 月），卷二，頁 73～74。

〔註 112〕王仁俊：〈實學平議〉《翼教叢編》卷三，頁 22。

〔註 113〕張之洞：〈正權第六〉，《勸學篇・內篇》，頁 21～22。

〔註 114〕同前註，頁 21。

〔註 115〕同前註，頁 24～26。

被視為宣揚邪說。無怪乎！在諸多新學派人物中，鼓吹民權思想最積極的梁啓超，曾在湖南時務學堂公然宣揚民主、民權思想，因之，所受的攻擊最多。御史黃均隆於戊戌變法失敗後即參劾梁啓超，曰：

> 陳寶箴開時務學堂，黃遵憲援引梁啓超為教習，著為〈學約〉、〈界說〉諸篇，大抵皆非聖無法之言，湘人惑之，推崇西教，相與詆毀朝政，蔑裂聖賢。刻有時務學堂學約、學堂問答、劄記、課藝等書，創為民主、民權之說，尊康有為曰：南海先生。風俗人心，因之大壞。〔註116〕

在舊學派人士的眼中，民主、民權諸說無非都是非聖無法之言，皆被視為有害於風俗人心，且政治及社會秩序的整合亦將遭到破壞。

總之，舊學派所以反對民權、民主、平等之說不外是認為蔑棄人倫，泯滅了倫理的份際，將造成天下的不安與動亂。因之，舊學派大致都傾向於維持、保有當時的政治及社會現狀，其保守的原因，並不排除為了保持既得利益，而擁護現狀，反對一切的變革、進步，企圖鞏固君王絕對的政治權利，凡屬於「名教綱常」的倫理傳統思想皆被合理化與絕對化，於是十九世紀後期，當新學派高唱民權、民主思潮時，舊學派則無論於現實政治利益上，或倫理秩序上，護衛君王專制的政治體制都成為必然的事。

第五節　設置議院的爭議

新學派學者除了探討西方政治理論外，同時對於西方的政治制度也作過研究，以做為中國改革的借鑑。新學派認為在新的政治思想下對現存的政治制度做一建議，就民主政治謀議的具體方案而言，則無過於議會或國會（當時稱之為議院），所以在當時最能代表變法思想，合於改制事實的，莫過於對議院制度的討論與提倡。反觀舊學派基於鞏固君權政體，反對民權思想，對於議院的設置，所採取的立場與新學派自有不同。

一、新學派對設置議院的主張

早在改良派時期，陳熾（西元？～1899年）即對議院的設置表示意見：「泰

〔註116〕黃均隆：〈掌陝西道監察御史黃均隆摺〉，《戊戌變法文獻彙編》（臺北：鼎文書局，1973年9月），冊五，頁473。

西議院之法，本古人懸建鐸閭師黨正之意，合君民爲一體，通上下爲一心，即孟子所稱庶人在官者。英美各邦所以強兵富國，縱橫四海之根源也。」〔註117〕陳熾以西方議院得中國古意之說立論，強調議院的功能爲結合君民一體、通上下一心，能凝聚團體力量，正是西方國家所以富強的根源。至維新派的康、梁等人，對此一制度，更有著極熱烈的支持與重視。

康氏認爲要想改變中國長期以來，君臣官民上下阻隔的情形，最根本的方式就是議會的設立，逐步實施君主立憲制度。其曾於〈上清帝第四書〉、〈上清帝第五書〉中明確的提出：「設議院以通下情」〔註118〕的主張，康氏以爲議會制度有其優越性，〈上清帝第四書〉即言：

> 人皆來自四方，故疾苦無不上聞；政皆出於一堂，故德意無不下達；事皆本於眾議，故權奸無所容其私；動皆溢於眾聽，故中飽無所容其弊〔註119〕。

康氏提出議院的功能在於上聞疾苦，下達德意，增進上下相通的機會，訴諸於公意，以杜絕奸弊。由於議院制度之於中國而言，全然是新的政治觀念，所以新學派學者，莫不以託古爲名，爲議院制度找出歷史根據，康有爲、梁啓超皆對此有所論議，康有爲曰：

> 吾國行專制政體，一君與大臣數人共治其國，國安得不弱，蓋千百萬之人，勝於數人者，自然之數矣！其在吾國之義，則曰天視自我民視，天聽自我民聽。故民之所好好之，民之所惡惡之。是故黃帝清問下民，則有合宮；堯舜詢於芻蕘，則有總章。盤庚命眾至庭，《周禮》詢國危疑，〈洪範〉稱謀及卿士，謀及庶人；孟子稱大夫皆曰，國人皆曰，蓋皆爲國會之前型，而分上下議院之意焉。〔註120〕

康氏認爲國家欲強盛，需君與臣民共治國事，並引用古籍典故以爲託古，將一人或數人的掌理國政，訴諸於「謀及卿士，謀及庶人」和「大夫皆曰，國人皆曰」的政治型態，擬作爲上下兩院制的國會。

〔註117〕陳熾：〈議院〉，《庸書．外篇》（臺北：台聯國風出版社，1970年9月），卷下，頁1。

〔註118〕康有爲：〈上清帝第四書〉，《七次上書彙編》（臺北：宏業書局，1976年9月），頁78。

〔註119〕同前註。

〔註120〕康有爲：〈請定立憲開國會摺〉，《戊戌奏稿》（臺北：宏業書局，1976年9月），頁33。

梁啓超曾在《時務報》分期刊登所著的《變法通議》，系統地闡述維新變法的理論，並根據進化論的觀點，指出自然界中的一切事物皆不斷地變化；人類社會中的制度與秩序亦須更變，並指出不變的害處與變法自強之理。其〈論變法不知本原之害〉云：

變法之本，在育人才；人才之興，在開學校；學校之立，在變科舉；而一切要其大成，在變官制。〔註 121〕

將變法所需的基礎：育人才、立學校、變科舉，全歸之於變官制，在梁氏的觀念中，理想的政治制度，爲英國式的君主立憲制度，其認爲：「君權與民權合，則情易通；議法與行法分，則事易就。二者斯強矣！」〔註 122〕且將西方國家所以強大的原因歸之於議院，認爲成立議院的用意在於將君權與民權結合。「議院」本爲中國歷代政史中前所未有之事，因之，梁啓超作〈古議院考〉一文，以輾轉傅會，託於古制，其言：

敢問議院於古有徵乎？曰法先王者法其意，議院之名，古雖無之，若其意則在昔哲王所恃以均天下也。其在《易》曰：上下交泰，上下不交否。其在《書》曰：詢謀僉同。又曰：謀及卿士，謀及庶人。……其在《孟子》曰：國人皆曰賢，然後察之；國人皆曰不可，然後察之，國人皆曰可殺，然後殺之。

梁氏與康有爲一般，皆從《易》、《書》、《周官》、《孟子》等古代典籍中，尋出君、臣、民議論上下相交流的記載，以說明人民在先秦之際，即有詢謀、參議政事的情形。接著梁氏又將典籍中相互咨詢謀議的雙方，界定爲上下議院，曰：

〈洪範〉之卿士，《孟子》之諸大夫，上議院也；〈洪範〉之庶人，《孟子》之國人，下議院也。苟不由此，何以能詢；苟不由此，何以能交；苟不由此，何以能見民之所好惡。故雖無議院之名，有其實也。〔註 123〕

據梁氏所言，中國古代雖無議院之名，且離西方的議院組成型態尙遠，然法其意，皆訴諸於人民的公意，已有議院運作之實。湖南時務學堂的分教習韓文舉則認爲議院對君主或總統有廢君、褫職的權力，曰：

〔註 121〕梁啓超：《變法通議》，《飲冰室文集》之一，頁 10。
〔註 122〕梁啓超：〈古議院考〉，《飲冰室文集》之一，頁 94。
〔註 123〕同前註，頁 94～95。

美國總統有違例，下議院告之上議院，上議院得以審問，例能奪其權而褫其職。英國雖君臣共主之國，其議院亦曾廢君，可見舜亦由民公舉，非堯能私授也。〔註 124〕

韓氏之意除了說明議院與君主的關係外，更凸顯議院的設立相對的是君權的削弱，民主的提升。總之，康、梁等人託古以說明議院的源流，是爲了避免過多的疑慮而產生抵制的心理。至於議院的形式，則不能徒託空言，大致趨歸於上下兩院制，採取英、德式的民主，即所謂的「君民共主」體制，如此仍可保存滿清王室政治參與的成分。

雖然康、梁等新學派人士極力推崇西方國家議會政治的理念，設立議會實行君主立憲制度，爲新學派當時共同的政治理想，卻仍礙於當時的政治風氣與人民的政治觀念，其言：「凡國必風氣已開，文學已盛，民智已成，乃可設議院。今日而開議院，取亂之道也。」〔註 125〕已意識到議院的成立必須具備幾項先決條件，否則突然改變承襲數千年的政治型態，恐將引發禍亂。因之，康、梁等新學派學者此時主要的政治思想，除了對君主體制要求改革外，更重要的是培養具有新知識、新思想的人民，並提升政府官吏的政治水平，而所強調中、西方並重的政治觀念，則是爲求得治理天下的方法。

二、舊學派對設置議院的質疑

舊學派的學者，除了直接批評西方的民權、平等思想外，對於設置議會的政治功能，亦有所質疑，張之洞曰：

西國之制，上下議院各有議事之權，而國君、總統亦有散議院之權。若國君、總統不以議院爲然，則罷散之，更舉議員再議，君主、民主之國略同。〔註 126〕

認爲國君與總統的權力既然高於議院，無論是君主專制或實行議院的民主制度，君主與總統皆是擁有最大政治權力的人，此爲不同政治體系下的相同處。又有以中國的國情與西方各國不同爲理由，認爲中國並不具備實施民權及設置議院的條件，張之洞曰：

民權之說，無一益而有百害。將立議院歟？中國士民至今安於固陋

〔註 124〕韓文舉：〈時務學堂課藝批〉，《翼教叢編》卷五，頁 7。
〔註 125〕梁啓超：〈古議院考〉，《變法通議》，《飲冰室文集》之一，頁 96。
〔註 126〕張之洞：〈明綱第三〉，《勸學篇・內篇》，頁 13。

者尚多，環球之大勢不知，國家之經制不曉，外國興學立政，練兵製器之要不聞。即聚膠膠擾擾之人於一室，明者一，闇者百，游談囈語，將焉用之。且外國籌款等事重在下議院，立法等事重在上議院，故必家中有貲者乃得舉議員。今華商素鮮，鉅資華民又無遠志，議及大舉籌餉，必皆推諉默息，議與不議等耳。〔註127〕

張氏於此分析了中國不適合民權及議院政治的幾項因素，仍不外乎是民智未開及安於現狀而不知世界的趨向等因素。張之洞甚至對西方的民權與議院都做扭曲的解釋：

考外洋民權之說，所由來其意不過曰國有議院，民間可以發公論、達衆情而已，但欲民申其情，非欲民攬其權，譯者變其文曰民權誤矣！……言上帝予人以性靈，人人各有智慮聰明，皆可有爲耳，譯者竟釋爲人人有自主之權，尤大誤矣！〔註128〕

張氏認爲所謂的民權、議院，均是中西語言翻譯時產生的誤差，其竟將人人有自主的權力視爲是上帝所賜予人類的性靈。再者，張氏認爲中國的官僚體制，本即可以使下情上達，所以「建議在下，裁擇在上，庶乎收群策之益，而無沸羹之弊。何必慕議院之名哉！」〔註129〕其以中國已有議院之實，所以在當時君主的專制下，仍展現了民主精神。張氏進而說明，清廷對大政事的處理程序，曰：

詔旨交廷臣會議，外吏令紳局公議，中國舊章所有也。即或諮詢所不及，一省有大事，紳民得以公呈達於院司道府，甚至聯名公呈於都察院，國家有大事，京朝官可陳奏，可呈請代奏。……果有忠愛之心，治安之策，何患不能上達？〔註130〕

張氏分析了清代朝廷及地方的議事組織與方式，說明沒有議會的成立，國家及地方政事，仍有上達下傳的功能。舊學派除了強調中國已具有議會性質的交流模式外，對於西方的議會制度亦有些曲解，朱一新對於西方國家實行的議會制度有頗深的偏見，其言：

議院者，猶中國之紳士公所。下情易達，利弊易革易興，而國人囂

〔註127〕張之洞：〈正權第六〉，《勸學篇・內篇》，頁21。

〔註128〕張之洞：〈正權第六〉，《勸學篇・內篇》，頁22。

〔註129〕同前註，頁24。

〔註130〕同前註。

然不靖之機，亦由於此。西國有議院，以爲可公好惡矣！然議院之權，仍操之一、二有力者。……議院者，在英、德可比明代之會，推數人主謀，眾皆畫諾也；在美、法，則同處士之橫議，植黨相攻，志在專利也，豈其初制如是哉？〔註 131〕

朱氏認爲設立議院雖能下情上達，然仍被少數人所操控，終究導致爲自身利益而相互攻訐的結果，因爲權勢的所在，就是眾人的爭奪，其並列舉幾個西方國家實施議院制所產生的影響作對比，藉以否定西方的議院制度與精神文明。葉德輝則云:「中國幸不設議院耳，議院設而廢君，大逆不道之事更多矣！」〔註 132〕可知，舊學派反對設立議院的主要原因除了對議院的性質與功能有所誤解外，更是爲了維護君權的絕對性，鞏固統治者的權力核心。

結　語

綜合以上的分析，康、梁等新學派學者最終的政治理想是要改造中國傳統的政治制度，其所以欲重建儒學系統，目的即是要形成一個可以接受改造的政治環境，提倡「變易」、「三世進化思想」以做爲政治改造的理論依據。新學派提倡民權、平等之說，與舊學派所堅持的三綱五常之說，有著政治上的衝突。民權、平等是法治主義，綱紀倫常，爲德治主義。新學派主張從革新一切制度著手，不再強調道德教化之論，而傾向於制度的改革，且因當時的情勢所需，強化的治國之方必須偏重於法治，此與注重德化的舊學派儼然有別。

新學派儘管在傳統的倫理觀上對「三綱五常」進行深刻的反省、批判，抨擊了君主專制體系、倡導民權之說以及隱含的反滿思想，然而面對光緒皇帝時卻又有著濃厚的「忠君」思想，這或許是因爲新學派的人物很多原是清代官僚，所以他們既反對舊體制、舊思想，企圖建立新體制、新思想，卻又無法完全擺脫舊文化、舊思想及與清王朝的政治糾葛，在複雜的心態下，則產生新學派同時具有民主性及保守性的特點。

舊學派認爲新學派所持的政治思想會煽惑人心，使人民不知忠孝節義爲何事，恐導致綱紀不振，社會混亂的局勢，所以爲了維護既有的政治秩序，就必需消滅新學派「無君無父」的學說，竭力使幾千年的「君君、臣臣、父

〔註 131〕朱一新：《無邪堂答問》（臺北：廣文書局，1969 年 1 月），卷四，頁 42～43。
〔註 132〕葉德輝：〈駁韓文舉時務學堂課藝批〉，《翼教叢編》，卷五，頁 7。

父、子子」的社會秩序及社會意識不受動搖，一方面以倫常觀念內化人格，另方面則成爲君主專制體系的基礎。從新、舊兩派政治思想的論爭上，大抵可以見出舊學派者於文化道德上，堅守先聖先賢所闡發的儒家信仰，否定康、梁等人所推演的儒學異端，在社會政治理念上，舊學派多爲清代的官吏或當時的士紳階層，屬於現實統治秩序的一部份，因之，自然維護以清朝爲核心的君權統治政體，新學派所倡導的民權、平等思想及設置議院的議政方式，皆被視爲對當時政體具有危害性而加以批判、反駁。

再者，按新學派三世進化之說，認爲當前的變法應推行君主立憲，而立憲須設置議院，然就當時的政治環境觀之，不僅開議院的政治與社會條件沒有成熟，且開議院的目的無非是要削弱君權，矛盾的是新學派仍需倚靠強力的君權實行變法，只是君權在晚清變法之際已衰弱不堪，既無需削弱，也沒有力量推行變法。就此而言，舊學派因對議院的政治性質與功能有所誤解而產生疑慮，進而反對議院的設置，新學派則對當時推行變法改革的政治條件未能予以認清，對此新、舊兩派均有偏失。

附表 4-1　新、舊學派政治思想論爭議題之對照表

		變法思想	三世進化思想	君權與民權	設置議院
新學派	康有爲	以《易》的「變易」觀，推展爲政治的變法思想	據亂世爲君主專政 升平世爲君民共主 太平世爲民主政治	以君權治天下，並行民權	設置議院實行君主立憲
	梁啓超	典章制度需持續不斷地變法革新	據亂世爲多君爲政 升平世爲一君爲政 太平世爲人民爲政	在君權與民權之間取得平衡	中國雖無議院之名已有議院之實
	嚴　復	世界之新，文明之進，源於變革		以自由、平等思考君、民之間的關係	
	譚嗣同	變法爲保國、保種之首		泯除君、民間的階級限制	
	韓文舉				置議院以削弱君權
舊學派	王仁俊	法可變，綱紀不變			
	屠仁守			君尊臣卑	
	張之洞	「聖道」不變「法制」可變		以綱常名教反民權	中國未具有置議院之條件，中國官僚體系下情可上達
	葉德輝	言「除弊」不言「變法」	三世進化說非聖制嚴防以夷變夏	反對民權、平權思想	爲維護君權的絕對性而不置議院
	朱一新	「人」的改造重於「法」的變革		君主體制優於民主制度	議院仍流爲少數人所操控
	曾　廉	祖宗之法不能變			

第五章　教育思想之論爭

所謂「西學」，顧名思義，是相對於「中學」的西方之學，從當時的現實情況而言，西學自然代表著新知與新事，是一種相異於中國傳統的新學問。晚清時期由於中國對外的接觸，受西學的影響產生了思想的轉變，從緩慢的、散亂的意念，隨著接觸時間的累積及次數的加增，使教育及文化思想有了自覺性與主動性的轉變，因之，新學派學者對中國傳統的教育觀念興起改革的想法，而舊學派亦做部份思想的調整與轉變，然與新學派的觀念仍有不少的差異，新、舊兩學派的教育思想還存有論辯的空間。

第一節　教育理念的差異

新學派致力於中國政治的改革，其欲建立君主立憲政體及相應的國會議院制度，爲了實現此目標，僅靠著反覆上書於光緒帝是不足的，還必須天下百姓的認同及參與變革的行動，因之，藉著教育以開啓民智、培育人才，達成政治革新的理想，則成爲新學派的教育理念。舊學派則因新學派的引進西學觀念及充滿改革變法思想的教育理念，唯恐違背了傳統的教育觀念與方式，造成社會的動亂而有抵制與批評的現象，並進而提出其教育理念。

一、新學派的教育理念

（一）康有為的教育理念

康有爲所謂的「教」，並非單純的指「教育」而已，實指整個政教文化而言。其所謂的「學」，亦非僅指一般的「學術」範疇，乃統括了官紳士民對學習政教文化的努力，康氏認爲「道法備於周公，教學大備，官師咸修，蓋學之極盛也。」〔註1〕又曰：

> 周公之制，有「六德」、「六行」、「六藝」，讀法之公學，有百官之專學，有王公、卿士、師儒之大學，天下人士習遊於其中，術業日精，而養民經國之法亦美備。其法人與天際，器與道合，粗與精均，貫上下合，事物無不周遍。〔註2〕

康有爲的《教學通議》之所以尊周公，崇《周禮》，乃認爲周公創設了完善的政教文化秩序，具備了典章制度。官以掌教、敷教，除以禮教倫理涵養德行外，更以事物製作教導百姓技藝，使能各專其業。因爲「教」與「學」的完善，國家始能內修德行，外專技藝，達到化民治國的理想。但康氏以爲自戰國以來，儒教六藝雖存於人心，卻因爲君主專制政體的關係，使君與臣、官與民皆相隔，一直是有「教」而無「學」，而後更是官不敷教化，且「王章既失，學校乖奪，無以範圍人士之心思。」僅知競科舉、爭利祿之途，致使「三德不明，六藝盡失，六儀已散，八刑不舉。」可謂「教」與「學」俱失，而使天下百姓成爲既無德行，又無知識的頑民，根本無以強國〔註3〕。康氏所以要師法周公、孔子教學之義，除欲提倡道德與學問外，更爲教民及化民，使百姓皆能通曉學術、技藝及國家的基本政教秩序，以求提升百姓的學養，達至救國、強國的理想，可知康氏尊周公、崇周制是爲師法古意，以爲今用。面對西方強勢的技藝之學，康氏比較了中、西方教育內容及人才培育方式的差異，曰：

> 泰西人民自童至冠，精力至充之時，皆教之圖算、古今萬國歷史、天文地理及化學光電，重格致法律、政治公法之學，其農工商賈，亦皆有專門之學，故人人有學，人人有才。……而我自童時至壯年，困之以八股之文，禁其用后世書，以使之不讀史書掌故及當今之務，錮之以搭截枯窘虛縮之題。……上之爲師傅，則宗室親藩之學識錮焉；下之爲蒙師，則農工商兵之學錮焉。〔註4〕

康氏檢討中國當日教育的缺失，認爲西方教育自孩童至成年期間，即教授各

〔註1〕康有爲：《教學通議》，收錄於《康有爲全集》（上海：古籍出版社，1987年10月），集一，頁112。

〔註2〕同前註，頁117。

〔註3〕同前註，頁113～116。

〔註4〕康有爲：〈請廢八股育人才摺〉，《中國近代教育史資料匯編》（上海：上海教育出版社，1993年1月），頁43。

類專門知識，此種教育方式可培養出各種領域的專門人才。反觀中國的教育自孩童至壯年期間，因受科舉制度下八股文的影響，所學的知識過於僵化、膚淺，目不通古今，耳不知中外，所以無法培養各階層的專門人才，導致「西人乃賤吾爲無教，藐吾爲野蠻，紛紜宰割，予取予求，而莫敢誰何？」〔註5〕康有爲將國家衰弱的原因歸咎於教育的偏窄化，認爲是八股迷誤了人才。因之，康氏建議要罷廢八股的同時，更提議需制定新的教育制度，興辦各類新式學堂〔註6〕，各級學堂不僅要「讀史、識字」，還要學習「測算、繪圖、天文、地理、光電、化重、聲汽」等西學〔註7〕，並主張「改武科爲藝學」，同時還應設立天文、地礦、醫、律、光電、化重、機器、武備、駕駛等專門學堂〔註8〕，以多方的培養各類人才；又建議編輯中外要書，以作爲各級各類學堂的教材，其以爲「今日欲自強，惟有譯書而已」〔註9〕可知康氏極欲擴充中國讀書人涉獵新知的途徑。其將中外之學融合爲新的教育理念，以爲如此天下所有的讀書人將「致力于先聖之義理，以考究古今中外之故，務爲有用之學。」〔註10〕除不受八股文的束縛，更可博參中外古今之學，以致力於實務的運作，總之，康氏的教育主張除了重視先聖之道的傳統教育觀外，亦強調教育需以廣博的學識爲基礎，以切合實用爲最終目的。

（二）梁啟超的教育理念

一個國家富強的最大阻力，應是觀念的封閉，此乃因於民智未開的緣故，所以梁啓超雖然認爲君權尊、民權衰是中國致弱的根源，然其並未將興民權視爲當務之急，因其認爲民權生於民智，「開民智」才是民權的根本，梁氏進而說明「權」與「智」的關係，曰：

> 今之策中國者，必曰興民權。……權者，生於智者也，有一分之智，即有一分之權；有六、七分之智，即有六、七分之權；有十分之智，即有十分之權。……使其智日進者，則其權亦日進。……昔之欲抑

〔註5〕同前註。
〔註6〕康有爲：〈請開學校摺〉，《戊戌奏稿》，頁15～17。
〔註7〕康有爲：〈上清帝第四書〉，《七次上書彙編》（臺北：宏業書局，1976年9月），頁82。
〔註8〕康有爲：〈上清帝第二書〉，《七次上書彙編》，頁30。
〔註9〕康有爲：〈日本書目志・序〉，《日本書目志》（臺北：宏業書局，1976年9月），頁3。
〔註10〕同註4，康有爲：〈請廢八股育人才摺〉，《中國近代教育史資料匯編》，頁44。

民權，必以塞民智爲第一義，今日欲伸民權，必以廣民智爲第一義！〔註11〕

梁氏以爲世界之運，由亂世而進於太平，成敗的關鍵，在於由力而趨於智，欲圖自強，就不能僅靠軍備武力，而是要開啓民智〔註12〕。康、梁等新學派學者已意識到在中國民智未開的社會狀況下，民眾對民主政治無從認知，自然不會重視民權，然民權卻是國家主要的力量所在，是靠民智的累積而來，開民智才是治國的起點。政府要改革，就當從最根本的教育人民著手，方能有顯著成效。而至於如何開民智，梁啓超提出兩項關於地方與朝廷必須實施的教育措施：

一曰朝廷大變科舉，一曰州縣遍設學堂，斯二者行，頃刻全變。〔註13〕

梁氏認爲一個國家之所以無法實現民權，是因爲人民智識的懵昧無知，因之，要培育人才，啓發民智，必須在地方普遍設立學堂，以教育人民，朝廷方面則需進行科舉制度的改革，在地方與中央的並濟下，始能改進國家衰弱的狀況。

「開民智」爲教育目標之首，其次是人才的培育，「育人才」是指施行專門教育，以培養各種專門人才，梁氏以爲：言外交，要有使節人才；言僑務，要有僑務人才；言軍事，要有將帥人才、參謀人才、醫護人才，開礦、造鐵路，均需有專門的技術人才〔註14〕。可知，育人才的主要目標，是從單純的技藝人才培養，擴展到具有民權思想，且能掌握西方科學技術的各種專門人才。在當時的政治情勢下，教育的目的是爲求國家自強，所以教育的內容則必須配合政治的目標，梁啓超認爲應從興政學開始，將中、西學的學習依序安排，曰：

以六經諸子爲經，經學必以子學相輔，然後知經學之用，諸子亦皆欲以所學易天下者也，而以西人公理公法之書輔之，以求治天下之道。以歷朝掌故爲緯，而以希臘羅馬古史輔之，以求古人治天下之法。以按切當今時勢爲用，而以各國近政近事輔之，以求治今日之

〔註11〕梁啓超：〈論湖南應辦之事〉，《飲冰室文集》之三，頁41。

〔註12〕梁啓超：〈學校總論〉：「世界之運，由亂而進於平，勝敗之原，由力而趨於智，故言自強於今日，以開民智爲第一義。」《變法通議》，《飲冰室文集》之一，頁14。

〔註13〕同註11，頁42。

〔註14〕梁啓超：〈學校總論〉，《變法通議》，《飲冰室文集》之一，頁16～18。

> 天下所當有事。〔註 15〕

梁氏認為在中學方面應以經學、子學為主，再輔以西學的古史今事，巧妙的融攝了中外古今之學，最終目的仍未脫袪為政治服務的性質。

新學派將教育的功能大力拓展，使當時中國的教育具有改革性與社會性的特點，所謂的改革性是指跳脫出傳統的科舉觀念，學習的課程範圍不再僅囿於傳統的學術及典章制度，乃兼重西方的專門學科，致力於社會各種實務的運用，不再將科舉考試視為教育唯一的目的。另者，所謂的社會性是它所面對的不僅是學堂裡的學校而已，它面對的是廣大的社會民眾，使人們意識到不同於已往的教育方式。總之，新學派重視教育主要有兩大目的，其一為開啓民智以利變法改革；其二培養專門人才以充實國力。前者乃對內而言，將教育普及化，使人民的思想觀念開放，較易接受新知；後者則對外而言，將提倡專業教育，培育專業人員以致力於國家的各種建設，綜觀兩者不外皆以政治為最終目的。

二、舊學派的教育理念

（一）王先謙的教育理念

舊學派的王先謙乃為嶽麓書院的最後一任山長，其掌院九年（西元 1894～1903 年），此書院有近千年的歷史，帶有強烈的儒家綱常名教特點。王先謙掌院時又正值維新運動風起雲湧之際，面對時代的遽變，其在教育宗旨上仍未脫離傳統倫理綱常的範疇，然而西學的強勢不可擋，令其雖視西學為形下之器，亦不得不承認中學有不足西學之處，所以尚能以開放的態度接受西學，曰：

> 今日地球大通，各國往來，朝廷不能不講譯學。西人以工商立國，用其貨物朘我脂膏，我不能禁彼物使不來；又不能禁吾民使不購，則必講求工藝以抵制之，中國機庶可轉，故聲光化電及一切製造、礦學，皆當開通風氣，力造精能，國家以西學導中人，亦是於萬難之中，求自全之策。〔註 16〕

隨著世界各國的交流，國際局勢已逐漸轉變，中國無法再固閉自守，不得不與西方諸國相接觸。王先謙已明白中國處境的艱難，而將艱難的原因歸之於西學的優勢處，因之，倡導西方的器用之學，是為了企求中國與西方的抗衡，

〔註 15〕梁啓超：〈學校餘論〉，《變法通議》，《飲冰室文集》之一，頁 63。
〔註 16〕王先謙：〈與吳生學兢書〉，《翼教叢編》，卷六，頁 9。

以挽救當時衰微的國勢。但王先謙仍反對因過度重視西學而動搖中國固有的學校科制及名教綱常，其曰：

> 竊謂中國人士懾西國之富強，而歸求之學校，可謂知本務矣。然其中要有區別。西國強源於富，富源於商，商源於工，工源於學。故西學無論巨細，止當以工藝統之。特設工藝學堂，以專科專官登進尤異，然後人知趨向，風氣大開，工精器良，拓利源而塞漏厄，莫要於此，於中國學校制科無涉，於中國名教綱常更無涉也。〔註17〕

王氏分析西國強盛的原因在於學校的教育，並視西學均爲工藝之學，中國亦可設置工藝學堂，培養專科人才，可知，王先謙並非盲目的反對西學，可能因其曾爲國子監祭酒，並任長沙嶽麓書院山長有關，其主張說明了當時一般書院固有的看法。

再者，舊學派的人士將梁啓超等人以時務學堂來傳播康有爲學說，視之爲擾亂湖南純樸的學風，賓鳳陽等人上予王先謙的信中即言：

> 我省民風素樸，自去夏以前，固一安靜世界也。自黄公度觀察來，而有主張民權之說；自徐硯夫學使到，而多崇奉康學之人；自熊秉三庶常邀請梁啓超主講時務學堂，以康有爲之弟子，大暢師說，而黨羽與翕張，根基盤固，我省民心頓爲一變。〔註18〕

舊學派者認爲時務學堂的設置，原是爲培植英才，本意以中學爲根柢，兼采西學之長，教以兼通中、西實學，儲備國家之用，而非教人平等、倡君民共治之說，藉講求時務而行邪說。王先謙等人向巡撫衙門提出的〈湘紳公呈〉即指出：

> 湘省風氣醇樸，人懷忠義，惟見聞稍陋，學愧兼通，上年開設時務學堂，本爲當務之急，凡屬士民，無不聞風興起，乃中學教習廣東舉人梁啓超承其師康有爲之學，倡爲平等平權之說，轉相授受。……聚無數聰穎子弟，迫使斲其天性，效彼狂談，他日長成，不復知忠孝節義爲何事，此鄉人之不幸，抑非特湘省之不幸矣！〔註19〕

以上兩則均認爲新學派所設置的時務學堂，以宣揚康有爲、梁啓超的學

〔註17〕王先謙：〈復萬伯任〉，《虛受堂書札》，《近代中國史料叢刊》第六十九輯（臺北：文海出版社，1966年10月），卷二，頁21。

〔註18〕賓鳳陽等：〈上王益吾院長書〉，《翼教叢編》，卷五，頁5。

〔註19〕王先謙等：〈湘紳公呈〉《翼教叢編》，卷五，頁12。

說為主，已破壞湘省原有的純樸風氣，唯恐湘民受新學派學說的影響，逐漸失卻中國固有的倫理綱常觀念，代之以西方的平等、民權觀，不僅違背忠君之思想，極可能異化了儒學的價值。可知，王先謙雖已能將西學視為教育的內容，但對於其中的政治觀念，仍極力的反對。

（二）湖南士紳的教育理念

湖南士紳為抵制時務學堂所宣揚康有為、梁啓超等人的思想觀念，因而擬定〈湘省學約〉〔註20〕作為教育所要遵循的規則，大致可分為「修養德性」、「思想辨正」及「中西兼容」等三個實施重點：

（一）修養德性：根據〈學約〉所言，當時社會上的讀書人多「以夤緣為學問；以勢利為功名；以徵逐戲謔為交游；以傾軋爭鬥為事業，干預詞訟，牴忤官長，閒居放議，廉恥盡亡，名實不副。」將讀書人的種種醜態揭露無遺，因之，需倡導「端正士習」，以改革士大夫不良的習性與風氣。欲端正士習，必先從教育著手，教育首重品德心性的修養，因「心術與學術相表裏，心術不正，縱學問淵博，適以濟其奸邪。……伊古以來，亂臣賊子皆自一念之不正。」學術雖有經世的功能，但需以心術的純正為根本，若心術不正，則學術將成為製造禍亂的工具，所以教育首當強調「正心術」，以增進德性的修養。

（二）辨正思想：由於時務學堂所教授的是新學派學者的思想及西學的知識，被視為違逆傳統的教育思想，所以〈學約〉將康、梁等人的學說視為異端，並分別加以攻訐。其批評康有為「素行詭僻，心跡悖謬，……《新學偽經考》一書，誣蔑古經，曾經禁革。……《孔子改制考》之邪說，譚嗣同和之，謂其精探道奧，昌明正學，積非勝是，炫惑一時。」將《新學偽經考》、《孔子改制考》列為邪說，為了「闢異端」所以申禁書坊不得印刷出售康氏之書，如已誤購者則速銷燬，以免大肆流傳。另者，西方諸教通行中國，對傳統孔子之道所造成的衝擊，相較楊、墨、釋、老更為甚者，因之，惟有「惕厲儒修，提倡忠義，力行尊親之道，自求教養之方，國勢既張，儒效斯著。」提倡儒家傳統的固有德目，力行實踐，增強國勢，以「尊聖教」來抵制西方諸教的強勢入侵。

（三）中西兼容：對於中、西學皆以「務實學」為主，強調中學以致用當務為要；以博聞強記為能，所以經史諸子、理學、政治、地理、辭章、小

〔註20〕〈湘省學約〉，《翼教叢編》，卷五，頁15～18。

學各門，皆不可捐棄。對西學的專門學科或藝能，仍須實力研求，探求本源，不存菲薄之心。如以新、舊學而言，中國的義理、考據、詞章等學科，皆屬於中國所固有的學術，可謂之舊學。西方的工藝、政學之理，皆爲中學所無，所以要擇善而取，不恥相師，相對於舊學，此即所謂新學，此「新學」絕非康、梁等學者所從而依托的新學之內涵。因之，學生除辨析新、舊學之名稱外，更需「覈名實」，以嚴杜假冒，以正歧趨。

綜上所述，仍以固守傳統的教育觀念爲主，先以德性的修爲及心術的端正爲首要，其次遵循正統的儒家思想，闢除《公羊》改制的異端思想，倡導孔子之道以對抗西教的盛行，最後於學術上除研究中國經史、義理之學外，需另輔以西方的工藝製造之學。

（三）張之洞的教育理念

張之洞認爲西方之所以強盛，乃因日出新法以求變化，反觀中國則相形見絀，因循守舊，除了漸失舊學、舊法的精義外，對於教養富強的實政皆視爲奇技淫巧，如未肯殫心力求之，將使中國與世界的差距逐漸增大。其言：

> 若循此不改，西智愈智，中愚愈愚，不待有吞噬之憂，即相忍相持，通商如故，而失利損權，得粗遺精，將冥冥之中，舉中國之民，已盡爲西人之所役矣！役之不已，吸之不已，則其究必歸於吞噬而後快，是故智以救亡，學以益智。〔註21〕

張之洞已意識到中國欲求生存需開民智，要使民增智則必需加強學習，其認爲：「國之智者，勢雖弱，敵不能滅其國；民之智者，國雖危，人不能殘其種。」所以要救亡圖存，必須擴充新智。在「益智」的前提下，張之洞提出一套廣泛的教育理念，大致可以分爲：「通經致用」、「以西學爲輔」等兩個層面。

張氏「通經致用」的教育觀念，欲在中國傳統的經史中求得致用的知識，有強烈的經世實用色彩，其以爲「讀書期於明理，明理歸於致用。」曰：

> 近人往往以讀書明理，判爲兩事；通經致用，視爲迂談。淺者爲科舉，博洽者著述取名耳。於己無與也，於世無與也。……若讀書者既不明理，又復無用，則亦不勞讀書矣。〔註22〕

〔註21〕張之洞：〈益智第一〉，《勸學篇・外篇》，收錄於《張文襄公全集》，《近代中國史料叢刊》第四十九輯（臺北：文海出版社，1966年10月），頁1～3。

〔註22〕張之洞：〈輶軒語・一〉「讀書期於明理，明理歸於致用」條，《張文襄公全集》，卷二〇四，頁36～37。

張氏之意，教育的目的在於「修養身心」及「經世致用」，舉凡中國經史典籍、諸子學、各家文集皆爲重要的學習課程，又認爲讀書人應注重實際，需明瞭讀書、明理及致用三者間的因果關係。張氏通經致用的觀念，並不因其後提倡西學而有所改變，張氏曰：

> 通曉經術，明於大義，博考史傳，周悉利病，此爲根柢；尤宜討論本朝掌故，明悉當時事勢，方爲切實經濟。蓋不讀書者爲俗吏，見近不見遠，不知時務者爲陋儒，可言不可行，即有大言正論，皆蹈唐史所譏，高而不切之病。〔註 23〕

除以通曉經術、史傳爲根柢，更需切合時代之趨勢，當明時務、通經濟，因讀書通經最究竟的目的皆爲致用於時務，而此重視通經致用的觀念，則爲其後來能接受洋務及從事改革的工作打開了一個可能性。

張氏「以西學爲輔」的教育觀念，肯定西方教育的專業性與普及性，正是中國傳統教育所欠缺的部份。其主張效仿西法，聘洋人爲教習，三年畢業後，送至外國學校、工廠、軍隊中實習或進修〔註 24〕。其以爲留學西洋是培育人才及學習西方富強之道的最直接途徑，所謂「出洋一年，勝於讀西書五年。」、「入外國學堂一年，勝於中國學堂三年。」〔註 25〕強調學習西洋新知的重要。不過，張氏仍意識到要治本則需於本國廣設學校，使教育機會普及，以提升國人的教育水平，其主張：

> 各省、各道、各府、各州縣，皆宜有學。京師省會爲大學堂，道府爲中學堂，州縣爲小學堂。〔註 26〕

除了提倡留學與廣設學校外，張氏亦主張廣譯西書與鼓勵閱報，因爲翻譯西書可以幫助不懂西文的人了解西學，所以主張：

> 多譯西國有用之書，以教不習西文之人。凡在位之達官，腹省之寒士，深於中學之耆儒，略通華文之工商，無論老壯，皆得取而讀之，采而行之。〔註 27〕

就整體而言，張氏爲了擴展國民知識，提出一套廣泛的教育理想，其目的乃在於學習西方的專門之學及富強之道。觀察張之洞的教育理念可以概括而

〔註 23〕同前註，頁 2。
〔註 24〕張之洞：〈益智第一〉，《勸學篇・外篇》，頁 3～4。
〔註 25〕張之洞：〈遊學第二〉，《勸學篇・外篇》，頁 5。
〔註 26〕張之洞：〈設學第三〉，《勸學篇・外篇》，頁 7。
〔註 27〕張之洞：〈廣譯第五〉，《勸學篇・外篇》，頁 14。

言，具有典型的「中體西用」精神，所以主張「新舊兼學」，對於所謂的新、舊學，張之洞曰：「四書五經，中國史事、政書、地圖爲舊學；西政、西藝、西史爲新學。」可知，其以舊學爲體，新學爲用，兩者皆不使偏廢〔註 28〕，取法西方並非欲以西學來取代中學，而是欲以西學之長補中學的不足，將保有中學的主導性，關於中、西學間的關係，張氏認爲：

> 今日學者必先通經，以明我中國先聖先師立教之旨；考史以識我中國歷代之治亂，九州之風土；涉獵子集，以通我中國之學術文章，然後擇西學之可補吾闕者用之，西政之可以起吾疾者取之，斯有其益而無其害。〔註 29〕

從對經、史、子、集的重視，可知中國傳統的學術仍是教學的主脈，學者需廣泛涉及，再取西學以補中學的不足處，以達中、西學相輔相成，兼顧了張氏所秉持的正統性與實用性的雙元特質，然如何在專業與傳統間取得平衡？則是中、西學課程設計上的一大挑戰，此一問題顯然並未引起張之洞的注意。

由此觀之，在教育主張上，舊學派學者欲依照傳統中學的教育思維，以培養具有經世之才的學生爲教育目標。因西方勢力的強盛，使之不得不爲了維護統治秩序而吸取西學之長，在此種目的下，自然無法將思想啓蒙當作西學教育中的一個組成部份，必然妨礙西學教育的導向，僅朝技藝化方向發展，無法徹底吸收西學的眞正精神。誠如嶽麓書院由於歷史與傳統的因襲，並未能突破綱常名教的束縛，無法發揮西學教育的功能與新學派的時務學堂將平等、民權作爲主要的教育內容，則形成守舊與革新的強烈對比。

第二節　幼學教育的論爭

一、梁啓超的幼學教育觀

梁啓超將中國與西方作對比，認爲西方人創新法、製新器、著新書、得新理皆以數萬計，中國卻遠遠不及其一。就識字人口的比例而言，西方先進國家每百人中，便有八十至九十六七人是識字的，而中國則每百人中，還不到三十人，比例相當懸殊，探究原因而歸之於中國的幼學未受重視及教育方

〔註 28〕張之洞：〈設學第三〉，《勸學篇・外篇》，頁 8

〔註 29〕張之洞：〈循序第七〉，《勸學篇・內篇》，頁 27。

式的亟需改進，梁氏言：「春秋萬法託於始，幾何萬象起於點，人生百年，立於幼學。」正說明了幼學教育的重要性及其深遠的影響。

西方國家由於教育普及，所以人民的知識水準相當高，反觀中國則因受教育的人少，所以人民的知識水準偏低，且中國讀書人讀書的目的，大多只爲求科第而忘失效法聖人的志趣，造成文昌魁星專席而孔子薪火絕續，俎豆蕭條，聖道衰微的現象，梁氏即批評曰：

> 其誦經也，試題之所自出耳，科第之所自來耳。假使以佛教取士，吾恐如是我聞，一時佛在之語，將充斥於塾舍。假使以耶教取士，吾恐天主造物七日而成之語，將闌溢於黌序。……彼其受學之始，其所以蓍龜之而矜式之者，固在彼而不在此，彼其不如是，則是改其初服，而倍其師也。嗟夫！以視佛氏之日念佛號，耶氏之七日禮拜者，其相去抑何遠矣！〔註30〕

梁氏不僅批露了中國教育的積習，並根據自身的體驗及對西方教育方式的認知，提出了幾個教育理念，主張中國幼學的教學方法需做改革，其以爲：

> 未嘗識字，而即授之以經。未嘗辨訓，未嘗造句，而即強之爲文。開塾未及一月，而大學之道，在明明德之語，騰躍於口，洋溢於耳。夫記者明揭之曰大學之道，今乃驟以施之乳臭小兒，何爲也？……夫大學之道，至於平天下，中庸之德，極於無聲臭，此豈數齡之學童所克有事也。……學究之言曰，童子入學之始，必使誦經，俾知聖教。如梁氏言，是蔑經也，非聖也，吾姑弗與辨。〔註31〕

梁氏雖然認爲經學是中學的主脈，並不排斥宗經尊聖，但在比較中西方的教學法後，以爲中國學校的教學方法，多屬於記憶性的灌輸，少有啓發性的誘導，教學者往往忽略了教學的先後順序，未識字形、不懂字義、不會造句，就教授深奧的經文，使學童無法體會經書中眞正的意義，如此的教學方式是梁氏所批評的。其更進而比較中、西方的教學方式，認爲西方偏重悟性，所以能發明器物，提升工藝水準，中國偏於記性，僅對於古訓詁、古名物纖悉考據，卻不因勢以導，不引譬以喻，只是苦口呆讀、強行背誦而已，自然無法達到像西方「睹水烹而悟汽機」、「睹引芥而悟重力」的教育成果。因之，梁氏認爲幼童的教學方式宜採用啓發性的教學法，以提高教學的效率，並指

〔註30〕梁啓超：〈論幼學〉，《變法通議》，《飲冰室文集》之一，頁46、49。
〔註31〕同前註，頁45～46。

出智力的特性，可見其對教學的觀念已不同於傳統的傳授方式曰：

> 大腦主悟性者也；小腦主記性者也。……小腦一成而難變，大腦屢濬而深，故教童子者，導之以悟性甚易，強之以記性甚難，何以故？悟性主往，以銳入爲主，其事順，其道通，通故靈。記性主回，如返照然，其事逆，其道塞，塞故鈍，是故生而二性備者上也。若不得兼，則與其強記，不如其善悟。〔註32〕

梁氏於此除了分析悟性與記性相異的原因外，特別強調悟性啓發的重要，反對強記的教學方式，其以爲學童因年幼，可以直接深入的發展其思考力，而記憶力則必須先反思咀嚼後，才能留有印象、記憶。就學習效果而言，有悟性的基礎，記憶的材料才有價值，否則記憶的內容便會失去意義。

由於梁氏對幼學教育的看法，不同於當時私塾或學校的童蒙教育方式，其認爲幼學教育，大致可從識字及思想啓蒙兩方面來進行，在識字方面其認爲應該教授識字書、文法書、歌訣書、名物書。在啓發思想方面則應教授問答書、說部書、門徑書。梁氏還特別列舉幾類教科書編寫的內容及原則，並說明西方在這些教材或教學的成效：

識字書：因中國文字以形爲主，所以識字書的編著當令幼童學習時先學獨體而後合體；先本義而後引申假借；先實字、活字而後虛字。正如西人花士卜、士比林卜〔註33〕等書，取眼前事物至粗極淺者，既綴以說，復繫以圖，孩童由此而識字，中國教授學童獨體字時即可效其法。

文法書：中國原無文法書，因古人語言與文字相合，所以出口即成文，學言即學文。魏文帝與劉彥和雖有論文之作，僅爲工文者說法，非爲學文者問津，所以有讀書萬卷，下筆卻冗沓弇俗的現象。西人於識字以後，即有文法專書。文法書乃將言與文分爲兩事，教授學童如何聯數字成句，如何綴數句成筆，先授出粗切的事物，漸進於淺近的議論，深淺先後秩序井然，條理分明。

歌訣書：選取各種學問，就其切要者，編爲韻語，或三字、或四字、或七字、或三字七字，相間成文。歌訣書當包括：經學、史學、

〔註32〕同前註，頁46～47。

〔註33〕花士卜、士比林卜乃爲譯音，推測花士卜應爲「WORD BOOK」；士比林卜應爲「SPELLING BOOK」

子學、天文、地理、物理等羅括各門類的學識。另又可配合時勢或當時社會所倡導的觀念，而作各種應時的歌訣。〔註 34〕

問答書：西人啓蒙之書，專用問答，其餘一切書每篇之末，亦多附習問。可依照歌訣書的門目，條分縷析，由淺入深，由繁返約，以問答的方式逐漸闡發意旨。即以歌訣爲經，以問答爲緯，因歌訣可以幫助記憶，問答可以啓發悟性。

說部書：今人出話皆用今語，而下筆則以古言，所以一般百姓多以讀書爲難事，而水滸、三國、紅樓之類，讀者反多於六經。因之，應採集當時俗俚語，以有音有字者，廣著群書，上之可借闡聖教；下之可以雜述史事；近之可以激發國恥；遠之可以旁及彝情，乃至社會百態，皆可入書。

門徑書：學者於以上五種書，既已致力，則可以覃精六籍，然四庫之編已如煙海，加以古逸，加以近著，再加以西書，數十寒暑能讀幾何？非有以導之不可。所著《讀西學書法》以問答方式，衍師友之說，及仁和葉瀚爲《讀書要略》，條理秩然，皆便於初學之學童研讀。

名物書：西人有書一種，譯者命之爲字典，乃搜羅古今萬國名物，依照二十六字母的順序加以分類編次，既通文法者，據此編以讀一切書，無有窒礙。中國揚雄所著《方言》意蓋近之，宜用其意，盡取天下之事物，悉行編定，以助學者檢索之用。因之，有此種名物之書即可閱盡群書，學童得此書，成學則事半功倍。

綜觀梁氏對這幾類教科書編寫的原則乃由具體入抽象；由淺入深；由簡入繁，由近入遠，許多觀點皆均得自西方幼學的教學觀念，此乃與其認爲西方之所以富強，幼學教育的成功是一大因素有關。再者，爲符合不同年齡學童的身心發展狀況，教學方式必需調整，梁氏謂：「自五歲至十歲爲一種教法，自十一歲至十五歲爲一種教法。」〔註 35〕就教材而言，所有的教科書亦須隨年齡階段而有深淺的差別，以分別適應自五歲至十五歲學童的需要。

〔註 34〕包括：勸學歌、贊揚孔教歌、愛國歌、變法自全歌、戒鴉片歌、戒纏足歌……均爲配合時事或各種運動所編唱。梁啓超：〈論幼學〉，《變法通議》，《飲冰室文集》之一，頁 53。

〔註 35〕同前註，頁 50。

梁氏除了注重教材的編著外，亦為八歲至十二歲的學童，擬定一個課程表，包括每天的學習內容、活動及學習方法，此課表令人注意的是教學活動並不只限於學習課本知識，其並將孔教思想及體育課程，融入教學活動。每日上課前及放學前，師生要合誦孔教歌或愛國歌；午後則實施體操與自由玩耍，以鍛鍊學童的體格，另外在休沐日有祭祀孔子的活動，總觀這樣的課程設計已融合了德、智、體、群四育並重的教育理念。至於教學科目：有歌訣書、問答書、算學、圖學、地理、文法、西文（先學拉丁文）、中西文法書、說部書、自由閱讀等，不僅範圍廣且重視學以致用，並強調實際的操作〔註 36〕。梁氏認為透過這些課程、讀物、活動和學習方法，學生從兒童時期起即可對一切學問的大綱、節目有基礎性的了解，有助於日後的繼續進修與就業生活。

再者，幼學教育不能達到理想的原因，除了教學內容及教學方法的失當外，師資不良亦是原因之一。梁啓超形容當時的教學者是「蠢陋野悍，迂謬猥賤」，並稱之為「學究」，又曰：「強敵、權奸、流寇，舉無足以亡國，惟吏胥可以亡國。外教、左道、鄉愿，舉無足以亡天下，惟學究足以亡天下，欲救天下，自學究始。」〔註 37〕以吏胥的亡國與學究的亡天下相對照，更凸顯教學者的教育觀念及教學方式對天下興亡具有重大的影響。

總而言之，梁氏主要是對傳統的幼學教育提出教材與教學法的檢討，除了說明適合幼童學習的傳統教材外，並欲參酌西人的學童教材編寫方式及教學方法，擬以改善我國幼學的教材與教學方式。其所主張的諸多觀點，均以適合幼童的身心發展並採多元化的教育方式為訴求，確實不同於傳統學堂的幼學教育，在當時的教育風氣下，可謂開創了幼學教育的新視野。

二、葉德輝對梁啓超幼學教育觀的批駁

葉德輝認為中國乃以經學做為「教」與「學」的主要教材，以為「生民不可一日無教，教不可一日無學，學不可一日無經。」並說明兩漢以五經立學，影響所及後世儒風大昌。對於梁啓超批評讀書人以科第取向而不尊祀孔子，葉氏則反駁曰：

> 梁氏謂以佛教取士，則如是我聞，一切佛在之語，將充斥於塾舍；以耶教取士，則天主造物七日而成之語，將闌溢於黌序，不思六朝

〔註 36〕同前註，頁 57～58。
〔註 37〕同前註，頁 45。

浮靡之習，南北猶有儒宗；唐人崇尚詞賦，通經之儒亦且項背相望，甚至開元中以老子命題取士，卒不能奪尼山之席。〔註38〕

葉氏以爲儒家在中國已是傳統思想的主脈，無論各時代的學術風氣如何轉變，儒家思想均或顯或隱的存在著，一向是教授學子的最基本教材。另者，對於梁啓超所擬的幼學教材編寫原則及教學觀念，葉氏提出幾項駁議〔註39〕：

駁識字書：中西文字所注重的不同，不需論彼此的是非。至於花士卜、士比林卜等書，取最具體、最粗淺的事物，綴說系圖，與坊刻所印行的雜字增廣相同。且本草圖、爾雅圖、毛詩圖、諸書圖說俱存，取以教學童，對其增多識見有所幫助，即使不如西書切近，但遇物得以考求，況且中西方由於風土民情相異，雙方所繪之圖物亦有阻閡的情形，並不一定適合中國學童的識字教學。

駁文法書：中國言文法之書，如魏文帝的《典論》、劉勰的《文心雕龍》，皆獨抒己見，自成一家之言，最初並非爲教學而譔寫。然魏文帝以前，劉勰以後，其間以能文箸錄者代有聞人。況八家派別，大開圈點之風，時文道興，而開合承接之法日益詳密，皆是教授爲文之書。

駁歌訣書：認爲梁啓超所擬撰的歌訣書，是糟粕鄙俚的叔孫通。欲使幼童學得各種門類的學識，當以閱讀相關文獻資料爲主，例如：欲知孔教源流，可讀《史記》〈孔子世家〉、〈仲尼弟子列傳〉；欲究諸子派別，可讀《漢書・藝文志》……，凡此類童蒙知其大略，成學則致其全功，而梁氏所擬歌訣三十餘種之多，十歲以前的學童斷不能卒業，怎有餘日再涉略他書？

駁問答書：西人教童子，凡涉及專家之學的書籍，多設問答使明大略，中國亦可仿行，然而此書多爲一書的萌芽，或加考證、或習專門，非盡畢生的精力不能卒業。梁啓超竟以通儒之譔述爲幼學之階梯，實有躐等之譏議。

駁說部書：說部書爲唐人所尚，宋元以降流爲傳奇，爲風俗人心之害已久。西人三等學堂，教童子之書往往取游戲之文，寓規勸之

〔註38〕葉德輝：〈非幼學通議〉，《翼教叢編》，卷四，頁73。

〔註39〕同前註，頁73～78。

旨，此爲俗尚使然，不可行於中土。梁氏欲擯去中國初學所誦之孝經、論語，而以說部爲課程，然九百虞初果能與十三經、二十四史，同立學官，垂之久遠？

駁門徑書：讀書必有入門之書，經從《說文》入，史從《綱目》入，《說文》所以穿穴群經；《綱目》所以提挈全史。其中又可分爲簡略的經史入門之書及專門的經史入門之書。如欲貫通百家，可求《漢書・藝文志》及《四庫全書提要》。其它如訓詁入門則以《經籍纂詁》、《經義述聞》、《經傳釋詞》三書爲主；考據入門則以《困學紀聞》、《日知錄》、《讀書雜志》最有體要。

駁名物書：一物一名，眾物眾名，自黃帝正名百物以來，於是遂有名物之學。神農嘗藥草以療民病，爲之學者，衍爲圖經。周公作《周禮》、《爾雅》以通古今之名義，……揚雄《方言》、劉熙《釋名》，皆爲名物書，且中國文人詞客之造述，市商編氓之書札，亦未嘗一日絕於道途。

葉氏以中西文化及風土民情不同，對於梁氏〈幼學通論〉援引西方幼童教育觀點以立論而有所非議，且從傳統學術的觀點，說明中國原已有梁氏所謂的識字、文法、歌訣、問答、說部、門徑、名物等書，並略加分析各種文獻典籍的特點及功能，歸類於此七類書中，藉以批駁梁氏之說。就葉氏的主張而言，依其所分析的各門類之書，或許可將傳統文獻涵括於梁氏所列舉的七大門類中。然而若將葉氏所論及的文獻典籍實施於幼學教育中，對學童而言恐過於艱澀難懂，其忽略了教材內容必須配合學童的身心發展狀況，否則無法達到教學的效果。由此可見，葉氏此文雖是爲梁氏的〈幼學通議〉而作，然其重點並非完全針對幼學教育的主張，而是藉著傳統文獻的歸類分析，欲對梁氏的變法思想及西學思想加以批駁。

第三節　科舉主張的差異

中國的文官制度以科舉考選爲主，就統治者而言，科舉既可延攬人才，又可籠絡讀書人，有穩定統治的作用。對於廣大的士子而言，乃是晉升仕途的重要管道。因之，中國的科舉制自隋唐實施以來，皆受歷代的重視。科舉制度歷代沿承，久而見其流弊，至晚清時期，在西學的影響下，無論新學或舊學派皆開始檢討中國的教育方式，討論科舉制度的缺失，進而尋求改革之道。

一、新學派科舉改革的主張

歷來中國教育制度的核心為科舉制，由於科舉制所扮演的不僅是一種教育制度而已，又具有選拔官僚的功能，新學派學者認為國家各級官員的思想觀念對國家政治的影響甚大，因之，要健全、提升國家的官僚體系，改革科舉制度則是重要的基礎工作之一。又因傳統的科舉制度，導致教育的實際目的，只趨重於以作官為目標，教育除為科舉作準備外，缺少其它的教育意義，自然無法培養各類的專門人才。尤其科舉考試以八股為主，更引起新學派者的起而攻之，紛紛對科舉制度的腐朽、僵化作深刻的批判。

（一）嚴復開民智、廢八股的主張

嚴復認為民智為治國的根源，民智既開，善政始能有成，其曰：

> 泰西言治之家，皆謂善治如草木，而民智如土田。民智既開，則下令如流水之源，善政不期舉而自舉，且一舉而莫能廢。不然，則雖有善政，遷地弗良。〔註40〕

更在〈原強〉篇中，提出救國的根本方案及具體辦法：「今日要政統於三端：一曰鼓民力，二曰開民智，三曰新民德。」〔註41〕所謂「開民智」，最主要的是廢除八股，提倡西學。關於廢除八股科舉制度的主張，嚴復在〈救亡決論〉中有很透徹的發揮及闡釋，其深刻地指陳八股取士的危害性和提倡西學的必要性，曰：「天下理之最明，而勢所必至者，如今日中國不變法，則必亡是已。然則變何先？曰：莫亟於廢八股。」變法以救國，而變法以廢八股為先務，其進一步描述八股制度的種種危害，曰：

> 有大害三：其一害曰錮智慧，……其二害曰壞心術，……其三害曰滋遊手。……總之，八股取士使天下消磨歲月於無用之地，墮壞志節於冥昧之中，長人虛驕，昏人神智，上不足以輔國家，下不足以資事畜。破壞人才，國隨貧弱。〔註42〕

〔註40〕嚴復：《天演論》（臺北：臺灣商務印書館，1965年2月），〈導言八〉中的「案語」（臺北：臺灣商務印書館，1965年2月），頁22。

〔註41〕嚴復：〈原強〉，《嚴幾道詩文鈔》，《近代中國史料叢刊》第四十二輯（臺北：文海出版社，1966年10月），卷一，頁19。

〔註42〕嚴復：〈救亡決論〉，《嚴幾道詩文鈔》，卷二，頁10～14。

嚴氏指出以八股取士不僅使讀書人虛擲光陰，更使人智慧受到禁錮，心志氣節亦昏昧墮落，危害的結果是使天下無人才，上不足以對國家有所輔助，下不足以從事生產，國家隨之衰敗。嚴復最後歸結出：「然則救亡之道當如何？曰：痛除八股，而大講西學，……東海可以迴流，吾言必不可易也。」重申救亡圖存之道必先廢八股、講西學，民智既開善政以舉，國必富強。

（二）康有為以策論代時文的主張

在新學派中主張改革或廢除科舉制的學者不乏其人，當時正是新學派主張改革之際，亟需要大量的人才，康有爲曾痛陳八股取士的危害及科舉制度的腐敗，其曰：

> 今變法之道萬千，而莫急於得人才；得人才之道多端，而莫先於改科舉。今學校未成，科舉之法未能驟廢，則莫先於廢棄八股矣！〔註43〕

由於學校教育的體制尚未建立，科舉制度雖不能驟廢，卻需加以改革，然而八股則必先廢棄。康氏認爲八股之害在於局限學識的吸收，使讀書人閉黜聰明，其言：

> 立法過嚴，以爲代聖立言，體裁宜正，不能旁稱諸子而雜其說，不能述引後世而謬其時，故非三代之書不得讀，非諸經之說不得覽，於是後漢群書，禁不得用。〔註44〕

八股嚴格的規定，造成讀書人不涉獵三代以後之書及諸子之說，偏狹的讀書觀念，使熱衷舉業的讀書人「學問止於《論語》，經義未聞《漢書》」、「荒廢群經，惟讀四書」、「謝絕學問，惟事八股」〔註45〕康氏認爲以八股取士的科舉制度，使廣大的知識份子，學識淺陋，無才無用，甚至將中國的割地賠款，喪權辱國，都歸咎於八股之罪，康氏曰：

> 科舉不改，積重如故，人孰肯舍所榮趨所賤哉？著書製器械辦工尋地之榮途不開，則智學不出，故欲開礦者通礦學則無其人，募製造則創新製者無其器，講通商則通商學者無其業，……以此求富，安可致哉？〔註46〕

科舉積弊如未改進，將造成智學不出，實業不興，國家仍無法起貧弱求富強，

〔註43〕康有爲：〈請廢八股試帖楷法試士改用策論摺〉，《戊戌奏稿》（臺北：宏業書局，1976年9月），頁7。

〔註44〕康有爲：《戊戌奏稿》，頁8。

〔註45〕同前註，頁9。

〔註46〕康有爲：〈上清帝第四書〉，《七次上書彙編》，頁82。

所以在提議廢棄八股的同時，康氏認爲無論是歲科試以至鄉會試及各項考試，一律改用策論，除以發明聖道，亦可講求時務，內外學兼重，始能培擢優秀人才以爲國用。

（三）梁啟超變革科舉方式的主張

梁啓超對科舉本身並無排斥之意，甚至以爲科舉原先是理想的制度，不僅可爲國舉才，使平民百姓有從政之機會，打破門第與階級的限制。然因經歷代的演變，逐漸產生僵化的現象，所以其對科舉制度並不主張全然廢除，而是主張改革。關於改變科舉的重要性，梁啓超曰：「欲興學校，養人才，以強中國，惟變科舉爲第一義，大變則大效，小變則小效。」〔註 47〕要開辦學校，培育人才之前，必須改變科舉制度，隨著改革的程度而有不同的效果。梁氏並不排斥中國的傳統學術，其認爲中國傳統的經學皆能致用，學者通經無非是爲經世，如：「以〈禹貢〉行水；以〈洪範〉察變；以《春秋》折獄；以《詩》三百篇當諫書。」所以六經的文字，可謂無一字不見於用〔註 48〕。然而因科舉取士的緣故，讀書人爲爭取功名，早已扭曲了讀書的目的，歷來的科舉制將讀書人塑造成：

> 今之所謂儒者，八股而已，試帖而已，律賦而已，楷法而已，上非此勿取，下非此勿習。其得之者，雖八星之勿知，五洲之勿識，六經未卒業，諸史未知名，而靦然自命曰：儒也！儒也！〔註 49〕

由於科舉考試的引領使得讀書人對經史等基本學術及一般的天文地理均忽略學習，僅爲考試而讀書，使學習的範圍受到拘囿，大多只限於帖括、考據、詞章之學而已，在此種狹隘的教育觀念下，所培養的讀書人不免成爲陋儒。梁氏針對八股提出嚴厲的批評，其謂：「八股取士，爲中國錮蔽文明之一大根源，行之千年，使學者墜聰塞明，不識古今，不知五洲，其蔽皆由於此。顧炎武謂其禍更甚於焚書坑儒，洵不誣也。」〔註 50〕將八股的危害視於比秦代的焚書坑儒之禍更甚，因八股取士使讀書人虛耗精力而對人生之哲理、古今之貫通、世界之變動均蒙昧無知，導致中國文明的錮塞。因此，梁氏提出變科舉的三策：第一爲上策：「遠法三代，近采泰西，合科舉於學校。」聚天下

〔註 47〕梁啓超：〈論科舉〉，《變法通議》，《飲冰室文集》之一，頁 27。
〔註 48〕梁啓超：〈西學書目表後序〉，《飲冰室文集》之一，頁 127。
〔註 49〕同前註。
〔註 50〕梁啓超：《戊戌政變記》，《飲冰室專集》之一，頁 87～88。

之才，教而後用之，即取才於學校。第二爲中策：「用漢、唐之法，多設諸科，與今日帖括，一科並行。」分設經、史、格致、明算、醫學、軍事等專門之學，拔選專門人才。第三爲下策：「童子試非取錄經古者，不得入學。」而經古一場必試以中、外政治得失，時事、格致藝學等〔註 51〕，梁氏此科舉改革三策，融攝中西學術，注重專門學科，切合實務，改進科舉教育的固陋，不僅引進西學，且使中學的經術哲理提升於致用層面，以重務實而得眞才，爲科舉改革的理想，頗具時代意義。

（四）譚嗣同改革科舉行變法的主張

與梁啓超一樣重視基層教育的譚嗣同認爲教化的對象，應從社會基層的讀書人爲先，因爲此乃影響新學派的變法主張是否能推展的重要因素之一，譚氏云：

> 故議變法必先從士始，從士始則必先變科舉，使人人自占一門，爭自奮於實學，……故變法者非他，務使人人克盡其職，不爲坐食之遊民而已。〔註 52〕

要談變法，必先從改變讀書人的思想觀念爲起點，科舉則是牽動讀書人的教育方式及學習態度，所以必須改革科舉，使讀書人崇尚實學，克盡職分，不做浮泛之空論，因之，其對於所謂的「八股」另有見解：

> 不惟八股也，策論亦八股，經學、辭章皆八股也，即考算學而不講實用，猶八股也，故必變科舉而後可造就人才，而後可變一切法矣！〔註 53〕

並非考時文才稱爲八股，即使如策論、經學、辭章、算學等門類，只要未涉及實務、實用，譚氏皆稱之爲八股，且科舉所考的八股「於品行心術又有何？」既無外王之功又無內聖之用，所以主張必須改革科舉，以造育人才，最終目的乃求各方面變法改革的成功。

綜合新學派學者的看法，其以爲無論是政治的革新抑或經濟的建設與改造，均需具有新思想的人才從事變革工作，中國幾百年來的科舉制度以八股取士卻嚴重的扼殺人才，使中國讀書人的思想未能與時俱進，無法因應時代

〔註 51〕同註 47，頁 28～29。

〔註 52〕譚嗣同：〈上歐陽中鵠書〉，《興算學議》，《譚嗣同全集》（北京：中華書局，1990 年 12 月）上冊，頁 159。

〔註 53〕同前註，頁 159～160。

的進步，因之，在教育方面，要求清朝政府一方面廢除八股，改革科舉制度，注重實務，兼顧中、西學的學習。另方面興辦各類新式學堂，大力提倡西學，以啓發民智，培養因應時代需求的專門人才。

二、舊學派的科舉主張

在帝王專制時期，科舉取士除了被做爲籠絡人心以治國的工具外，科舉更被視爲是代聖人立言，所以科舉制度若廢弛則顯示聖道已衰微，人心敗壞，國家政治亦隨之不安。對新學派紛論時文之敝，而欲變科舉的主張，舊學派人士則提出各種不同的意見。

（一）張之洞兼納中西學的主張

舊學派的張之洞雖認爲中國得美官、膺重權者，必取自於科舉，然因科舉已行數百年之久，弊端亦隨之而起，讀書人「所解者，高頭講章之理；所讀者，坊選程、墨之文，於本經之義，先儒之說，概乎未有所知。……文體日益佻薄，非惟不通古今，不切經濟，并所謂時文之法度、文筆俱亡。」〔註54〕其已意識到讀書人偏狹、不重根本的讀書態度，又時局日窘，科舉必須肩負爲國家扶危禦侮的責任，所以爲因應時代的改變，科舉需改變，其謂：

> 救時必自變法始，變法必自變科舉始，……變科舉非廢四書文也，不專重時文，不講詩賦小楷之謂也。竊謂今日科舉之制，宜存其大體而斟酌修改之。〔註55〕

張氏明白科舉、變法、救時三者間的密切關係，所以主張改革科舉，但僅變革其方法形式而已，基本內容大致不變，聖賢經傳仍被視爲最重要，甚至認爲科舉或可廢，而經術則不能廢，且不主張廢除時文。此外，張氏不同於已往傳統科舉的觀念，除傳統經傳及時文外，並認爲應加考具有實用性的中、西經濟科目，包括考中國史事及政治論做爲中國的經濟之學外，必須再考五洲各國的政治及專門科技做爲西方的經濟之學〔註56〕，目的在於兼重中、西之學，使讀書人在了解中國傳統儒學義理之外，亦能兼備實用的精神，以因應時勢之需，此乃緣於張氏倡導中體西用思想的緣故。

〔註54〕張之洞：〈變科舉第八〉，《勸學篇・外篇》，頁22。
〔註55〕同前註，頁23。
〔註56〕張之洞：〈變科舉第八〉，《勸學篇・外篇》，頁23。

但張氏對於「雖解西法，而支離狂怪，顯悖聖教者，斥不取。」〔註 57〕其所指斥者不外乎是康、梁等新學派人士，可知張氏對於人才的擢拔，實欲藉科舉制度的改革，選取博學而思想純正的人才，但必須俱有中國傳統學術思想者爲主，與已往不同的是還必須兼通西學知識。總而言之，張氏改革科舉的目的是爲了改造士大夫思想，以鞏固社會的領導階層，進而以救國圖強爲最終理想。

（二）王先謙以策論代時文的主張

王先謙雖認爲科舉制藝有「束天下豪傑於追章琢句之中，以柔其獷悍橫逸不馴之氣」〔註 58〕的作用，隨著「國際」觀念的逐漸形成，王氏不再拘限於唯中國獨尊的心態，其認爲在世界形勢的變動下，人才的培養方式須有所調整，要分判「一統天下之士，以制藝造之，列國之天下之士，不可以制藝造之。今之世論海內則一統，合環球爲列國。」〔註 59〕的不同，尤其隨著列強的入侵與國勢的衰微，改變科舉制度，廢除八股時文，代之以策論，以培養國家所需的人才，更是當務之需，曰：

> 朝廷之上，振興商務，封疆之吏，習勒海軍，吾財弗外流而勢足自振，由其道而人才日出乎，其閒雖不改科制無害也，自日本之役，國威不張，列邦劫持財力，殫竭岌岌，如不終日。我國家屬望者惟在人才，而所以造進之者，猶無異乎！束縛其民之爲，苟以救時活國爲心，不待反復辨難而決其不可以！然則試士當奈何，曰以策論代。〔註 60〕

除了政治因素的考量外，王先謙亦分析、檢討科舉制度本身的弊端，曰：

> 制藝自明至今，名其家者可僂指而陳言相因，無窮期也。……況今時文決獺，橫潰其體，已不能自立。昔人謂代聖賢立言者，去之彌遠，吾爲士人議廢此者，專欲畣其精神，優其日力，多讀有用之書而已。〔註 61〕

科舉制藝行之數百年，代聖賢立言的結果，使讀書人的思想受到束縛，爲文

〔註 57〕同前註，頁 23～24。

〔註 58〕王先謙：〈江西鄉試錄前序〉，《虛受堂文集》，《近代中國史料叢刊》第六十九輯（臺北：文海出版社，1966 年 10 月），卷二，頁 6。

〔註 59〕王先謙：〈科舉論・上〉，《虛受堂文集》，卷一，頁 1。

〔註 60〕王先謙：〈科舉論・上〉，《虛受堂文集》，卷一，頁 2。

〔註 61〕同前註，頁 2～3。

陳腔老調無有創見，造成精力的浪費，所以廢除時文，可使讀書人集中精神，節省時間，多讀與現今時務有關之書。王先謙強調其提倡改以策論的目的，並非謂「策論即興起人才之本」，只是爲避免科舉制藝的繼續危害，而且「豪俊有志之士，不樂爲章句所困，而庸庸者因之束書不觀，人才消耗，半由於此。」〔註62〕可知讀書人對科舉制度採取消極抵制的態度。

至於舊學派認爲科舉的重經術，乃爲君主的經國大法，可藉此以約束讀書人的思想，王氏有不同的見解，曰：

> 康有爲之徒，皆習四子書，由制藝出身者，又何說也？夫其心已悖亂，雖日誦其文而精其技，未見果有益也！〔註63〕

王氏舉康有爲曾習四書，又是科舉出身之例，卻仍有悖亂體制的變法思想，證明讀書人的思想並無關乎科舉制藝，王氏之意，不外說明科舉的重經術並不會導正或束縛讀書人的思想。

王先謙對科舉考試的改革，雖有廢八股並以策論代替時文的主張，然與康有爲以策論代替時文的主張，並不全然相同，康氏廢八股取策論，是認爲策論可以激發讀書人關心時務，擴大吸收知識的領域，爲培養人才之根本，而王先謙則是爲避免科舉之危害，僅是採取消極的抵制。

（三）其他舊學派務本與致用的主張

新學派主張科舉應廢除八股時文，改考策論以濟時用，武科則當注重槍砲的實際操作，葉輝德則認爲科舉改考策論，如果只是寫一堆專門學科的術語，仍是空泛之論，而武科改考槍炮，卻不一定對禦敵有所助益，因而提出不同的見解：

> 時文久爲通人所詬病，通人多不能時文，高才博學坐是困於場屋，而揣摩之士，乃捷足得之，然易之以策論，其弊等耳。不見今日之試卷，滿紙只有起點壓力、熱力等字乎！同一空談，何不顧溺人之笑。武科改試槍炮，持槍持炮之武生，即能禦敵乎？國有征調，武生能實兵額乎？……不求立學，徒以策論易時文；不求考工，徒以槍炮易弓馬，法則變矣！其如弊之未去。〔註64〕

葉氏確實切中了當時科舉制度背後所存在的問題，其認爲國勢衰弱的根本問

〔註62〕王先謙：〈科舉論・下〉，《虛受堂文集》，卷一，頁5。
〔註63〕同前註。
〔註64〕葉德輝：〈與南學會皮鹿門孝廉書〉，《翼教叢編》卷六，頁22。

題，並不在於科舉考試的內容或方式，而是未能從實際的立學、考工做起，缺乏務實的求根本，所以科舉無論是考時文或策論，考槍炮或弓馬，只要空談不務實的弊端不加以改進，科舉的改革與否，結果都是一樣的。

至於如何樹立傳統經典的學術地位及推展其對於社會的影響力，大致均透過學堂教育及科舉考試的方式較爲直接，管學大臣孫家鼐（西元 1827～1909 年）在籌辦大學堂時，即對各學堂的經學課程提出意見：

> 先聖先賢著書垂教大小無所不包，學者各隨其天資之高下，以爲造詣之淺深，萬難強而同之。若以一人之私見，任意刪節，割裂經文，士論必多不服。……經書斷不可編輯，仍以列聖所欽定者爲定本，即未經欽定而舊列學官者，亦概不准妄行增減一字，以示尊經之意。〔註 65〕

學生雖可自由選擇適合自己的課程，卻不可因個人主觀的偏好，刪節割裂聖賢所著的經典，且大學堂所教授的經書均爲定本，不可妄自增減。換言之，各省的大學堂、書院對於學生的違背經義或創立新說，皆加以嚴格禁止，此乃爲培植根本，以教育安邦的道理。

面對強烈變動的世局，湖南守舊的儒生也認爲傳統學術必須注入新的思想，強調與經世結合，其所草擬的〈湘省學約〉即曰：

> 夫世運之興衰繫於學術。學術者，人才之根基，天下國家所恃以致治而靖亂者也。吾湘人才茂美，由鄉先正講明學術，不鶩歧趨。國朝中興，彬彬極盛，其中如曾文正、左文襄、胡文忠、羅忠節傑出無論。考其爲學，不外義理、考據、辭章、經濟。此四者，析之則殊途而異趨，合之則同條而共貫，亦在人觀乎其大而已。〔註 66〕

在此曾國藩、羅澤南等人的思想之所以受到舊學派人士的推崇，無非是因其能將義理與經濟統一起來，既是體現了傳統儒學的基本精神，又具備了知權達變的經濟效益，在抵制新學派思潮的衝擊下，遠比固守傳統思想者更具有靈活性。

總之，舊學派在受到西方國家強大勢力的衝擊下，以及新學派對科舉改革思想的宣揚，亦對傳統的科舉制度及在此制度下所產生人才的培養方式，有所省思進而尋求改變之道，其雖不若新學派者的激烈批判，卻爲因應時勢

〔註 65〕孫家鼐：〈奏籌辦大學堂大概情形摺〉，《翼教叢編》卷二，頁 16。
〔註 66〕〈湘省學約〉，《翼教叢編》，卷五，頁 14。

的變化，對中國傳統的儒學經義仍加以保留外，對務實、切實的精神已多所強調，此種思想的轉變對科舉制度的改革而言已另具新義。

第四節　對中、西學的態度

隨著晚清時期政治門戶的洞開，所面臨西學東進的衝擊，如何對中、西文化的差異有客觀分析？能否對西學的接受與了解？進而思考中、西學之間將要如何融攝與取捨？這些問題，皆是當時新、舊學派在面對時代變化下，所必須思考與因應的。

一、新學派的中、西學觀

新學派學者在此時所從事的不僅是政治上的變動與改革，亦是一場傳播新思想、新文化的啓蒙運動。新學派學者在晚清時期引領了中國近代史上的第一次思想解放潮流，使古老的中國從思想觀念到社會風尚，甚至整個思想文化結構，皆開始前所未有的改變。這一連串中、西學的問題，可謂是新學派在因應整個時代的變化中，突破傳統觀念的局限，帶領中國思潮走向新視野的重要元素。

首先，嚴復對於中、西文化上的差異，作了一番概括性的論述：

> 中國最重三綱，而西人首明平等；中國親親而西人尚賢；中國以孝治天下，而西人以公治天下；中國尊主而西人隆民；中國貴一道而同風，而西人喜黨居而州處；中國多忌諱而西人重譏評；其於財用也，中國重節流而西人重開源，中國追淳樸，而西人求驩娛；其接物也，中國美謙屈而西人務發舒，中國尚節文而西人樂簡易；其於爲學也，中國誇多識而西人尊親知；其於禍災也，中國委天數而西人恃人力。〔註67〕

嚴氏從政治、經濟、處世、爲學等多方面，將中、西文化的差異性做簡要的分析與比較，其最終目的乃欲將差異的總源歸之於自由與否的結果，姑且無論自由是否眞是形成中、西文化差別的主因，透過此段文字的對比，除可明白西方國家所以強盛的原因外，更可藉此做爲中國改革的依準，對當時的中國思想界確實具有啓示的作用。另者，梁啓超曾對西學的特質有所說明：

〔註67〕嚴復：〈論世變之亟〉，《嚴幾道詩文鈔》，卷一，頁3。

西學之屬，先虛而後實。蓋有形有質之學，皆從無形無質而生也。故算學、重學爲首，電化聲光汽等次之。天地人謂全體學，物謂動植物學等次之。醫學、圖學全屬人事，故居末焉。〔註68〕

梁氏認爲西學先著重於抽象的思考，再推至具象的事物最終才達於人事，此與中學注重人事再推及抽象的思維有所差異。至於要如何面對中、西思想上的差異？梁啓超是近代中國較早運用新觀點、新方法研究及整理中國古代文化遺產的人，對於此問題曾作思考，曰：

所謂新民者，必非如心醉西風者流，蔑棄吾數千年之道德、學術、風俗，以求伍至於他人；亦非如墨守故紙者流，謂僅抱此數千年之道德、學術、風俗，遂足以立於大地也。〔註69〕

梁氏之意並不是要完全拋棄中國的舊思想，而是要對過去的傳統採取一種嚴格的批判態度，去蕪存菁，於此基礎上，始接受西學。因之，梁氏在面對中、西學的爭論上，其所採用的方式仍以兼通中、西學爲主，其言：

自古未有不通他國之學，而能通本國之學者；亦未有不通本國之學，而能通他國之學者。〔註70〕

今日欲儲人才，必以通習六經經世之義，歷代掌故之跡，知其所以然之故，而參合之於西政，以求致用者爲第一等。〔註71〕

此言說明梁氏雖對中、西學皆同等重視，但對於人才培養的教育內容，仍有先後之別，先以中學的經史爲主體，再參合西學，以達致用爲目的。又其在〈西學書目表後序〉一文中，說得更明白：

西人今日所講求之而未得者，而吾聖人於數千年前發之，其博深切明，爲何如矣！然則孔教之至善，六經之致用，固非吾自袒其教之言也。不務此，乃棄其固有之實學。……要之舍西學而言中學者，其中學必爲無用。舍中學而言西學者，其西學必爲無本，無用無本，皆不足以治天下。〔註72〕

由此可知，梁啓超肯定中國傳統學術創發於西學之先，且深具經世致用的意義，六經典籍是中國固有的實學，對於西學亦予以肯定，認爲中學爲本，西

〔註68〕梁啓超：〈西學書目表序例〉，《飲冰室文集》之一，頁124。
〔註69〕梁啓超：〈釋新民之義〉，《新民說》，《飲冰室專集》之四，頁6。
〔註70〕梁啓超：〈學校餘論〉，《變法通議》，《飲冰室文集》之一，頁61。
〔註71〕同前註，頁63。
〔註72〕梁啓超：〈西學書目表後序〉，《飲冰室文集》之一，頁128～129。

學爲用，對中、西學是抱持著「中學爲主，兼采西學」的態度，所以堅持必在中國傳統學術的基礎上，引進西方的自然科學及社會科學，有本有用，使學習能臻於完善，且能治理國家。

二、舊學派的中、西學觀

（一）對西學的誤解

在晚清時期，舊學派的人士論及西方的制度文化與精神文化時，大體都持否定與批評的態度，朱一新以爲：「西人之言古制，穿鑿附會，視教徒尤有過之。其所言周、秦以前之制度，斷難憑信。……大率耶氏未出以前，西土有政而無教。」所以西人的性理之學皆不足深信〔註 73〕，尤其對西方不講倫理綱常更反感，其對西方國家施行的教化，曾有過評價：

> 西俗于君臣、父子、夫婦、兄弟一以朋友之道行之。凡所謂父子主恩、君臣主敬、長幼有序、夫婦有別者，彼皆未之前聞，而復以利爲重，利盡則交絕，父子、夫婦貌若途人，更何有于朋友？禮制雖繁，虛文相尚，名雖兼愛，實則爲我，故人人各保權利之說，近日愈倡愈行。〔註 74〕

朱一新批評西人僅講朋友一倫，並以利益維繫彼此的關係，只注重個人權利，朱氏完全以中國的倫常思想，作爲對西方人倫的評判標準，由於中國自古以宗法及封建制度爲中心，講求親親而尊尊，所以對西方以個人主義爲主，講求自我實現的觀念皆無法認同，並指出中、西方因各有不同的文化思想背景，所以產生中、西制度的不同，即所謂：「有義理而後有制度，戎翟之制度，戎翟之義理所由寓也。義理殊斯風俗殊；風俗殊斯制度殊。」〔註 75〕西方的思想與風俗既不同於中國，因之，其思想制度便無法行於中國。

朱一新曾痛斥西人之說至謬，認爲其國不能久存，因西人只知有「藝」而不知有「理」，以「藝」概括西學，其曰：

> 百工制器，是藝也，非理也，人心日僞，機巧日生，風氣既開，有莫之爲而爲者，夫何憂其藝之不精？今以藝之未極其精，而欲變吾

〔註 73〕朱一新：〈復康長孺孝廉〉，《康有爲全集》（上海：古籍出版社，1987 年 10 月），第一集，頁 1057～1058。

〔註 74〕朱一新：《無邪堂答問》（臺北：廣文書局，1969 年 1 月），卷二，頁 30。

〔註 75〕朱一新：〈答康有爲第四書〉，《翼教叢編》，卷一，頁 12。

> 制度以徇之，且變吾義理以徇之，何異救朋而遷其足？拯溺而入於淵？〔註 76〕

以為重「藝」不重「理」將導致人心僞巧，隨對外門戶的開放，「藝」的提升已非難事，況且西學、西藝尚未臻於精善，中國法制本自明備，根本無須「資借於異俗」，而改變中國原有的義理與制度，即使因年久而生弊，亦僅需加以改革，只要「質文遞嬗，復三代之舊制耳，而豈用夷變夏之謂！」〔註 77〕可見其崇尚三代的文化制度，強調本國文化的合適性，並不認同以西方文化改變中國的制度，足見朱氏對華、夷之間的異同有所辨析。

在鴉片戰爭以後相當長的時期內，「西學源於中學論」是舊學派士人所採用的西學觀點，認為西方國家的學術文化淵源於中國，以此來理解西方文化，進而看待中、西學的關係。朱一新就將西方的重學、化學、光學、電學全說成源出於中國的諸子之說，其曰：

> 西人重學、化學、電學、光學之類，近人以為皆出《墨子》，其說近之。《關尹》、《亢倉》、《呂覽》、《淮南》、《論衡》皆有之，《列子・湯問篇》有重學，〈仲尼篇〉有光學，皆與《墨子》說同。《抱朴子・金丹篇》言合諸藥及水銀以成黃金，即化學之理。〈黃白篇〉言雲雨霜雪以藥之，與眞無異，即電學之理。西人亦自言化學之法本于煉丹術士。至機器本中國舊有之物，近人考之綦詳，或更欲附會于經典，則無謂也。〔註 78〕

自然科學本源於大自然界，其所存在的物理、化學或生物現象，並無中外古今之分，所以中、西方對於自然現象皆有其表達的方式，朱氏以此推論西人的各種自然學科皆源於中學，實是強行附會之說。然根究朱氏此說之意，無非是要說明西人承襲的僅是中學的「法」，而非中學的「理」，因之，欲學西學僅效其「法」即可，而當固守中學的「理」。朱一新鼓吹「西學源於中學」之論應是為了推行「中體西用」的觀念，其目的是為了論證西方的科技源於中學，以作為推展「西用」的理論依據。

（二）高傲封閉的態度

十九世紀晚期的中國社會有強烈的排外情結，對於西方的事物充滿著排拒

〔註 76〕同註 74，卷三，頁 17。

〔註 77〕朱一新：〈答康有為第四書〉，《翼教叢編》，卷一，頁 31。

〔註 78〕朱一新：《無邪堂答問》（臺北：廣文書局，1969 年 1 月），卷四，頁 40。

的心理。其中以徐桐的反西方思想最爲顯著，據《清史稿》的記載稱徐桐（西元 1820～1900 年）「崇宋儒說，守舊，惡西學如仇。門人言新政者，屏不令入謁。」〔註 79〕徐桐的反西方思想乃源自於盲目的排外，趙炳麟〈徐崇合傳〉即說明徐桐的反西方思想是因爲「足未出國門一步，不盡悉萬國強弱形勢，深惡外人，尤惡談外務者。」〔註 80〕由於所知的限囿，不了解西方國家的各種情勢，所以造成反西學的思想，並批評康、梁等人的新學思想爲：「古先王治法未墜於地，其人存，則其政舉，何爲取法外國？徒紛紛亂耳！」〔註 81〕可見其自我封閉且自大的心態。

另者，當時的禮部尚書許應騤（西元？～1903 年）亦屬守舊官員中的反西學者，御史宋伯魯、楊深秀等人皆曾加以參劾，稱其「見識庸謬，妄自尊大」、「倡言經濟科之無益」，又「接見門生後輩，輒痛詆西學；遇有通達時務之士，則疾之如仇」〔註 82〕，說明了許應騤以高傲、偏執的態度面對西學及新學派人士，許應騤在反駁覆宋伯魯、楊深秀的文字中，亦抨擊康有爲等人的新學思想是「襲西報之陳說，輕中朝之典章」〔註 83〕認爲新學派學者輕視朝廷的典章制度，所言的僅爲西學之舊說，再再表露其反對西學及提倡西學思想的新學派者，由而得知，此部份舊學派人士反對西學，除因對西學的懵昧無知而心生畏懼外，或因高傲的民族自尊，極力的爲保有傳統文化而抵制西學，嚴復曾對守舊人士提出批判，曰：

> 其於己也，則認地大民眾爲富強，而果富強否？未嘗驗也。其於人也，則神州而外皆夷狄，其果夷狄否？未嘗考也。抵死虛憍，未或稍屈。然而天下事所不可逃者，實而已矣，非虛詞飾說所得自欺，又非盛氣高言所可持劫也。迨及之而知，履之而艱，而天下之禍，固無救矣！〔註 84〕

嚴氏認爲此類的守舊人士，對中國及西洋的情勢認識不清，所以產生自欺欺

〔註 79〕〈徐桐傳〉，《清史稿》（臺北：洪氏出版社，1981 年 8 月），冊十八，卷四五六，頁 1275。

〔註 80〕趙炳麟：〈徐崇合傳〉，《柏嚴文存》收錄於《趙柏巖集》，《近代中國史料叢刊》第三十一輯（臺北：文海出版社，1966 年 10 月），卷三，頁 32。

〔註 81〕趙炳麟：《光緒大事彙鑑》收錄於《趙柏巖集》，卷九，頁 16。

〔註 82〕宋伯魯：〈掌山東道監察御史宋伯魯等摺〉，《戊戌變法文獻彙編》（臺北：鼎文書局，1973 年 9 月），冊五，頁 5。

〔註 83〕許應騤：〈許筠庵尚書明白回奏摺〉，《翼教叢編》，卷二，頁 4。

〔註 84〕嚴復：〈救亡決論〉，《嚴幾道詩文鈔》，卷二，頁 16。

人的心理，此種愚昧無知的心態，恐將造成國家無可挽回的禍害。此乃在戊戌時期，新學派與舊學派在各方面的論爭中，嚴復對守舊者的觀念作了深刻的揭露與批評。

（三）反對以西學變法

另者，葉德輝觀察中國歷代的治亂得失，認爲「大抵崇儒則治，用夷則亂。近王則治，襲霸則亂。」〔註 85〕強調夷、夏之別，視西學爲夷、爲霸，將造成國家之動亂。曾廉指責康、梁以西學擾亂中國法度，其曰：

> 今天下之大患，莫大於以西學亂聖人之道，隳忠孝之常經，趨功利之小得，駸駸乎爲西人導其先路，而率中國以迎之。……凡趨重於西學者，則其人可以華，可以夷者也。〔註 86〕

其將西學視爲擾亂中國正道的異端，並指責新學派者爲圖謀利益而背棄中國，爲迎合西方文化而混淆中、西文化的區別。因之，其強調中國欲自強當先「修明正學」，重視根本，而非一味舍本逐末的趨重西學，其言：

> 修明正學，則凡時務各端，可以括舉而無遺，諸葛亮、李泌、唐鑑、倭仁、曾國藩之屬是也。趨重異學，則捨本而圖末，徇人而失己，康有爲、梁啓超之徒是也。〔註 87〕

將歷代有實際事功且遵循傳統正學者，與康、梁等新學派倡導西學思想者，做明顯的對比，其中的貶抑之意自然顯現。孫家鼐雖不盲目的反西學，甚至支持中體西用說，然對於以西學進行改革，孫氏則言：

> 所重在裕民生，通民隱，而深惡平權自由之說。……嘗論採用西法，當以興實業爲先務，不欲人談哲學，恐以空言滋弊。〔註 88〕

採西學、西法僅在於興實業以裕富民生，不談與實務無關的空泛之論，對於政治制度則反對採西學的平權、自由之說。可知，晚清時期舊學派對於新學派變法思想的批判，於某種程度上可謂是反西學思想的表現，其認爲新學派的變法思想是「以夷變夏」，基於此觀念，將新學派的變法改制思想等同於西學，因此，無論在個人情感或理性的思考上，皆未能被接受，而導致排抵西學的現象。

〔註 85〕葉德輝：〈輶軒今語評〉，《翼教叢編》，卷四，頁 12。

〔註 86〕曾廉：〈應詔上封事〉，《戊戌變法文獻彙編》，冊二，頁 493～494。

〔註 87〕同前註，頁 494。

〔註 88〕夏孫桐：〈書孫文正公事〉，《碑傳集補》，《近代中國史料叢刊》第一百輯（臺北：文海出版社，1966 年 10 月），卷一，頁 18～19。

（四）採西學的致用

舊學派反對西學思想者，除因闇於對西學的瞭解或本身的無知與自傲的心態外，多將新學派所倡導的變法改制與西學劃上等號，所以產生排拒的現象。然卻又鑑於西方文明的優勢，不得不承認西學有值得借鏡處，以為在當日的時局下，取法西學乃世勢之所驅，所以舊學派對西學曾涉獵者，亦不乏其人，文悌在咸豐庚申年（西元 1860 年）就已接觸西學，其曰：

> 年十二、三歲，即留意西學，故三十餘年所見泰西書籍頗多，亦粗通其二十六母拼字之法，及其七十課學言之訣，頗有志習學其天算格致之術。前者在户部會計光緒七年出入計帳，全用西洋歲計算法，非絕口不談洋務者。〔註 89〕

文悌對於西學的特殊之處及運用上的方便仍能接受。另外，糾彈康有為的尚書許應騤亦為自己被宋伯魯、楊深秀等人參劾反西學一事，加以辯解：「洋務夙所習聞數十年，講求西法，物色通才。」〔註 90〕可知舊學派學者對於西學的學習及實際運用並不陌生，並不排斥某種程度上的接受西學，文悌言：

> 惟中國此日講求西法，所貴使中國之人明西法為中國用，以強中國。非欲將中國一切典章文物廢棄摧燒，全變西法，使中國之人，默化潛移盡為西洋之人，然後為強也。〔註 91〕

認為中國取西法為用，是以強中國為目的，但並非為變西法而盡棄中國的典章制度，非盡變為西洋人而後始強，可見在中、西學之間，是有所斟酌的，其反對一味的學習西方，並強調中學與西學的關係，其曰：

> 其事必須修明孔孟程朱、四書五經、小學、性理諸書，植為根柢，使人熟知孝弟、忠信、禮義、廉恥、綱常、倫紀、名教、氣節以明體，然後再學習外國文字、言語、藝術以致用，則中國有一通西學之人，得一人之益矣！〔註 92〕

不反對學習西學，但認為中國的傳統學術必須為體、為根柢，先有倫理綱常的觀念後，再旁輔西學以為致用。張之洞認為以西學補中學之所缺，可有西學之益而無西學之害，曰：

〔註 89〕文悌：〈嚴參康有為摺〉，《翼教叢編》，卷二，頁 8。

〔註 90〕許應騤：〈明白回奏摺〉，《翼教叢編》，卷二，頁 4。

〔註 91〕同註 89。

〔註 92〕同前註。

> 今日學者，必先通經，以明我中國先聖先師立教之旨；考史，以識我中國歷代之治亂，九州之風土，涉獵子集，以通我中國之學術文章，然後擇西學之可以補吾闕者用之。〔註 93〕

經史子集乃中學的主要內容，涵蘊中國文化的思想菁華，爲立國、治國之基礎，學者治學當以中學爲主，再取西學之所長，補中學之不足。舊學派者對於西學的觀念，隨著與西方接觸機會的頻繁，逐漸明瞭西學特殊之處，除堅決反對以之變法外，其意向非常明顯，並不反對西學，只要以中學作根本，不違背聖道的條件下是可以接受西方事物，且承認以西學爲致用對國家有所助益。

（五）強調「道」與「器」之分

「道」與「器」作爲一相對的哲學範疇，最早見於《周易・繫辭傳》：「形而上者謂之道，形而下者謂之器。」歷經兩漢、魏晉、唐、宋……等時期的學者們諸多論述，直至王夫之、戴震可謂達至中國「道器」理論，抽象思辯的最高峰，章學誠則標誌著「道器」理論的終結〔註 94〕。因至晚清以後，由於國家局勢及社會性質的轉變，「道器」的意義不再是抽象的宇宙本體或法則，進而被賦予「道」爲中國道統；「器」爲西方科技的新內涵。換言之，「道」可謂爲中學，而「器」爲西學、西法。舊學派人士既然非盲目的排斥西學，其大多以中學爲根柢而採西學之致用，誠如葉德輝所言：

> 夫不通古今，不得謂之士；不識時務，不得謂之俊傑。……今之視西學若雔仇者，一孔之儒也；藉時務爲干進者，猥鄙之士也。深閉固拒，問以環海各國之政教，茫然不知謂何，所謂不通萬方之略者也。〔註 95〕

可見舊學派者已意識到讀書人不僅要通古今，亦需通中外，其對西學所抱持的態度是開明的，同時也是有所設定的，王先謙即言：

〔註 93〕張之洞：〈循序第七〉，《勸學篇・內篇》，頁 25。

〔註 94〕葛榮晉：《中國哲學範疇導論》：「歷史進入中國近代社會以後，由於社會性質和歷史使命的轉變，許多進步學者對抽象的宇宙本體問題已不感興趣，而把注意力轉向救國救民的現實問題上來。這樣，對道器問題的探索，自然也就由高潮轉入低谷，只有少數學者在個別情況下說到它，並賦予道器以新的內涵。」道器的新內涵應與當時救國救民的現實問題息息相關。（臺北：萬卷樓圖書公司，1994 年 4 月），頁 195。

〔註 95〕葉德輝：〈與卭陽石醉六書〉《翼教叢編》，卷六，頁 15。

> 泰西各國，恃其船堅砲利，以相欺凌，尤恃其聲光化電之學，以相誇耀。然究其所學，皆工藝之學也，蓋形而上者，謂之道；形而下者謂之器。〔註96〕

王氏以為「西學無論巨細，止當以工藝統之。」〔註97〕王氏之意，西學皆為工藝，僅屬器用層次，葉德輝亦曰：「西人之勝我者，輪船也，槍砲也，製造也；非回也，賜也，孟子也。」〔註98〕葉氏之言，一方面強調中學特殊之處，相對的乃將西學的成就侷限於製造之業，從王、葉兩人的觀點而言，西學僅止於工藝方面的成就，也就是傳統儒者所謂形而下的「器」方面，實不同於中國所崇尚的形而上之「道」，因之，中國固然在工藝學方面不若西方國家，亦有優於西方之處，王先謙曰：

> 外洋諸邦，立國自有根本，不可輕視，亦有開務成物之聖人，特無如中國所稱數大聖人者，以故文字、人倫不如中國。〔註99〕

又曰：

> 藝成而下，西國有焉；道成而上，中國有焉。《大易》言：制物利用，皆謂聖人。西之不如中者，人倫耳，書契耳。〔註100〕

王氏雖以較開放的胸襟肯定西學的特殊處，然在相較中、西學上的差異時，仍不免強調中國文化的特性，尤以人倫秩序及文字的創作深為自豪，並更肯定中學形而上之「道」的優越性。

既然中國所不及西方的是在工藝的「器」，因之，中國欲圖自強就必須實事求是，振興製造不可〔註101〕，葉德輝〈非幼學通議〉曰：

> 西法非不足尚，要貴實事求是，師其所長。士當師其通農商諸學之長，工當師其製造之長，兵當其練習測繪之長。苟悻悻焉盡棄其學而學焉，非徒無益，而又害之矣！〔註102〕

葉氏雖肯定西學務實及尊重專業的精神，卻仍強調不可盡棄中學而歸屬於西學，否則非旦無益而有害，因之，舊學派學者對西學雖加以提倡，但仍抱持

〔註96〕王先謙：〈與俞中丞〉，《虛受堂書札》，卷二，頁12。
〔註97〕王先謙：〈復萬伯任〉，《虛受堂書札》，卷二，頁21。
〔註98〕葉德輝：〈與劉先端、黃郁文兩生書〉《翼教叢編》，卷六，頁19。
〔註99〕王先謙：〈復黃性田舍人〉，《虛受堂書札》，卷二，頁64。
〔註100〕王先謙：〈西被考略序〉，《虛受堂文集》，卷六，頁41。
〔註101〕葉德輝：〈與俞恪士觀察書〉：「中國欲固自強，斷非振興製造不可，若舍此不顧，非獨易服色不能強，即不纏足亦豈能強也。」《翼教叢編》，卷六，頁35。
〔註102〕葉德輝：〈非幼學通議〉，《翼教叢編》，卷四，頁79。

著「工藝之學，形而下者也，與中學之形而上者，古今殊塗，本非治世之要務。」〔註 103〕視中、西學爲形上、形下之別，西學原非爲治世的要務，所持的態度仍以中學爲尙。

舊學派既以中學爲「道」，西學爲「器」，則「道」與「器」的關係，可相與互容，對於中學與西學兩者兼顧，各取其長，〈湘省學約〉即云：

> 西學如五洲政治，專門藝能，均需實力研求，洞見本原，不必存菲薄之心，亦無蹈張皇之習。至於綱常禮制，國俗民風，西國遠遜中華者，不得見異思遷，致滋流弊。〔註 104〕

對西學持不卑不亢的心理，需明瞭與尊重，視爲專門的藝能而必須致力學習，而肯定中學綱常禮制的優越處，認爲是國家社會穩定的力量，由此以兼顧「體用本末」的定位，正如屠仁守所言：

> 以道義植基，務經術綱常之大，博綜史籍，參驗時務，以求經濟所施，因擴其德慧術智於天文、地輿、農務、兵事，與夫一切有用之學。……則本末不至於倒置，體用不至於乖違，經正而事無不舉。〔註 105〕

傳統的倫理綱常仍爲基本，再擴而發展專門致用之學，以正本末、定體用，經正而後一切有用之學舉。對於中、西學的取舍與運用，張之洞曰：

> 中學爲內學，西學爲外學；中學治身心，西學應世事；不必盡索之於經文，而必無悖乎經義。如其心聖人之心，行聖人之行，以孝弟忠信爲德，以尊主庇民爲政，雖朝運汽車，夕馳鐵路，無害爲聖人之徒也。〔註 106〕

中學爲內以治本，西學爲外以治標，可謂正統主義與實用主義的相輔而成，但最終仍不忘爲聖人之徒，此段話道出了張之洞衛道的心態外，亦說明了「中體西用」的實質意義。

總而言之，舊學派者對於新的觀念或新事務，所採取的態度是以中國的傳統學術爲「道」，以西學的專門技藝爲「器」，在「道器」、「本末」、「體用」上的判然之分非常明顯。隨著新學派思想的興起，君主專制政體及意識型態

〔註 103〕王先謙：〈復黃性田舍人〉，《虛受堂書札》，頁 65。

〔註 104〕〈湘省學約〉，《翼教叢編》，卷五，頁 16～17。

〔註 105〕屠仁守：〈代山西巡撫胡聘之擬奏陳變通書院章程疏〉，《屠光祿（梅君）疏稿》，近代中國史料叢刊第三十一輯（臺北：文海出版社，1966 年 10 月），卷四，頁 26。

〔註 106〕張之洞：〈會通第十三〉，《勸學篇・外篇》，頁 47。

成爲新思潮抨擊的主要目標，重視以闡述名教義理爲專長的孔孟、程朱之學，自然成爲舊學派因應新思潮衝激下的具體表現，必先穩定固有的中學根基，再充實西學、西藝，既能穩定國家社會的秩序又能致力於專門技藝的學習，始對中國所助益。

結　語

晚清時期新學派學者所發動的思想文化運動，是中國思想文化史上一次劃時代的重大轉折，其意義、影響不可低估。知識份子因西方文物制度的輸入，以及外力的侵逼，展開了思想的轉變，並在中西、新舊觀念的交錯雜揉下，有著對時代的覺醒，對實際的社會及政治有擴張的影響。十九世紀中葉以後，西方工業革命預示著機器生產時代的來臨，中國的教育必須進行課程的改革，除採用西方幼學觀念改革中國傳統的幼學課程，並重視民智的啓發、人才的培養，因而對科舉制度及學校設立以培養有專門人才的問題深刻檢討，新學派除宣揚以西方政治爲主的教育觀念外，對於西藝、西技的學習也置於同等重要的地位。舊學派對於幼學教育的思考，並非針對幼學教育而發，對傳統學術及教育方式的護持是主要目的。對於科舉制度，舊學派的觀點不在於制度本身的檢討，而是科舉內容與傳統經術的關係，以經世致用的觀念做爲變革科舉的主要途徑。

就舊學派而言，從王先謙曾購《時務報》及擬定嶽麓書院章程的動機看來〔註 107〕，其希望藉由西方先進的科學技術，以挽救中國積弱衰敗的現象，出發點仍依循洋務運動時的技術自強觀念，換言之，僅停留於「器用」層面的改善，非如新學派者欲致力於制度層面的變革，因之，舊學派對於西學的吸收自然會有所選擇，自不免造成局限，這也正是舊學派與新學派面對西學時的相異之處。就當時的狀況而言，如果不突破專制社會所孕育出的倫理價值體系，僅欲以文化思想的變革，作爲走向現代化新價值體系的嘗試，那麼企求中、西文化的融合必然是一條艱辛且漫長的道路！

至於「西學源於中學」的觀點是欲通過對西學淵源的追溯，將西學與中學聯繫起來，曲折地反應中、西文化融匯的歷史趨勢。雖然此一觀點是以偏狹的一孔之見來評判外來文化，除帶有高傲自大的民族意識外，更暴露其中

〔註 107〕丁平一：《湖南維新運動史》（臺北：漢忠文化事業公司，2000 年 2 月），頁 168～170。

的狹隘性。另者，部份舊學派士人之所以反對以西學變法，是因康有爲的廢古文經之學，實有「魯莽滅裂之嫌」，誠如文悌所言：「國家變法，原爲整頓國事，非欲敗國事。」〔註108〕可知，西學的觀念在當時已頗能爲一般士人所接受，舊學派者所以強烈的對抗新學派的西學觀念，實是針對政治上變法觀念的一種反制，並欲透過「華夷之辨」的文化主義立場，作爲反對新學派世界大同的理想。

總之，晚清教育及文化思想的形成，並非單純的西化問題，而是傳統文化延續的問題，不僅在求新、求變於西方外，並以傳統學識爲基礎，融會中西文化，產生屬於這時代的新觀念，所以中國近代思想文化的基本特徵是透過中、西學相互滲透，逐漸走向近代化。

附表 5-1　新、舊學派教育思想論爭議題之對照表

		教育觀念〈包括幼學思想〉	科舉制度	論中、西學
新學派	康有爲	指整體的政教文化尊周公、崇周制以切實用爲理想	主張改革科舉制度，廢八股取士，以策論取士	兼融中、西學
	梁啓超	開民智、廣設學校跳脫傳統科舉觀念，檢討傳統幼學教育的教材及教法，採多元性的教學方式	批判八股禁錮思想提出科舉改革三策	中學爲主，兼採西學
	譚嗣同		改革科舉培養人材實行變法	
	嚴　復		開民智、廢八股	肯定西學的優越處
舊學派	王先謙	固守傳統教育觀念兼採西學之優越處，反新學派的時務學堂	以策論代時文，讀書人思想無關乎科舉制藝	肯定中學的優越性中學爲「道」西學爲「器」
	湖南士紳	修養德性，辨正思想，中西學兼容	傳統義理與經世觀結合	
	張之洞	通經致用，西學爲輔	中學以治本，西學以治標	
	葉德輝	以傳統的文獻典籍歸於梁啓超七大門類的幼學教材，忽略學童身心的發展	不在科舉考試的內容及方式，強調務實觀念	先修明傳統正學，反對以西學變法
	朱一新			中學爲「理」，西學爲「藝」，西學源於中學

〔註108〕文悌：〈嚴參康有爲摺〉，《翼教叢編》，卷二，頁12。

第六章　保種與保教之論爭

晚清時期，面對強敵壓境的民族危機，皮錫瑞曾疾呼「救焚拯溺，其最急者，一曰保種，一曰保教。」〔註1〕國家危難恐有滅種、滅教之虞，所以此時無論是新學派或舊學派，皆提出保國、保種、保教的主張。梁啓超曰：「變而變者，變之權操諸己，可以保國，可以保種，可以保教。」〔註2〕梁氏之意欲求變法以保國、保種、保教，張之洞則曰：「吾聞欲救今日之世變者，其說有三：一曰保國家，一曰保聖教，一曰保華種。」〔註3〕張氏認爲要挽救國家及因應時局的變動，必須保國、保種、保教，新、舊兩派皆以抵抗西方國家強勢入侵爲主要目的，然兩者對保國、保種、保教的詮釋及主張卻有不盡相同之處。

另外，在外來的宗教與科學的傳入下，當時的知識份子要如何對待宗教的態度，牽涉到傳統文化面對宗教的問題，康氏將儒學當做宗教的孔教觀念，在當時是相當前進的思想，舊學派儘管尊重孔教，其所認同的孔子之道與新學派所持的觀念則有差異，所以新、舊學派保教的主張亦有所不同。

第一節　新學派的保種思想

新學派在光緒二十四年（西元1898年）三月二十七日保國會第一次集會，

〔註1〕皮錫瑞：《南學會講義・第六講》，收錄於《湘報類纂》講義・乙下，頁370。

〔註2〕梁啓超：〈論不變法之害〉，《變法通議》，《飲冰室文集》之一，（北京：中華書局1989年3月），頁8。

〔註3〕張之洞：〈同心第一〉，《勸學篇・內篇》，《近代中國史料叢刊》第九輯（臺北：文海出版社，1966年10月），頁2。

公開擬定保國章程三十條，其中第三條「保國家之政權土地」、第四條「保人民種類之自主」〔註4〕，新學派的保國意義，當是指保中國，但在保種的意義上，則有不少的議論，其中的原因乃在於當時的統治者爲滿人，就漢人而言，清代乃異族統治的政權，隱約的種族意識，使新學派的保種對象有或滿、漢不分或保漢不保滿的爭議。另者，隨西方學術的引進，新學派對於天演論及進化的觀念已能有較深刻的瞭解，所以除面對保種的問題外，更提出生物學上的合種（亦稱通種）、進種說以做爲保種的方式。

一、新學派的保種論

從康有爲〈請君民合治滿、漢不分摺〉及梁啓超〈論變法必自平滿、漢之界始〉中，似乎意味著康、梁對於滿、漢已不存有種族之別，因之，所指的保種應是不分滿、漢種，其實尋繹康、梁的論述，不分滿、漢的觀念，恐僅爲一時的權宜。康有爲曰：

> 方今絕海棣通，列強鄰迫，宜舉合國之民心，以爲對外之政策，不宜于一國之內，示有異同，若疆界既分，即生彼此，屬當國家危難，反側生心，煽動搖惑，甚非所以置國家於磐石之安也。夫分則弱，合則強，法治之公理也。〔註5〕

康氏之所以有滿、漢不分的言論，其眞正目的是要求君民合治，面對列強迫鄰，必須舉國君民，合爲一體無有二心，以共抵外侮，然而滿、漢不分之論的出現，則顯示當時社會仍存有滿、漢不同族的意識，康有爲欲合數千百萬之人爲一身，合數千百萬人心爲一心，以求國家的強大，當必泯除滿、漢族之別，始能加強團結，推究其最終目的乃爲保中國。中國是境內各民族所組成的國家，其中以漢族爲最多數，歷代政權多屬漢人所掌，因之，康有爲的保中國，隱含有保漢族爲要的意味。

梁啓超雖然以爲變法必自平滿、漢之界始，且多次強調平滿、漢之界的重要性〔註6〕，分析其原因不外是爲保中國及保漢種之故，梁氏曰：

> 漢人之日日呼號協力以求變法者，懼國之亡，而四百兆同胞之生命

〔註 4〕梁啓超：《戊戌政變記》，《飲冰室專集》之三。（北京：中華書局，1989 年 3 月），頁 76。

〔註 5〕康有爲：〈請君民合治滿漢不分摺〉，《戊戌奏稿》（臺北：宏業書局，1976 年 9 月），頁 35。

〔註 6〕梁啓超：〈論變法必自平滿、漢之界始〉，《飲冰室全集》之一，頁 77～83。

> 將不保也。若滿人能變法以圖存，則非惟生命可保，而宰治支那之光榮，猶可以不失焉。故曰漢人之利害惟一，而滿人之利害則二也。夫以公天下之大義言之，則凡屬國民皆有愛國、憂國之職分焉，不容有滿漢君民之界也。即以家天下之理勢言之，則如攣體之人，利害相共，尤不能有滿漢君民之界也。〔註7〕

梁氏雖極力強調平滿、漢之界的必要性，其最終目的乃爲變法，以求保國家及保人民生命的安全。由於支那人占黃種人七、八成，欲保四百兆同胞之生命，則隱含保漢種之意，訴諸於國民當以愛國、憂國爲職分，則深具保中國的意義。

梁啓超在〈知恥學會敘〉中對滿、漢之界則有明顯的區分，其以偷餘命、保殘喘於異族是爲大辱，曰：

> 以吾中國四萬萬戴天履地含生負氣之眾，軒轅之胤，仲尼之徒，堯舜文王之民，乃伈伈俔俔，忍尤攘垢，靦然爲臣爲妾爲奴爲隸爲牛爲馬於他族，以偷餘命而保殘喘也。……越惟無恥，故安於城下之辱，陵寢之蹂躪，……反託虎穴以求自庇，求爲小朝廷以乞旦夕之命。〔註8〕

其中所稱「軒轅之胤」、「仲尼之徒」、「堯舜文王之民」者，應是漢族之人，又有稱「他族」、「虎穴」、「小朝廷」者，則當指滿族而言，其以泱泱漢族而託殘生於異族之下爲極大之恥辱，在此梁啓超已直接表明滿、漢異族的立場。又在湖南時務學堂時，曾「多言清代故實，臚舉失政，盛倡革命」且「竊印《明夷待訪錄》、《揚州十日記》等書，加以案語，秘密分布，傳播革命思想。」〔註9〕從梁氏批評清政府的缺失及不反對革命，甚至提倡革命思想的舉動，可見其政治關懷的層面已非當時的滿清王朝，而是提升至對國家的護衛，其亦承認在戊戌時期「非徒醉心民權，抑且於種族之感，言之未嘗有諱。」〔註10〕既有漢、滿種族之分，又強調革命思想，不難得知梁氏的保種思想所指的應是保漢種。

另者，譚嗣同在其論著中，更強烈的表現漢民族的民族主義，其曾經斥

〔註7〕同前註，頁80。

〔註8〕梁啓超：〈知恥學會敘〉，《飲冰室全集》之二，頁67。

〔註9〕梁啓超：《清代學術概論》（臺北：臺灣商務印書館，1985年2月），頁140～141。

〔註10〕梁啓超：〈鄙人對於言論界之過去及將來〉，《飲冰室文集》之二，頁26。

責清朝皇族是「野蠻凶殺」的「賤類異種」，曰：

> 奈何使素不知中國，素不議孔教之奇渥溫，愛新覺羅諸賤類異種，亦得憑陵乎野蠻凶殺之性氣，以竊中國！……挾持所素不識之孔教，以壓制所素不知之中國矣！〔註 11〕

大膽地向清朝提出「夫果誰食誰之毛，誰踐誰之土」的問題，並呼籲漢人對滿族「勿復謬引以爲同類」〔註 12〕此種民族主義的情緒，不僅展現大漢民族的色彩，更表現出對滿族的憎恨與抵制。

關於保國會是否曾主張「保中國不保大清」的論調，梁啓超雖曾以〈保國會章程〉並無此言論而極力否認。然根據「保國會章程」中只談「保國家之政權土地，保人民種類之自主，保聖教之不失」，卻未有一語言及保大清。另外，舊學派者認爲新學派的政治思想中，潛藏著反清意識，黃桂鋆即指出康有爲在廣西立聖學會時，「以孔子降生紀年，不用大清國號，識者已知其有異志」，其又謂梁啓超在湖南時務學堂所著的學約及批答之件，「語多悖逆」〔註 13〕。其他如新學派者依《公羊》學所提及「改正朔」、「易服色」、「廢大清統號，以孔子紀年」等主張，皆令人不免有「保中國不保大清」及「保漢種不保滿族」的想法。

總之，康、梁等新學派所提及的保國論無疑的是指保中國，保種則當指保漢種。然礙於當時爲滿族執掌政權的因素，光緒帝又爲新學派改革運動的政治後盾，有君臣間的情誼關係，對於非我族類的滿族，並不全然排斥，且在當時的政治形勢下，康、梁爲求漢族能與滿族有相互平等的地位，並欲共禦外敵的侵犯，所以不得不強調泯除滿、漢兩族界分的必要性。

二、合種之說

（一）易鼐的合種說

湖南的新學派易鼐提出了「合種」之論，其鑑於西種的強盛，於是主張中西通婚，以「合種以留種」的方式，藉以保存華種。其欲打破華種爲貴的固有觀念及非我族類互通婚姻，將造成清白苗裔潛移，羶膿之種類益增的迷

〔註 11〕譚嗣同：《仁學》一（臺北：臺灣學生書局，1998 年 11 月），頁 59。

〔註 12〕同前註，頁 66。

〔註 13〕黃桂鋆：〈福建道監察御史黃桂鋆片〉，收錄於楊家駱（編）《戊戌變法文獻彙編》（臺北：鼎文書局，1973 年 9 月），冊五，頁 468。

思，其以為：「嚳賜少女於盤瓠，異類尚可通婚，漢嫁公主於匈奴，遠方亦曾結好，況文明教化，百倍於盤瓠，十倍於匈奴之泰西哉！」〔註 14〕易鼐首先託古立說，雖然上古異類通婚之說無信史可證，然自漢代以降，歷代皆有公主、郡主因和親政策而遠嫁西域諸邦之事，皆有史可考。易鼐引史例做為與白種人通婚的立論依據，再舉波斯、印度、埃及等皆亞洲裔族，與中國雖同為歷史悠久的古國，同為優秀的種族，卻與南洋的矮奴及非、美洲的紅黑番一般遭受奴役，所以易氏認為：「國無論新舊，強則舊而新，種無論貴賤，強則賤而貴。」〔註 15〕「國」與「種」的新舊貴賤與國勢的強弱、種族的盛衰，皆密切相關。易氏擔心當時岌岌可危的中國，雖原為貴種，卻可能迫於國勢的衰弱，種族亦隨之衰微，甚至求為賤種而不可得，為保有華種的優良及延續，易鼐提出留種、強種的實施辦法，曰：

> 以諸王郡主、宗室縣主，下嫁於俄、德、法列邦之世子，王公台吉貝勒貝子。復廣娶列國之公主、郡主。並下一令曰，上自官紳，下逮庶民，願嫁女於泰西各國者聽，願娶婦於泰西各國者聽，國家聯姻，尤貴擇西人之有智力者，既聯翁婿甥舅之親，即可從其中選用客卿，自當竭力為我用。〔註 16〕

鼓勵無論王公貴族或平民百姓皆可與西人通婚，尤其與有智力的西洋人聯姻後，可選為客卿，為中國效力，使國運、種族皆得以綿延，即所謂「以愛力綿國運；以化合延貴種。」另者，易鼐再以遺傳學及優生學的角度，說明中、西方皆有血緣相近者不相為婚的觀念，曰：

> 同類相合，其生不繁，同姓為婚，古垂厲禁，西人亦謂以血脈相通之人，配合夫婦，生子多患癲瘤。中國禁中表為婚，亦是此意，如以黃、白種人，互為雌雄，則生子必碩大而強健，文秀而聰穎，亦未始非人才之一助也。〔註 17〕

易鼐認為黃、白種人通婚所產生的後代優於同類或近親的結合。總之，「合種」的目的就種族而言，除為保種外，亦可促進種族的改良。如就政治目的觀之，除可延攬西方人才為我用外，最終的理想乃為求國家的強盛。

〔註 14〕易鼐：〈中國宜以弱為強說〉，《湘報類纂》（臺北：大通書局，1968 年 7 月），論著・甲上，頁 6。
〔註 15〕同前註。
〔註 16〕同前註。
〔註 17〕同前註。

（二）唐常才的通種說

易鼐的合種說乃為保華種以求國強為目標，唐常才的通種之說，則除了求華種的強大外，更認為藉著通種可以達世界大同。

唐常才認為通種乃符合自然之理，因為「同受乾坤之氣者，既不得有中外、夷夏之疑，又烏有並為人類而無可通種之理。」〔註18〕既同受天地之化育，不應有中外、夷夏之分，且同為人類即可相互通種。至於所通的種族為何？唐常才以為華種既是貴種，應與同是貴種的歐洲人通種〔註19〕，並舉實例說明：

> 香港、新嘉坡及南洋群島，為華洋交涉之衝，其居民或白父黃母，或黃父白母，而聰明材力，迥絕等倫；其立志亦多以五洲第一等人自居，而有傲睨全球之勢，則知黃、白合種之必大聰強無疑。〔註20〕

以亞洲華人與白人通婚所優生的後代，證明黃、白合種的益處，中國如能速通黃、白之種，中國之強大則可立待，如果通之緩慢，則強盛之機將延百十年之後。反之，如黃、白不通種，則黃種即使不亡，卻將會衰弱不振，曰：

> 如我則執不通之說，而甘心非美土人；西人則守天演家之言，儕我於非美土人而通之弗屑，則黃種之存亡未可知，而疲弱不振之患，十且七八。〔註21〕

強調黃、白通種的重要性，乃關係著華種的存亡強弱。唐氏既然鼓吹黃、白通婚，對於血緣相近者通婚，則表示反對。其雖認為華種最為貴種，卻不贊成同姓或中表為婚相合，曰：「古者娶妻不娶同姓，非獨遠嫌明倫也，蓋同姓而婚，則氣類孤而生殖不繁，如琴瑟之壹而不能和也，即中律禁中外表為婚，亦是此意。」〔註22〕同姓不婚，除因人倫關係外，更重要的是為了優生與蕃育後代之故。另者，唐氏又將通種觀念與三世之說結合，曰：

> 據亂之世，人性惡，因囿於方隅，仇視異己，惟觝觸爭忌不已也。太平之世，人性善，因環球大通，血氣性情合而為一，則良者固良，賤者亦良，馴者固馴，驁者亦馴也。〔註23〕

〔註18〕唐常才：〈通種說〉，《唐才常集》（北京：中華書局，1982年8月），頁101。

〔註19〕唐常才：〈通種說〉：「中國之民，皆神明之胄，最為貴種，而歐洲開闢，不過稍後於中國，亦既英儁迭興。且溯歐洲人類之始，頗有謂由亞入歐者，故其人之聰明秀拔，足與中國頡頏，外此無能及者。」，頁100。

〔註20〕同前註，頁101。

〔註21〕同前註，頁102。

〔註22〕同前註，頁101。

〔註23〕同前註，頁103。

將據亂世及太平世的人性善惡，歸因於人類的相通與否？據亂世因限囿於地域性，所以排斥異己，導致人性惡。太平世則因全球的相互通往，血氣、性情因大通而合一，賤、驚者亦因相通而變爲良、馴者，使人性爲善。因之，唐氏認爲將來無論立天國、同宗教、進太平，只有通種最爲善，先通種而後進種，「通種者，進種之權輿也；進種者，孔、孟大同之微恉。」〔註24〕受西方物種進化論的影響，欲藉通種以保華種，再進種改良使華種進步強大，達於孔、孟大同世界的理想。

（三）梁啟超的進種說

除了通種、合種之說，梁啓超認爲欲造大同世界，必須使人類具有可以爲公民的資格，此端賴進種改良。因人類之初生，同爲劣種，而後能獨有所謂的優種，以別異於群劣種是「數種相合，而種之改良起焉。所合愈廣，則改良愈盛，而優劣遂不可同年而語。」〔註25〕世界種族非優則劣，非勝即敗，關鍵在於「澌滅」或「合並」，所以種族如不改良，必招致滅亡，種族改良之法端在諸種相合。梁氏認爲自漢代以後，中國人之所以漸進於文明，成爲優種人，皆因諸種相合之故。

對於黃、白種人合種的看法，梁啓超乃相異於易鼐與唐常才的觀點，其以爲黃、白種人互爲大異種，種愈大者其戰愈大，梁氏曰：

> 自此以往，百年之中，實黃種與白種人玄黃血戰之時也。然則吾之所願望者，又豈惟平滿漢之界而已，直當凡我黃種人之界而悉平之，而支那界而日本界，……以迄亞洲諸國之界，太平洋諸島之界，而悉平之。以與白色種人相馳驅於九萬里周徑之戰場，是則二十世紀之所當有事。〔註26〕

漢、滿、蒙甚至與日本、朝鮮等亞洲諸國，雖有種族、國家之別，皆同爲黃種人，梁氏稱之爲小異種，對於非亞洲國家的白種人，其視爲大異種。當時白種人勢力侵入亞洲，使梁氏認爲黃種人必須平各種族之界，合種以抗白種人，形成黃、白種人相抗之局，因中國人占黃種人數之七、八，所以合種必從中國人開始。皮錫瑞曾論及白種人的優勝於其他種人的原因，曰：

〔註24〕唐常才：〈通種說〉，頁101。

〔註25〕梁啓超：〈論變法必自平滿漢之界始〉，《變法通議》，《飲冰室文集》之一，頁77。

〔註26〕同前註，頁83。

> 數十年來，紅種、黑種之人，日少一日，惟白種人獨盛，所以各種皆微，而白種獨盛者，非由於強弱不同，實由於智愚迥異，紅種、黑種皆野蠻不知學問，雖性情獷悍，能以力強，不能以智強，故雖竭力與白種爭，終爲白種之所剪滅。〔註27〕

白種人之能勝於以力強剽悍著稱的紅、黑種人，應在於以智取勝，所以提出黃種人要抗衡白種人的方法，即在於「強智」，曰：

> 我黃種人，聰明才力，不在白種之下，凡白種所能爲之事，黃種無不能者，……中國人出洋學習，其智慧多爲西人推服，然中國雖有此智慧，未能講求開通，智者自智，愚者自愚。其智者足與白種抗衡，其愚者亦與紅種、黑種，相去不遠，若不急開民智，恐不免爲紅種、黑種之續。〔註28〕

皮氏認爲黃種人的聰明才智與白種人不分軒輊，卻因爲未能開通所以有智愚之別，智者足與白種人相抗衡，愚者則與紅、黑種人相若，所以要使黃種人強盛唯有開民智，可知，保種當先開智，開智方能自強。

由於婦女兼負著生育與教養下一代的責任，所以進種、合種與婦女關係密切，梁氏即認爲進種的關鍵在於婦女，曰：

> 國烏乎保，必使其國強，而後能保也。種烏乎保，必使其進種，而後能保也。進詐而爲忠；進私而爲公；進渙而爲群；進愚而爲智；進野而爲文，此其道也。教男子居其半，教婦人居其半，而男子之半，其導原亦出於婦人，故婦學爲保種之權輿也。〔註29〕

要保國先強國，要保種則先強種，種要強則必須進種改良，將個人或社會的缺失進行改良，由於教男女各居其半，且男子之半亦源自於婦女，所以強調婦女教育對進種、保種的重要性。梁氏並說明康有爲對進種說的見解：

> 先生之議，以爲女子平日當受完全之教育。……他日胎教之學，日精一日，則人種自日進一日。又凡廢疾者，有腦病者、肺病者，又曾犯某某類之重罪者，若經名醫認其有遺傳惡種之患，則由公局飲以止産藥，無俾育茲稂莠，如是則種必日良。〔註30〕

〔註27〕皮錫瑞：《南學會講義・第六講》，收錄於《湘報類纂》講義・乙下，頁371。

〔註28〕同前註，頁371～372。

〔註29〕梁啓超：〈論女學〉，《變法通議》，《飲冰室文集》之一，頁41。

〔註30〕梁啓超：《南海康先生傳》，《飲冰室文集》之六，頁78。

康、梁一致認爲婦女教育對進種的重要，除了實行胎教外，對於身體患有重病或曾犯重罪等身心不健康的婦女，爲避免遺傳不良之種，在優生學的考慮下，則不能生育下一代，採用人事淘汰的方法，假以時日，人種即可以日進。此外，梁啓超亦認爲三世進化思想與進種有密切關係，曰：

> 據亂世之民性惡，升平世之民，性有善有惡，亦可以爲善可以爲惡，太平世之民性善。……西人近倡進種改良之學，他日此學極盛，則孔子性善之教大成。〔註31〕

梁氏以爲三世愈進化，人性亦愈進化，種族亦將隨進化改良而趨於完善，孔子性善之教則可普及世界，達於大同之境，將進種改良之說視爲推動三世進化的主要動力。

第二節　舊學派的保種思想

一般舊學派人士對康有爲、梁啓超等新學派的攻擊不外是學術、政治、教育、孔教等方面的思想，而葉德輝認爲新學派思想的謬誤，尤以合種、通教諸說爲最。舊學派的保種主張並未特別議論所保的對象，然對新學派所提及的保種方式則有許多爭議。

一、對合種、進種說的反駁

對於新學派的合種、進種之說，葉德輝指責曰：

> 梁所著〈讀孟子界說〉，有進種改良諸語。……西人言全體，學者喜格致腦氣筋之理，彼言腦氣筋之靈之細，惟黃、白二種相同，其餘棕、黑、紅種皆所不及。其論性之善惡，又有本於父母之性之說。彼言種之善者、靈者，不可與惡者、蠢者合，譯者衍爲進種改良，已失本旨。康、梁乃倡爲合種、保種之說，幾若數千百萬中國之赤子，無一可以留種。〔註32〕

梁啓超於〈讀孟子界說〉有言：「西人近倡進種改良之學，他日此學極盛，則孔子性善之教大成。」此當爲西方遺傳學及優生學之理論，梁氏認爲藉進種改良之說，可以早日實現太平世之民性善的理想。葉氏認爲康、梁等新學派

〔註31〕梁啓超：〈讀孟子界說〉，《飲冰室文集》之三，頁19。

〔註32〕葉德輝：〈與俞恪士觀察書〉，《翼教叢編》，卷六，頁33。

所提倡的合種、保種之說，是誤解西方學者的說法，其以爲西人所言黃、白兩種有相同的腦氣筋，性之善惡源自父母，種之善者不與惡者合等說，皆無涉於合種、進種改良，全爲翻譯的曲解，並批評新學派的合種說，乃貶抑了華種。可知，在當時因中國保守的社會風氣，易鼐、唐常才、梁啓超等人的「合種」、「進種」說，已被舊學派人士視爲破壞中國倫理綱常的觀念，引發不小的爭論與批評，葉德輝批評梁啓超，曰：

> 進種改良而後有性善之教，吾不知梁啓超果誰氏之種，何物之性？自此等謬論出，於是吾湘人士有欲棄父母清白之身，而甘合於白種者矣！有并忘其世受國恩之身，而以短衣斷髮之俗爲改良者矣！〔註33〕

葉氏以進種改良之說，反擊梁氏，其之所以反對合種及西化改俗，並視之爲不忠、不孝之舉，無疑是恐懼西化的結果將導致「國」與「種」皆不保的後果。

相較於葉德輝的尖銳指責，張之洞提出一個以尊王爲中心的保國家、保聖教、保華種，三事合一之論〔註 34〕，張之洞對於當時王權受到挑戰感到極度的憂心，爲了維護「尊王」思想，其從界定「國」、「種」、「教」三者的關係爲起始，曰：

> 欲救今日之世變者，其說有三，一曰保國家，一曰保聖教，一曰保華種。夫三事一貫而已矣！保國、保教、保種合爲一心是謂同心。……今日頗有憂時之士，或僅以尊崇孔學爲保教計，或僅以合群動眾爲保種計，而於國、教、種安危與共之義忽焉！傳曰：皮之不存毛將安附？〔註35〕

張氏以爲保國、保教、保種三事應互相維繫，密不可分，然見於當時僅爲保教或保種的現象議論紛起，所以特別於三者中提出「保國」的優先性，由於是強權政治的時代，社會秩序須有道德文化以維護內部的認同，且若無強有力的政治秩序，則「教」與「種」皆無法存在。因此，張氏曰：

> 保種必先保教，保教必先保國。種何以存，有智則存，智者教之謂

〔註33〕葉德輝：〈正界篇〉下，《翼教叢編》，卷四，頁32。

〔註34〕張之洞：《勸學篇．序》：「明保國、保教、保種爲一義，手足利，則頭目康；血氣盛，則心志剛；賢才眾多，國勢自昌也。」並分別說明其作〈教忠〉、〈明綱〉、〈知類〉三篇的用意，曰：「〈教忠〉，陳述本朝德澤深厚，使薄海臣民，咸懷忠良，以保國也。曰〈明綱〉，三綱爲中國神聖相傳之至教，禮政之原本，人禽之大防，以保教也。曰〈知類〉，閔神明之冑裔，無淪胥以亡，以保種也。」，頁2～3。

〔註35〕張之洞：〈同心第一〉，《勸學篇．內篇》，頁2～4。

也；教何以行，有力則行，力者兵之謂也。故國不威則教不循，國不盛則種不尊。〔註36〕

雖然「種」的生存與強盛，必須注重「智」，然「智」來自於「教」，「教」的實行要靠「力」，「力」來自於強大的軍事力量，歸結觀之，保國乃保教、保種的根本。張之洞為了進一步說明國勢的強弱與宗教存亡之間的關係，其列舉：「土耳其猛鷙敢戰而回教存」、「印度蠢愚而佛教亡」、「波斯景教，國弱教改」、「希臘古教若存若滅」、「天主耶穌之教，行於地球十之六，兵力為之」〔註37〕張氏認為國家的強弱與宗教存亡有直接的關係，一個國家宗教的興衰，當有許多因素，並不僅在於國勢的強弱與否？張之洞舉此諸多例證，不外是為強調保國的重要性，將保國列為優先，乃受中國傳統尊王思想的影響，在君主體制下，王權有其絕對性與普遍性，保國的最終目的即為「尊王」。因之，張之洞最後不免吐露：「今日時局，惟以激發忠愛，講求富強，尊朝廷，衛社稷惟第一義！」〔註38〕仍以尊朝廷、尊君主為主要的訴求。

二、強調夷、夏之辨

舊學派之所以強調保國的原因，除了欲尊王而保有政權外，對於保種亦十分重視，其保種背後所潛藏的是夷、夏之辨的思想，然所持的論點則又相異於《春秋》的夷、夏之別，葉德輝曰：

《春秋》之所謂夷狄者，以其異於堯、舜、禹、湯、文武、周公之教也。今世之所謂夷狄者，則有黑、白、紅、棕之別，而種類異也。《春秋》之教謂夷而進於中國則中國之，正欲其進而同教耳。今日之吳楚教化同矣！種類亦一，自不得謂之夷狄。〔註39〕

由《公羊傳》之義法：「內其國而外諸夏，內諸夏而外夷狄」，所指內外夷狄的分別，是以王化自近及遠，由其國而諸夏而夷狄，以漸進大同。夷狄是指未經儒家教化的民族，只要接受華夏文化的洗禮，就不再是夷狄，葉氏所言的夷狄是指膚色的相異，種族的差別，不同於《春秋》所指中國吳、楚地區的人民。葉德輝並以五行的方位、顏色，顯示中國的優越性，曰：

〔註36〕同前註，頁2。

〔註37〕張之洞：〈同心第一〉，《勸學篇・內篇》，頁2～3。

〔註38〕同前註，頁3。

〔註39〕葉德輝：〈與南學會皮鹿門孝廉書〉，《翼教叢編》，卷六，頁20。

五色黃屬土，土居中央，西人辨中人爲黃種，是天地開闢之初，隱與中人以中位，西人笑中國自大，何不以此理曉之。若以國之強弱大小，定中外夷夏之局，則春秋時周德衰矣，何以存天王之名，魯之弱小遠於吳楚，何以孔子曰我魯，此理易明，無煩剖辨。〔註 40〕

葉氏附會五行之說，以中央爲土德，其色黃，強調中國的居中爲領袖地位，並以周衰魯弱而禮樂教化盛，仍不失爲華夏之邦，以比附當時衰弱的中國亦如周、魯一般情況。由而得見，隨著中國門戶洞開，列強紛至沓來，衰弱的中國還是擺脫不了自大之心理，仍強調華夏與夷狄之別。因之，對於合種之論，葉氏認爲絕不可行，曰：

合種一說，譬如雞鶩同傑，不相雌雄；犬豕共途，不相牝牡，人性靈於鳥獸，此言亦不足爲厲階，聞者乃一笑而起。〔註 41〕

即使同爲飛禽或走獸，只要是不同類，便不相合種，何況靈性高於鳥獸的人類？由此以見，舊學派的保種說，所指的當爲保整個華夏種族而言。同時從葉德輝對梁啓超「之爲教也，宣尼與基督同稱，則東西教宗無界；中國與夷狄大同，則內外彼我無界。」〔註 42〕的批評，可知新學派欲合通中、西方之種的想法，在舊學派強烈保有華、夏種族優越意識的觀念下，自然面臨論爭的局勢。

第三節　新學派的孔教觀與保教思想

新學派提出尊孔及以儒爲教的問題，既是個聚訟紛紜的宗教論爭，亦是個文化思考的問題。在當時新學派如何將原始儒學，轉化爲具有宗教義涵的孔教？其提出孔教主張的原因爲何？孔教的思想內容及其價值爲何？以及面對西教在中國勢力逐漸強大，要如何護衛並興盛中國的孔教？均爲新學派當時急需解決的問題。

一、孔學成孔教的理論依據

（一）孔教成立的歷史淵源

康有爲在《孔子改制考》中指出與孔子同時代的許多諸子亦從事改制立

〔註 40〕葉德輝：〈與南學會皮鹿門孝廉書〉，《翼教叢編》，卷六，頁 21。

〔註 41〕同前註，頁 22。

〔註 42〕葉德輝：〈正界篇・序〉，《翼教叢編》，卷四，頁 24。

教，不僅孔子而已，周秦諸子罔不改制，罔不托古，顯示孔子與先秦諸子，本無爵位無權勢的布衣，因生逢亂世，皆有撥亂反正的思想，因之，各自宣揚主張創立學派以「改制立教」，康氏藉此爲其孔子改制立教思想尋找歷史的依據，並將改制立教的觀念普遍化。

至於孔子爲教主，及孔教創立的淵源，康有爲曾追溯其中演變的歷程，根據康有爲在《孔子改制考》中所言，先秦諸子相互爭奪教權，彼此交攻之下，儒、墨、老三家較爲優勢，由於儒教「造端於男女飲食」、「近乎人情」，且教義最完善，制度最詳備，因而門生徒侶遍天下，從戰國歷經秦、漢，最後定於一尊，地位鞏固，創始人孔子就成了萬世的教主。再者，康有爲指出《禮記‧儒行篇》，就是孔子爲儒者所制作的行爲規範，猶如佛教唯識宗的《百法明門論》或禪宗的《百文法規》，且孔子創儒教正如佛教、基督教、回教一樣，不爲一時一地，皆願世界各國能行其教〔註 43〕，將儒家原爲儒者所設定的道德規範，視爲如同宗教的戒律一般，且將儒家思想的終極提升至宗教的關懷層面。

（二）孔學兼具「人道」與「神道」

康有爲雖爲傳統的知識份子，其對西方的自然科學與宗教亦有獨特的見解，其將宗教的內容依所尊重的對象，劃分爲「人道」與「神道」，云：

> 日本之稱宗教也，譯自歐人，英文所謂釐離盡 Religion，蓋專以神道設教。故有孔子不語神爲非宗教者，此不明教之爲義也。夫人之食飲男女天也，若夫身外之交際，身內之云爲，持循何所？節文何加？則必有教焉以導之。太古尚鬼，則神教爲尊；文明重人，則人道爲重要。神道、人道，其爲教人民則一也。孔子者，以人道爲教，而亦兼存鬼神。〔註 44〕

就康氏對宗教的認知而言，將孔子之學視爲宗教是可以成立的，原始儒學雖未具有宗教的組織及儀式，但卻有宗教的精神，即是康氏所說的「必有教焉以導之」的「教」，有具體的實踐性，是以「人道」爲內容的宗教，同時也有「兼存鬼神」的信仰情懷。由於中國民間習俗爲多神信仰，康氏認爲必須在

〔註 43〕康有爲：「此篇是孔子爲其教所定之行，如佛之有《百法明門》，禪之有《百文法規》，考後漢人行誼皆與之合，而程子識爲漢儒之說，此不知孔子教術之大者也。」，《孔子改制考》（臺北：宏業書局，1976 年 9 月），卷七，頁 4。

〔註 44〕康有爲：《中華救國論》（臺北：宏業書局，1976 年 9 月），卷一，頁 69。

宗教觀上進行改革，曰：

> 竊惟孔子之聖，光並日月；孔子之經，流亙江河；豈待臣愚有所贊發。惟中國尚爲多神之俗，未知專奉教主，以發德心。……夫神道設教聖人所許。而牛鬼蛇神，日竊香火；山精木魅，謬設廟祠，于人心無所激厲，于俗尚無所風導。……歐美游者，視爲野蠻，拍像傳觀，以爲笑柄，等中國於爪哇、印度、非洲之蠻俗而已。〔註45〕

在康氏的觀念中，一神教或多神教是代表一個國家及民族文化高低的指標，由於西方先進國家所崇信的多爲一神教，國勢衰弱或文化低落的國家則信奉多神教，中國民間信仰多神教，自然爲西方國家所取笑，並視爲同於爪哇、印度等蠻俗之邦。康氏認爲民間信仰多神教的神，應稱爲淫祀，必須予以廢除，並主張中國要有屬於自己的一神教，康氏所稱的一神教即爲孔教，至於孔教的教主，康氏曰：

> 大地教主未有不託神道以令人尊信者，時地爲之。若不假神道而能爲教主者，惟有孔子，眞文明世之教主，大地所無也。〔註46〕

康氏強調孔教的教主不同於一般宗教的教主，不需託神道始令人尊信，欲以此襯託孔子及孔教的特殊性及其尊孔的思想，其將孔子視爲文明世界的教主，從中國的至聖儒師，提昇至創造文明制度的宗教領袖。

（三）孔學的宗教特質

儒學基本上是將對天的祈求意識，轉向求諸己的道德意識，康有爲卻賦予孔子爲黑帝所降精而成的教主，曰：

> 天既哀大地生人之多艱，黑帝乃降精而救民患，爲神明、爲聖王，爲萬世作師，爲萬民作保，爲大地教主。〔註47〕

在此觀念下，孔子被視爲神明、聖王，是天帝的代表，是外在的神聖力量，對人類可施予救助與保護，很明顯地康有爲除將孔子至尊化外，亦將孔子宗教化，納入遠古的宗教意識中，此與孔子體天法道的道德實踐哲學，漸行漸遠，反而相近於西方上帝至尊的宗教觀念。將人文的自覺依附在神聖的大教主下，以回到原始的宗教信仰的情感，安頓孔子的存在價值。

〔註45〕康有爲：〈請尊孔聖爲國教立教部教會以孔子紀年而廢淫祀摺〉，《戊戌奏稿》（臺北：宏業書局，1976年9月），頁28。

〔註46〕同前註，頁30。

〔註47〕康有爲：〈孔子改制考・敘〉，《孔子改制考》，頁5。

換言之，康有爲的孔教論雖非以基督教的教義闡發儒家學說，卻仍藉著西方教會組織的觀念，以孔子爲先知，受天命以改制，創立孔教會，再以儒者爲牧師，如同教會的傳道體系。觀康氏的用心及孔教內涵，所謂的「教」實與西人所指稱的宗教相異，孔教非如一般宗教的出世精神，相反的孔教積極入世，主旨在於改制，孔子則是改制教主。早期，陳熾曾極力的推崇孔教，更提出儒者可前往西方國家進行傳播孔教的工作，曰：「中國孔聖人之教至大至公，不迎不拒，……竊意五百年後，聖教將遍行於地球。」〔註 48〕其將儒者的西國宏揚孔教視如基督教牧師之東來傳教一般。在新學派學者的觀念中，儒學是沒有國界的，可以像基督教一樣的廣被世界，於此儒家學說被賦予不同於傳統的新生命。

二、孔教的思想內容

皮錫瑞認爲中國尊崇孔教，已有兩千年的歷史，孔教的三綱五常之理，四書五經之文，可謂家喻戶曉，歷代皆以此教化人民，並以爲「人之異於禽獸者在此，藉此以維繫世道人心，中國所以爲禮義文明之國，皆漢以來信從孔教之力也。」〔註 49〕孔教以四書五經及三綱五常做爲教義，其功用在教化人心及安定社會國家，對中國的影響甚爲深遠。至於康有爲所稱說的「孔教」內容是什麼？梁啓超曰：

> 先生以爲《論語》雖孔門眞傳，然出於弟子所記載，各尊所聞，各明一義，不足以盡孔教之全體。……惟《春秋》則孔子自作焉，《易》則孔子繫辭焉，故求孔子之道，不可不於《易》與《春秋》。……孔教精神於是乎在。……先生之治《春秋》也，首發明改制之義，……先生乃著《孔子改制考》以大暢斯旨，此爲孔教復原之第一段。次則論三世之義，……先生乃著「春秋三世義」、「大同學說」等書，以發明孔子之眞意，此爲孔教復原之第二段。夫《大易》則所謂以元統天，天人相與之學也。……先生乃擬著《大易微言》一書，此爲孔教復原之第三段。〔註 50〕

〔註 48〕陳熾：〈聖道〉，《庸書・外篇》（臺北：台聯國風出版社，1970 年 9 月），頁 50。

〔註 49〕皮錫瑞：《南學會講義・第六講》，收錄於《湘報類纂》講義・乙下，頁 372～373。

〔註 50〕梁啓超：《康南海傳》，《飲冰室文集》之六，頁 68～69。

梁氏認爲《論語》無法盡孔子之道，六經雖經孔子手定，然《詩》、《書》、《禮》、《樂》皆因前世而有所損益，惟《易》與《春秋》能全然保有孔子之道，孔教即以《易》與《春秋》之旨，做爲實質的內容與精神，逐一闡發。很顯然地康有爲的孔教，實際上是提倡「改制」、「進化」、「大同」、「變易」、「變革」等新學派改革思想做爲孔教的新義涵。

由於漢代的今文學家早已神化孔子，康有爲亦受《公羊》學與緯書的影響，乃演《公羊》三世之義，以孔子爲教主，奠立變法思想的基礎，可謂以儒變法，康氏曰：

> 見大同、太平之治也，猶孔子之生也。〔註51〕
>
> 三代文教之盛，實由孔子推託之故。故得一孔子而日月光華，山川焜耀。〔註52〕

康有爲重構「孔教」的形象，將建立孔教視爲挽救中國危機的政治措施，其希冀以宗教的力量統一人民的思想，藉此引導人民走向「孔子改制」的思維，欲在宗教的信仰與價值觀上，完成政治結構的轉型。早在康有爲之前，陳熾即已提出：「合黃帝、孔子爲一人，所爲政教同源，君師合德者。」孔子並非一般的教主，而是富有政治的權力，因之，孔教具有治國的功能，陳熾曰：

> 夫聖人之心，天心也；聖人之道，天道也。惟我孔聖人之教與人無患，與世無爭，……得之則治，失之則亂。天道好生，人心思治，則舍我中國之聖教無由也。〔註53〕

將國家的治亂關鍵繫於孔教的實行與否，因之，康有爲曾請求光緒皇帝「扶聖教而塞異端」，在強學會的機關報《強學報》第一號上，其大力宣揚孔教，曰：

> 凡百世之義理制度，莫不曲成，凡異族殊教之精微，皆在範圍內，其惟孔子乎？凡所稱爲堯、舜、湯、文、武成功盛德，皆孔子所發也。孔子既損益而定制，弟子傳其道，彌塞天下。

孔子是孔教的教主外，歷代君王的盛德與義理制度的損益制定，皆因孔子之故，推崇孔子在政教上的貢獻與影響。

〔註51〕康有爲：《孔子改制考・序》，頁6。

〔註52〕康有爲：〈上古茫昧無稽考第一〉，《孔子改制考》，卷一，頁1。

〔註53〕陳熾：〈聖道〉，《庸書・外篇》（臺北：台聯國風出版社，1970年9月），頁50。

三、保教思想

（一）倡孔教以保教

所謂保教者，廣義而言是指保中國固有之文化，而孔教爲中國文化的代表，狹義的保教應指護衛孔教而言。至於康有爲爲什麼要致力提倡孔教？康氏曰：

> 僞古說出而後忽塞，掩蔽不知儒義，以孔子脩述六經，僅博雅高行，如後世鄭君、朱子之流，安得爲大聖哉！章學誠直以集大成爲周公非孔子，唐貞觀時以周公爲先聖而黜孔子爲先師，……神明聖王改制教主，既降爲一抱殘守闕之經師，宜異教敢入而相爭也。今發明儒爲孔子教號，以著孔子爲萬世教主。〔註 54〕

康氏以爲劉歆亂教倒戈的邪說，將周公視爲儒教的先聖，遂破壞了孔子爲教主的傳統，將孔子的地位降至經師，致使異教與儒教相爭，且與君統共存的師統更無以爲繼，恐造成儒教式微，因之，爲闢除異端思想，唯有復興儒教，重振儒教權威，藉倡孔教以保教。康氏曾於〈公車上書〉中提出發揚孔子之學的緊迫性，曰：

> 今宜亟立道學一科，其有講學大儒，發明孔子之道者，不論資格，並加征禮，量授國子之官，或備學政之選。其舉人願入道學科者，得爲州、縣教官。其諸生願入道學者，爲講學生，皆分到鄉落，講明孔子之道，厚籌經費，且令各善堂助之。並令鄉落淫祠，悉改爲孔子廟，其各善堂、會館俱令獨祀孔子，庶以化導愚民。〔註 55〕

藉由讀書人的發揚孔子之道，使孔教深入社會各階層，將鄉落各神廟，全改建爲孔廟、祀孔子以教化人民，挽救風俗人心之日壞，扶持聖教而塞除異端。梁啓超進一步說明，康有爲提倡孔教的目的，曰：

> 先生之言宗教也，主信仰自由，不專崇一家，排斥外道，常持三聖一體諸教平等之論。然以爲生於中國，當先救中國，欲救中國，不可不因中國人之歷史習慣而利導之。又以爲中國人公德缺乏，團體散渙，將不可以立於大地，欲從而統一之，非擇一舉國人，所同戴而誠服者，則不足以結合其感情，而光大其本性，於是乎以孔教復

〔註 54〕康有爲：《孔子改制考》，卷七，頁 1。
〔註 55〕康有爲：〈上清帝第二書〉，《七次上書彙編》，頁 32。

原爲第一著手。先生者，孔教之馬丁路德也。〔註 56〕

康氏雖然主張信仰自由、諸教平等，但面對當時中國社會的各種積弊及國勢的衰頹，極欲改革的康有爲，必須從歷史的認同上，尋求令全國人民情感結合的可能，以促進國勢的強盛，而孔教就是最適合的媒介。另者，康氏之所以抬出孔子，且恆欲「儕孔子於基督」、「尊之爲教主」，正是要借用長久受中國人民尊重的聖人名號，通過帶著宗教意味的形式，如：尊奉孔子爲教主、用孔子紀年……等等，使孔教變爲宗教，眞正目的不外是藉著宗教信仰來緊密團結，並儘量以「保聖教」來反抗基督教，取得士大夫及人民的信任與支持，企圖以孔教團結組織知識份子以實行變革。

梁啓超認爲孔教非同於一般的宗教僅重儀式與迷信，曰：

孔教者，懸日月，塞天地，萬古不能滅者也。他教惟以儀式爲重也，故自由昌而儀式亡，惟以迷信爲歸也。……孔教乃異是，其所教者，人之何以爲人也，人群之何以爲群也，國家之何以爲國也，凡此者，文明愈進，則其研究之也愈要。〔註 57〕

孔教博大精深，乃主內修己的道德實踐，外主社會國家的進步興盛，強調孔教與國家文明制度的密切關係。且以教育的觀點而言，孔子對人格的養成教育非常注重，梁氏曰：

近世大教育家多倡人格教育之論，人格教育者何？考求人之所以爲人之資格，而教育少年使之備有此格也。東西古今之聖哲，其所言合於人格者不一，而最多者，莫如孔子，孔子實於將來世界德育之林，占最重要之地位。〔註 58〕

梁氏認爲注重道德實踐是儒學重要的教化功能，在當時正是社會混亂的時期，孔教的提倡富有教育性，可改革人心，拯救時弊，以維護社會的道德標準及建立社會秩序。譚嗣同則將孔教視爲變法改革的動力，曰：

方孔之初立教也，黜古學、改今制、廢君統、倡民主，變不平等爲平等，亦汲汲然動矣。〔註 59〕

藉孔教之立，行孔子改制之事，以廢君統、倡民主，將不平等變爲平等。且

〔註 56〕梁啓超：《南海康先生傳》，《飲冰室文集》之六，頁 67。

〔註 57〕梁啓超：〈保教非所以尊孔論〉，《飲冰室文集》之九，頁 57。

〔註 58〕同前註，頁 57～58。

〔註 59〕譚嗣同：《仁學》一（臺北：臺灣學生書局，1998 年 11 月），頁 58。

譚氏認爲不僅孔教主張平等，基督教、佛教也都主張平等，譚氏曰：「三教不同，同於變；變不同，同於平等。」〔註 60〕三教的教義雖不同，但變易更革的特性則相同，變不平等爲平等的目的，則是三教共同的理想、原則。譚氏欲以宗教上的平等，推及政治上的平等，說明孔教的立教，乃爲推翻傳統古學思想，爲達成君主專制的廢除，以倡民主、平等爲立教的最終理想。

（二）抗衡西教以保教

康有爲在面對國家危亡之秋，中國文化絕續之際，以爲只有宏揚孔教的精神，崇尚孔子的經世之道，始能振興中國文化並與西方文化相抗衡。光緒二十三年（西元 1897 年）春，康有爲避地廣西，見善堂林立，廣爲施濟，雖奉行孔子之仁道，卻未見正定爲一尊，專崇孔子，卻未專明孔子之學，不僅百姓不知有孔子，連士大夫亦少過問，反之基督教卻深入中土，曰：

> 外國自傳其教，遍地球，近且深入中土。頃梧州通商，教士猥集，皆獨尊耶穌之教，而吾乃不知獨尊孔子以廣聖教，令布濩流衍于四裔，此士大夫之過。〔註 61〕

康氏見到孔子形象未被重視和耶穌獨尊的反差，因而批評士大夫未能盡到推廣孔教的責任。皮錫瑞則以時勢的觀點論述孔教與西教的強弱，曰：

> 彼強我弱，彼教奪我孔教甚易，而以孔教變彼教甚難，孔教無人傳海外，其知有孔教者不過在中國教士數人，是孔教之傳於彼者甚狹，彼教既遍傳中國，其勢必爭孔子之席，又恐爭不能勝，而取孔教之精理名言，以入彼教，則彼教之及於我中國者更廣。〔註 62〕

孔教之所以弱的原因，除政治的因素外，就傳教的普遍性而言，孔教遠不如西教，且西教爲能遍傳中國並與孔教爭勝，更融攝孔教的義理，以提升中國人接受的程度。因之，皮氏認爲要保教，必先明孔教的義理，以分判孔教與西教的相異之處，才不致於困惑，曰：

> 保教在先講明孔教義理，使中國人知孔教之大，並切實有用，自然尊信我教，不至遁入彼教，使外國人亦知孔教之大，並切實有用，自然不至藐視我教，不敢以彼教奪我教。〔註 63〕

〔註 60〕同前註，頁 55。
〔註 61〕轉引自馬洪林：《康有爲評傳》，頁 405，康有爲〈兩粵廣仁善堂聖學會緣起〉，《知新報》第十八冊，1897 年 5 月 17。
〔註 62〕皮錫瑞：《南學會講義・第六講》，收錄於《湘報類纂》講義・乙下，頁 374。
〔註 63〕同前註，頁 375。

闡明孔教的教義，使中國人與外國人皆能知曉孔教義理的博大及切實有用，自然能尊信孔教，並與西教抗衡。

康有爲雖欲藉孔教進行改制，但並非將孔子耶穌化，其曾於〈公車上書〉批評西人以耶穌紀年爲無正統，然因中國自漢武帝以後，歷代紀年法已成爲一貫的紀年形式，未曾有其它的改變，至晚清受西方以耶穌紀年的影響，才啓發了中國統一紀年的觀念，所以康、梁等新學派雖廣泛的使用孔子紀年，但並無意陰主耶穌，康、梁建立孔教是爲提供中國社會一個精神支柱，具有積極的作用，用意無非是借重西政、西藝以圖強，以儒爲教的目的除以變法爲最終理想外，就是與西方文化的相抗衡。雖然康有爲眞正積極的倡導孔教爲宗教是民國成立以後，仍堅信唯有先立孔教，才能使中國與西方各國一樣的強盛，其曾於〈孔教會章程〉中提出：

> 國所與立，民生所依，必有大教爲之楨幹。……今則各國皆有教，而我獨無教之國；各國皆有信教傳教之人，堅持其門户而日光大之。〔註64〕

康氏提倡孔教，未嘗沒有扶持危國之意，其見及西方各強國都有信奉的國教，無疑地認爲與西方諸國的富強有關，因之，中國必須將不像宗教的孔教，變成眞正的宗教，以作爲立國之基。

唐才常認爲歐美各國大小教會林立，皆由基督教分衍而成，猶如「中國的諸子百家，胥萌芽素王精心。」又認爲：

> 自主、平權、救眾諸會，乃耶教眞源，密密教、剖而司登教乃耶教孽派。猶《孟子》、《公羊》、大小戴，乃孔教眞源，秦、漢以來，相沿法制，乃孔教孽派。……自主、平權，予人以樂從，尤與墨氏兼愛、尚同、踵頂利天下之恉合。〔註65〕

將耶教下所衍生的幾個教派與中國儒家各經典做比附，視西教的思想同於墨子之思想，乃爲強調中西宗教的相同之處。唐才常受康有爲之影響，認爲政與教是相通的，各教會均主動參涉國家政務，此種「參國權」之舉在西方各國相當普及，可見「西人政教相通之理」，且「彼有會以聯屬之，而氣類日昌；我無會以宣揚之，而人心日潰！」反思中國亦應以宗教聯絡人心，要「廣立

〔註64〕康有爲：〈孔教會章程〉，《萬木草堂遺稿・外編》，上冊，頁477～478。

〔註65〕唐才常：〈各國政教公理總論〉，《唐才常集》（北京：中華書局，1982年8月），頁82。

孔教會，以繫千鈞於一髮。」顯然唐才常認為孔教足以作為統率人心的國教，修孔教、立孔教會最終的用意乃在於「通國政之理」〔註 66〕，以孔教統華夏以抗衡於西教。

（三）通教以保教

新學派的易鼐除了支持康有為將孔子之學提升為宗教的層次外，另提倡「通教」的觀念，「通」者含有開通、互通之意，所以通教並非廢除孔教而行西教，其最終目標仍是「通教以綿教」。易氏認為「中國之人，名為奉孔子之教，實未盡孔子之道。教中之士，帖括而已，楷法而已，上之亦不過經學辭章而已。」〔註 67〕強調孔教不當僅是科舉制藝的八股文或學術的研究或文學的創作主題而已。雖然信奉基督教的西洋人不盡然能完全體會耶穌之道，卻能遇事自主，隨時自興，信奉此救世教的國家均成為歐、美兩洲的強國。易鼐認為並非孔教不如西教，而是海禁大開後，各省教案紛然而起，如果處理不善，將釀成與強國敵對的災禍，為避免由殺教士而引起禍端，易氏提議光緒帝明降諭旨「國中自官紳以及士民，願入救世教者聽，毀教堂戕教士者為叛民，殺無赦。」先以開通的態度接受西教在中國傳教的事實，再求孔教與西教的相互融通，易鼐曰：

> 我儒教之有眞學問者，從暗中推擴其善意，改革其差謬，彌補其缺憾。其善意則欲斯世共登於仁壽，斯民大發其慈悲，推擴之而兩相忘矣！其間有差謬，改革之而兩相成矣！其間有缺憾，彌補之而兩相化矣！……二十年之後，聖教將遍行乎五大洲也。是聖教之規模，雖曰稍改，聖教之實際，寔賴以大振。否則視眈眈而欲逐逐，思絕我聖教者環而起，我將有所不忍言。〔註 68〕

面對基督教挾著歐美強國的勢力進入，在中國形成強勢宗教，對孔教而言不啻是個威脅，為求孔教能繼續存傳於中國，所以必須藉著孔教人士暗中推擴西教的善意；改革西教的差謬；彌補西教的不足，達至孔教與西教的相忘、相化與相成。且因兩者的融通，孔教勢力將更擴大，不但不滅絕，將更盛行於世界五大洲。可知，易鼐的通教之說，除為綿延孔教亦為宣揚孔教，使孔教勢力遍行世界各地。

〔註 66〕同前註，頁 82～83。
〔註 67〕易鼐：〈中國宜以弱為強說〉，《湘報類纂》，甲集上，頁 5。
〔註 68〕同前註。

總之，康氏撰寫《孔子改制考》作爲其宗教改革的理論依據，有自覺地將儒家變成孔教，將孔子尊爲教主，使儒學成爲一種宗教，兼具「神道」、「人道」的特質。康氏此舉乃自漢武帝以來，重新將孔子定於一尊的行動，兩者相同的是背後皆以政治爲目的。不同的是董仲舒的獨尊儒家，是以學術方式黜百家而定儒學於一尊；康氏則是以立教的方式，將儒學變成宗教型態，將孔子視爲中國文化精神的至高象徵，雖不免有狂熱的宗教情緒在其中，卻也是一種以立教保國救種的運動，視孔子爲新的權威核心，隱含欲以傳統的道德文明來對抗外來文化的衝擊，不過這樣的宗教運動型態，仍然引起舊學派知識份子的反彈，產生不少的阻力。

第四節　舊學派保教的原因及保教思想

中國歷史上的君王大多藉尊孔及提倡儒學，以神聖自我，爲鞏固統治權力，因之，舊學派的孔教觀念脫離不了爲政治服務的目的。另者，康有爲的提倡孔教乃將孔子塑造成抵制外國宗教文化，及實行立教改制思想的先聖，其融合中、西文化最優良的思想於孔教中，而舊學派顯然不贊同，其唯恐康氏雜揉中、西方思想及混儒、墨、佛家思想後，使得孔教漸爲其它宗派思想所混雜而失卻其原先的傳統特質，故而竭力提倡保衛孔教之思想。

一、保教原因

（一）以孔教維護傳統文化

舊學派護衛儒家道統，尤以孔、孟思想爲正宗，重儒家諸經而輕讖緯之學，尤其特惡《公羊傳》。葉德輝曾指責梁啓超：「〈春秋界說〉九論世界之遷變，隱援耶穌創世紀之詞，反復推衍此等異端學說，實有害於風俗人心。」〔註69〕葉氏批評梁氏援引西方宗教思想以解《公羊》三世進化之說，實有害於社會風俗。張之洞特別強調孔教的特色：

> 孔門之學，博文而約理，溫故而知新，參天而盡物。孔門之政，尊尊而親親，先富而後教，有文而武備，因時而制宜。孔子集千聖、等百王、參天地、贊化育，豈迂陋無用之老儒。〔註70〕

〔註69〕葉德輝：〈與俞恪士觀察書〉，《翼教叢編》，卷六，頁33。
〔註70〕張之洞：〈循序第七〉，《勸學篇・內篇》，卷一，頁25。

張氏分別說明孔門之學、孔子之政及孔子之聖皆有與時俱進、因時制宜的特色，表示孔教極富有時代性。就教理而言，孔教立教本之於人類的倫理道德，其以爲有倫理則有孔教，葉德輝曰：

蓋聖人之教，先之以人倫而以神道輔其不及。耶穌之教，先懾之以鬼神而又專主一祀，抑倫理於後。〔註71〕

孔教與耶教對人倫、神道均各有偏重，顯示兩教的差異性及獨特性，孔教是中國固有的文化思想，其講究倫理爲中、西方所同，其好生惡殺則爲人心所同，所以葉氏認爲「孔教爲天理人心之至公，將來必大行於東西文明之國。」〔註72〕就歷史及政治角度觀之，孔教的確有其優越性，葉氏曰：

堯、舜、禹、湯、文武之教，周公成之，孔子大之。三代以下，異教之爲聖教漸滅者，不可殫述。〔註73〕

聖教歷周、孔集成而傳承後世，自是有其歷史價值與文化根柢，絕非異教可以比擬，在中國「雖不識字之農夫、牧豎、婦人、幼子，無不有孔子二字，橫於胸臆間。」孔教深入社會各階層，具有普遍性，所以葉氏以爲西教即使傳播於中國，「亦不過釋、老而已。」〔註74〕，猶如佛教傳入中國雖與傳統文化相互融合，但仍被視爲外來的宗教，無法取代主流的孔教。因之，西教傳入中國，自不免如佛教要融入中國社會，對孔教並不會有所排擠或動搖地位的現象，葉氏言：

西國諸教，所謂彼亦一是非。安能奪我中國楊、墨所不能侵，釋、老所不能蝕之孔教哉！〔註75〕

中國楊墨、釋老之教皆無法侵蝕孔教的地位，可見孔教的優越性絕非西教可以比媲，其地位自然非西教可以取代，對西教的態度，葉氏並未一概否定西教的價值，嘗言：「自來中國之士，攻彼教者失之誣，尊彼教者失之媚。故謂西人無倫理者，淺儒也。謂西教勝孔教者，謬種也。」〔註76〕相較於當時的中國士人面對西教時，過於自尊或過於自卑的態度，葉氏認爲孔教與西教皆各持教義與價值，並不一味地批評西教，卻仍堅持維護孔教的地位。

〔註71〕葉德輝：〈與南學會皮鹿門孝廉書〉，《翼教叢編》，卷六，頁21。
〔註72〕葉德輝：〈明教〉，《翼教叢編》，卷三，頁30～31。
〔註73〕葉德輝：〈與南學會皮鹿門孝廉書〉，《翼教叢編》，卷六，頁21。
〔註74〕同前註。
〔註75〕葉德輝：〈輶軒今語評〉，《翼教叢編》，卷四，頁17。
〔註76〕葉德輝：〈明教〉，《翼教叢編》，卷三，頁33。

（二）以孔教鞏固君權

新學派提倡尊孔、立孔教實爲改革時蔽，欲藉孔教之名，以行改革之實，舊學派的尊孔子之道，除爲維護傳統文化外，亦爲鞏固君主的專制政治。自西漢武帝罷黜百家，定儒術爲一尊，儒學與政治即密切相關。葉德輝提及孔教的政治性，曰：

> 孔子志在《春秋》以救一世之亂，逆行在《孝經》，以立萬世之綱紀，復有《論語》一書，綜百王之大法。傳其教者，如曾子、如子夏、如孟子，皆身通六藝之學，心究萬變之情。〔註77〕

孔教之創乃爲救世亂、立綱紀、綜百王之法、體察世事之萬變，政治意義極明顯。因恐新學派引西國宗教思想混亂了孔教思想的危機意識，葉德輝認爲應闡揚孔教思想，以闢外國宗教思想的入侵爲旨，且由於當日西教有逐漸興盛的現象，葉氏以爲「人之持異教也愈堅，則人之護聖教也愈力。」〔註 78〕否則孔教不行將導致「篡弒相尋，天下且成爲虛器，何有于君主、民主、君民共主也。」〔註 79〕孔教的興廢關乎國家的盛衰，所以孔教一旦爲西教所取代，國家將滅亡，更遑論政治體制的改變，葉氏之意除欲護衛孔教以抵西教外，更視孔教爲政治體制的根基。

葉德輝曾爲孔教思想與西方宗教的教義作一簡略的分析比較，曰：

> 迺來泰西立國，民主之制居多。摩西立誡，以敬天孝親愛人爲宗，希臘、天主、耶穌三教本之，其於忠君愛國，無明約也。彼書偶亦有之，乃其教士得見儒書以後所增，非彼經原文如此也。故俄羅斯、英吉利之亂民，時時倡民主之議所以然者，敬天孝親，愛人之理，中西所同，獨忠君爲孔教所持之義，西教不及知也。〔註80〕

中國孔教思想與西方宗教的基本教義均以敬天、孝親、愛人爲主，至於忠君思想則是中國獨有，所以西方倡民主，乃因西教中無忠君之義，葉氏之意不外說明忠君思想是孔教的重要教義，更是維持國家政治穩定的主要力量。張之洞即說明政教相維，是古今中外不變的道理，曰：

> 我聖教行於中土，數千年而無改者。五帝三王，明道垂法，以君兼

〔註77〕同前註，頁31。

〔註78〕葉德輝〈明教〉，《翼教叢編》，卷三，頁31。

〔註79〕同前註。

〔註80〕葉德輝〈與俞恪士觀察書〉，《翼教叢編》，卷六，頁34。

> 師，漢、唐及明，宗尚儒術，以教爲政。……蓋政教相維者，古今之常經，中西之通義。〔註81〕

孔教行於中國數千年而不墜，其原因在於五帝三王將君統與師統相合，漢、唐以來崇尚儒術，以政爲教，可知中國歷代君王均將孔教與政治相結合，崇尚儒術，相對地鞏固了政權。

二、舊學派的保教思想

（一）以孔教改變西教

舊學派的尊孔教，除欲抗衡西教外，更企圖以孔教改變西教，可知孔教在政治上除了被視爲鞏固君主政治的利器外，亦可藉爲以夏變夷的力量。李元度（西元 1821～1887 年）〈答友人論異教書〉中提及孔教是「爲天地立心，爲生民立命，乃乾坤所由以不敝者也。堯舜孔孟之教當遍行於天地所覆載之區。」既然孔教是參贊天地，化育萬物，當將孔教推行於世界各地，至於孔教的傳播方式，應採漸進而及的方式，在中國如此，在世界亦如是，李元度曰：

> 堯舜孔孟之教在中國亦以漸而及也。堯舜都冀州，其時惟今山西、山東、直隸、河南、陝西數行省爲中原，餘皆要荒服地也。孔孟時，吳越荊楚尚以蠻夷擯之。……至乾隆中，新疆拓土二萬里，則眞天下一家，中國一人矣。堯舜孔孟之教蓋漸推漸遠，初無一息之停也。〔註82〕

其從歷史中尋找支持此一觀點的根據，孔、孟之教能經千百年的「以漸而及」統治了中國，自然將漸推漸遠，而遠及外邦。因之，對於西人在中國傳教大有奪堯舜孔孟之席的形勢，李元度有不同於一般人的看法，曰：

> 竊謂不足慮，抑且深足爲喜。不惟不慮彼教奪吾孔孟之席，且喜吾孔孟之教將盛行于彼都，而大變其陋俗。〔註83〕

其以爲中國孔、孟之教的地位，不但不會被西教所動搖，而且還能推及外邦，甚至令西人改變自己原先的禮儀習俗，李氏藉此隱約含有「以夏變夷」的思想。葉德輝曾對中國宗教的演變作概略的說明，其中有「以夏變夷」的意寓，曰：

〔註81〕張之洞：〈同心第一〉，《勸學篇．內篇》，頁 3。

〔註82〕李元度：〈答友人論異教書〉，《天岳山館文鈔》，《近代中國史料叢刊》第四十一輯（臺北：文海出版社，1966 年 10 月），卷三六，頁 20～21

〔註83〕同前註，頁 19。

> 中土之教最古者爲巫，迨黃帝正名，百物進草昧而文明。於是堯舜繼之以無爲爲治，道教始萌芽于此矣！老子箸書上下篇，言道德之意，道家宗之，故後世稱道教者，必曰黃老。老氏之學一變而爲儒，再變而爲法，其入於夷狄而爲浮屠也。又變而爲釋，釋教盛於身毒，即今之印度也。今西域海西諸教，若回回、若天方、若天主、若耶穌，又本釋氏之支流餘裔，各以其一鱗一爪縱橫於五大洲之間。〔註84〕

葉氏的立論著重於文化思想的轉變，其將學術思想與宗教混合一談，視爲中國由蠻荒的巫教，經文明進化的歷程而成道家，由道家變爲儒家，再變法家，並認爲中國宗教以夏變夷，傳入印度成爲佛教，世界各教又均爲佛教之支裔，葉氏乃意味著西教源於中教，欲藉此強化中國宗教的影響力，企圖對抗西教的強大勢力。

（二）恢復孔教的原貌

中國舊學人士對西洋宗教一向持保守，甚至排拒的態度，特別是十九世紀中葉以後，此現象更爲明顯，舊學派人士認爲西教之於孔教而言，是邪道異端，將之比爲楊墨佛老，葉德輝曰：

> 今日學術潰裂甚矣！戰國之世，患在楊墨，孟子闢之；八代以降，患在佛老，韓子、朱子闢之。今日之世，患在摩西，無人闢之，且從而羶之，以至異說橫流，謬論蜂午，衣冠士族，廉恥道亡。〔註85〕

葉氏此說之意乃視西教爲中國之大患，感慨無人效孟子闢楊墨，韓愈、朱子闢佛老之舉，導致異說、謬論紛起、廉恥喪亡，造成學術混亂。因之，更顯示孔教的優越性及存在的必要性。由於西教思想與孔教的不同，可能引發了政治思想上的衝擊，誠如葉德輝所言：

> 墨氏兼愛，是以愛無差等，施由親始。此佛氏平等，基督愛異類之說之所出也。〔註86〕

> 夫平等之說，出於《四十二章》佛經，西人《舊約》諸書乃演爲萬物平等之義。〔註87〕

〔註84〕葉德輝：〈明教〉，《翼教叢編》，卷三，頁30。
〔註85〕葉德輝：〈與戴宣翹教官書〉，《翼教叢編》，卷六，頁28。
〔註86〕葉德輝：〈讀西學書法書後〉，《翼教叢編》，卷四，頁69。
〔註87〕葉德輝：〈長興學記駁義〉，《翼教叢編》，卷四，頁37。

此言意味著「平等」的觀念，乃出自於墨子、佛教及基督教等思想，以平等對待萬物，提昇了人與人之間相等的關係，卻異於孔教所言由近及遠、由親及疏，有階層的尊卑親疏關係，故有孟子排墨，韓愈、朱子拒佛老，因之，西教所提倡的「平等」觀，也就成爲舊學派所排斥的觀念，進而視西教爲破壞道術的異端。對於新學派的通教之說，葉氏則批評：「藉保護聖教爲名以合外教者，巧言也。」〔註 88〕「自命爲前智之聖人，其意本欲廢孔教以行其佛、耶合體之康教」〔註 89〕「其門徒之寓上海者，恆稱其師爲孔墨合爲一人」〔註 90〕就葉氏的看法，康有爲的孔教已非單純的以儒家思想爲教義，而是混合了西方的基督教及中國的墨家及佛教思想爲一體，乃欲藉保護孔教之名而行通教之實。曾廉更批評康有爲欲以孔子及孔教提升自己的地位，曰：

> 意將以孔子爲摩西，而已爲耶穌，大有教皇中國之意，而特假孔子大聖，藉賓定主，以風示天下。〔註 91〕

舊學派所言雖不免有扭曲康氏尊孔及倡孔教的本意，然康氏過度塑造孔子及孔教的形象，亦失去其原貌，所以除舊學派的批評攻擊外，連新學派的梁啓超對於康氏孔教所寓寄的孔子形象，亦有不同的見解，其言：

> 有爲謂孔子之改制，上掩百世，下掩百世，故尊之爲教主，誤認歐洲之尊景教爲治強之本，故恆欲儕孔子於基督，乃雜引讖緯之言以實之，於是有爲心目中之孔子，又帶有神秘性矣！〔註 92〕

梁氏認爲康氏將西方國家所以強盛的原因歸究於宗教，所以扭曲孔子的原貌，欲同於基督教，並添以讖緯之說，使有神秘性，背離了儒家思想。陳寶箴也深覺不妥，其言：

> 孔子之教散漫無紀，以視歐洲教皇之權力，其徒所至，皆以持其國權者不可同語，是以憤滿鬱積，援素王之號，執以元統天之說，推崇孔子以爲教主，欲與天主、耶穌比權量力，以開民智，行其政教，而不知聖人大德配天，聖人之大寶曰位，故曰雖有其德，苟無其位，

〔註 88〕葉德輝：〈與南學會皮鹿門孝廉書〉，《翼教叢編》，卷六，頁 21。
〔註 89〕葉德輝：〈孟子正界篇〉，《翼教叢編》，卷四，頁 31。
〔註 90〕葉德輝：〈與戴宣翹書〉，《翼教叢編》，卷六，頁 29。
〔註 91〕中國史學會編：《戊戌變法》（臺北：神州國光社，1953 年 8 月），第二冊，頁 492。
〔註 92〕梁啓超：《清代學術概論》（臺北：臺灣商務印書館，1985 年 2 月），頁 130～131。

不敢作禮樂焉。歐洲教皇之徒，其後以橫行各國，激成兵禍戰爭至數十年。〔註 93〕

陳寶箴之意，乃在批評康有爲藉著宣揚孔教以行變法改制，實已扭曲孔子聖人的原貌，且康有爲之所以尊孔，是因爲只見天主、耶穌在政教上的成效，卻未認清教主之害。可知，新學派以孔教作爲變革的宣傳手段，引發舊學派人士諸多的批評，除批駁易鼐的通西教以綿孔教之論外，更反對康有爲以孔教附會西教思想再結合中國的墨家及佛教思想以取代原始孔教的作法，並認爲康、梁等人立教、保教的活動，實質上是帶有濃厚的政治改革意義。

總而言之，舊學派的保教是爲保有孔教的原貌，除深恐西教及佛、墨思想的雜入而扭曲孔教的眞義外，更不願孔教成爲新學派變法改制的工具，同時也爲維護統治者政權的穩固。

結　語

新學派在面對衰弱的國勢及強權的入侵下，所提倡的「保種」觀念，一方面已有排滿保漢的意識，另方面爲中國種族的強盛，以生物學的遺傳、優生等觀念，認爲白種人爲優秀人種，而鼓勵黃、白種通種（合種），以企使中國轉弱爲強。又有進種改良之說，欲藉人爲的力量經時間的演變，將可能產生不良人種的因素加以改良，以達進種、保種的理想，最後藉人種的優良及孔孟化教達至太平世界的理想。

舊學派雖然對於新學派的爲合種、通種、進種之說，未能詳辨其中的差異，一概視爲將破壞倫理綱常而持反對態度，且黃、白合種、通種，在舊學派者的觀念中已危及「夷夏之別」的文化意識，使民族的自尊與文化的優越感受到嚴重的挑戰，自然引發排拒現象。另者，舊學派的君權思想，除遭受新學派者反專制主義及民權、平等思想的挑戰外，還面臨更尖銳的衝擊，就是新學派者已帶有反清或反滿的意識，即使其所提倡的保國、保種說，恐含有保中國不保大清，保漢種不保滿種的潛藏意識，因之，舊學派的保種主張，強調「夷夏之辨」與「人倫綱常」等文化意識外，更以保國爲前題，藉保國的尊王、君權以抵制新學派的反滿思想。

康有爲作《孔子改制考》的目的在於闡明孔子並非述而不作的聖者，而

〔註 93〕陳寶箴：〈請釐正學術造就人材摺〉，《戊戌變法》，第二冊，頁 358。

是創教的教主，六經皆孔子所作，而孔子著作的目的就是爲了托古改制，以實現理想的制度。嚴格說來，康有爲所倡的孔教原應指儒家的學術流派，其似有意將儒學引至神聖的宗教境地，所以認爲儒教是宗教，孔子是教主，其眞正意圖是欲發揮儒學宗教的一面，鑄成國民的信仰，以對抗強大的西教勢力。總之，新學派的尊孔及提倡孔教無非是以孔教之尊，一方面藉以行變法之便，另方面藉倡孔教，強調儒家文化的近代化，以抗抵西方文化的強勢入侵，最終目的乃以救國爲宗旨。

就儒家思想而言，基本上並不是一種宗教，卻具有宗教所特有的解脫論，應可稱爲道德的宗教〔註 94〕。康氏之所以要以儒爲宗教，自有其儒家思想的內在因素與特質，並非完全是受墨家、佛教或基督教的啓示。康氏提倡孔教，同時涉及了客觀的時代因素，考慮到廣泛的政治、社會、文化等層面，強烈的危機感造成其有直接的反應與行動，使其欲將儒家從哲學的範疇，提升至宗教信仰的境地。然無論就思想本身或宗教觀點而言，欲將道德的宗教轉換爲純粹的宗教，原屬不易之事，且康氏建立孔教時的主、客觀條件，均使此一轉化更加不易。

舊學派所尊的孔教與新學派所尊的孔教義涵並不全然相同，舊學派認爲儒家即使不爲宗教，卻比宗教更深入中國人的生活，因爲孔教是中國文化和傳統的精髓，並以爲康有爲意圖神化孔子，是影附西方思想，潛移聖教，而視之爲「異端」、「邪教」，所以舊學派堅決反對新學派的通教觀念。由此可知，舊學派對於西教將因「人之持異教也愈堅，則人之護聖教也愈力。」的心理因素而展現翼護孔教的堅決態度，甚至企圖以孔教的傳播「變夷爲夏」。因之，康有爲以儒變法之所以引起舊學派極大的爭論甚至強烈的反彈，無疑是挑戰了傳統文化與君權的至尊，惟恐將儒教建成變法之教，似乎就有害而無益了。

事實上，無論從舊學派的批判或新學派的質疑來看，都說明了康有爲並不可能建立如西方式的宗教神學體系來推動政治上的變革，而其使孔子神秘化的作法，非但違背了儒學世俗化的傾向，同時忽略了中國政教合一的統治模式，非旦引起統治階層的反對，最終仍無法被廣大的社會群眾所接受。

〔註 94〕傅偉勳認爲：「儒家思想基本上不是一種宗教，但有從貫穿知識論、形上學、心性論與（包括政治社會思想與教育思想在內的）倫理學等四項的『道德的理想主義』，所衍生出來的一種儒家特有的解脫論，仍可以說是一種道德的宗教。」《批判的繼承與創造的發展》（臺北：東大圖書公司，1986 年 6 月），頁 50。

附表 6-1 新、舊學派保種、保教思想論爭議題之對照表

		保種	保教
新學派	康有爲	滿、漢合一、保中國、保漢種	扶持聖教排除異端，以孔教行變革
	梁啓超	強調平滿、漢之界，保漢種、保中國，合黃種以抗白種	倡孔教以保教
	譚嗣同	抵制滿族以保漢族	
	易鼐	合種以留種，黃、白種通婚	孔教與西教融通以保教
	唐常才	血緣相近不通種，黃、白種通婚	修孔教、立孔教，以抗西教
舊學派	葉德輝	反合種、通種之說，強調夷、夏之辨	恢復孔教原貌，反對以孔教倡變法
	張之洞	以尊王爲保國、保種的中心	政教相維，孔教與政治結合

第七章　結　論

鴉片戰爭之後，帝國主義露出瓜分中國的野心，受外敵環伺的壓力及內在政治的動蕩，前所未有的衝擊著中國，使許多傳統觀念急遽地發生變化。西元 1890 年代是晚清思想變動最激烈的時期，主張變法思想的新學派，所闡揚的政治理念及文化價值觀，背離了以往人們所認知與遵循的傳統思維。新學派學者必須爲變法的理論尋找思想的依據，不僅動搖了兩千多年來的儒學體系，更爲了建立新的政治秩序，以闡發民權思想，而撼動了王權及維繫王權的綱常名教。這兩個思想層面的改變，必定遭遇舊學派者的抗拒，在文化思想上，舊學派否定新學派的儒學思想，在政治思想上，更極力捍衛傳統的政治結構，其中新學派康有爲、梁啓超、嚴復、譚嗣同……等人的劉歆僞經說、孔子改制說、三世進化思想、教育的變革、以及西學的融攝與合種通教等觀念，多被視爲離經叛道、非聖無法的思想。朱一新、葉德輝、王先謙、張之洞……等舊學派人士，在學術文化上企圖以恢復原始儒家思想爲目的，在政治思想上，尊重絕對的王權，肯定綱常名教的絕對性，否定民權、平等的思想，並嚴守夷、夏之防，進而展開對新學派人士一連串的駁擊，欲求回歸學術與政治原貌。

就歷史的演進而言，無論是新學派或是舊學派，都扮演了重要的一角，藉著對各種思想的論爭，由而產生思想的激盪，互見雙方學者持論的長短，同時亦對當時的國家社會提供思想上或實際制度上的出路，在時代的推移上，留下深刻的意義。

第一節　新學派思想的評析

一、開拓思想的新局

晚清新學派的改革者，面對從未有的變動局勢，除了所受的傳統教養外，求新、求變的恢宏志氣，加上旺盛的學習能力，欲將東、西方的知識與文化融於一爐而冶之的氣魄，造就了中國近代思想史的極大特色。雖然所呈現的各種思想不免覊疏，然相較於當日的保守風氣，卻是極大的躍進與突破，這雖不免爲中國近代社會帶來非常的破壞，卻也預含了非常建設的可能性。新學派的求新、求變蘊含著對中國傳統學術進行批判與改造，康有爲曾批判清代考據學的無用，批評宋儒講求義理，鑿之過深，揚之過高，不切於實際，新學派之所以重視理性經驗，與其面臨列強對中國的侵略危機有密切的相關，因之，其所重視的是解決國家民族的生存問題，而不是進行純粹形上思想的建構，所以主張通過自身的理性經驗，以認識現實社會與客觀世界，正意味其思想體系的開展與連續的政治運動有不可分的關係。

在面臨西方強大勢力的入侵時，康、梁等學者積極的主張以吸收西學來抵抗西方，並進而將西學與孔子的微言大義相牽合，以重建新的思想體系，因應時代變遷的需求。就此思想體系而言，雖不免是粗淺、鬆散的，卻有其實際存在的意義，梁啓超曾於《清代學術概論》中總結此派的學術曰：

> 康有爲、梁啓超、譚嗣同輩，即生育於此種「學問饑荒」之環境中，冥思枯索，欲以構成一種「不中不西，即中即西」之新學派，而已爲時代所不容，蓋固有之舊思想，既深根固蔕，而外來之新思想，又來源淺觳，汲而易竭；其支絀滅裂，固宜然矣！〔註 1〕

正是因爲如此，所建構的新學派思想從形成至發展的過程中，始終是兼具了中、西學的兩重性質，根深蒂固的中學傳統思想，加上粗略淺層的西學知識，構成新學派思想的型態，此正是新學派與舊學派相即又相離之處。

西學對新學派學者的思想有極大的啓發性，首先對於傳統教育觀念的改變，以開民智、育人才爲目標，以變科舉、廢八股，立學校及新式學堂爲手段，以崇實學的精神進行傳統教育的改革。由於康、梁等人所閱讀的西書，主要是江南製造局的譯叢，大多屬於科技類書，因受西方科技知識的影響，

〔註 1〕梁啓超：《清代學術概論》（臺北：臺灣商務印書館，1985 年 2 月），頁 161。

除推崇西方物用的完善外，更堅定其對科學的信仰，使其以為科學文明是人類進步的表徵，欲以科學的自然法則作為人理的規範，不難見出新學派欲消泯自然科學與人文科學的界限，其以科學詮釋人文，逐漸混合形上之道與形下之器間的份際，進而欲將西方的自然科學融攝於中國的傳統觀念中，提倡中國模仿西方的具體項目，諸如：實業器用、議院制度、進種改良……等，此等觀念的引進或創作，對當時的中國社會而言，不啻是一種視野的開拓。

總之，無論是相較於晚期的革命黨，新學派顯得保守，或相較於當時的舊學派，新學派又顯得激進，以「保守」或「激烈」這樣籠統的語詞，做為對新學派思想的評價，皆為主觀之見，最重要的是此派學者求變、求通、求改革的圖強與維新，為當代開啓了思想的新局。

二、新學派思想的影響

一般學者多認為康有為是今文學的殿軍，如以嚴格的學術觀點或今文學的師承而言，康有為並不能算是個純正的今文學家，然就當時的政治狀況而言，康有為的別有所圖是大勢所趨，其〈致朱蓉生函〉即言：

> 僕之忽能辨別今古者，非僕才過於古人，亦非僕能為新奇也，亦以生於道咸之後，讀劉、陳、魏、邵諸儒書，因而推闡之。使僕生當宋明，亦不知小學；生當康乾，亦豈能發明今古之別哉？〔註2〕

此論點說明了學術與時代的關係密切，其新學思想的產生不外是時代所需，客觀的環境使其於今文學中，發現救國圖強之道，並企圖以經學達成政治上的目的。

事實上，康、梁等新學派學者，若無傳統學問的基礎，便無法發揮其言論的效力，因為新思想的引入必須藉著傳統學術常用的語言詞彙加以表達，藉著本國的歷史文化典故作為譬喻使人明瞭，其中雖不免有強行比附之譏，卻不可否認的有助於新思想的移植。換言之，新學派的學者必須在固有的傳統思想間架上演義外來的思想，在無意間可能予以西方思想過高的評價，卻唯有如此，新學派學者始能藉此機會更革傳統思想。新學派借西學以修改儒學，經過變化、改造過的儒學，已非原有的傳統，自然不會排斥其變法的觀念，所以新學派學者可謂是為傳統思想開新境界的人。

〔註2〕康有為：〈答朱蓉生書〉，蔣貴麟（編）《萬木草堂遺稿・外編》（臺北：成文出版社，1978年4月），頁815。

再者，新學派學者否定絕對性的王權，只是一個手段，其乃欲在批判王權之外，積極的宣揚民主、民權思想，認爲人人都有自主的權利，欲將政治的權利歸之於人民身上，對傳統的君權政治而言，此爲傳統政治思想上最重要的突破，因其於傳統政治秩序之外，提出了另一種制度上的可能性，此一觀念除了受到西方民主思想的啓發外，承繼了中國傳統的民本觀念也是原因之一，可謂是傳統的創新，眞正具有革命性。可知新學派雖無意成爲政治思想的解放者，卻無心的成爲政治思想的啓蒙者，毫無疑問的，新學派爲了變法而對傳統儒家經典所做的重新詮釋，無形間開啓了疑古的風氣，引發後世的疑古風潮。

新學派無論在學術或政治方面，就思想的變化與學理的諸多貢獻，皆代表政教發展的先驅，儘管是散亂與不成熟的，卻隨時在推動時代，其中所產生的後果卻與其原意相距甚遠，甚至無形中觸動了革命的思想。新學派在革命思想未成熟之際，已對當時的守舊勢力展開挑戰，強烈的揭示了民權思想，並且在面對強國的威脅時，大力鼓吹「滿漢不分，君民一體」的民族主義，然究其民族主義的根本卻又帶有「保漢種不保滿族」及「保中國不保大清」的潛藏意識，所以就民族主義、民權主義乃至民生主義而言，幾乎是由新學派發其端，而由革命派竟其緒的，最後帶來亞洲第一個民主共和國的建立，這應是主張君主立憲或君民共治的新學派學者所始料未及且不願見到的影響。

總之，晚清時期，新學派學者企圖在思想領域上，對中國古代的哲學、經學、政治、倫理、教育、宗教等思想學說，進行了一連串的改變，企圖建立一套新的社會意識型態，以爲新的政治、經濟力量作後盾。雖然其所建立的新思想體系，是一種新舊雜湊，中西合併，顯得粗糙、雜亂，缺乏嚴整的體系，誠如梁啓超所言是一種「不中不西，即中即西」的思想型態，但畢竟對於推動中國社會的進步曾起了重要的影響作用。

三、新學派思想的局限

新學派對於儒學的重新詮釋，究竟是重振了儒學，抑是扭曲了儒學，就學術立場而言，其已自覺或不自覺地動搖了儒家的根基。換言之，新學派的重新詮釋儒家經典，同時造成中國傳統思想的破壞，甚至古代信史的摧毀，其意原爲尊經，卻產生毀經的後果。可知，新學派對傳統的學術文化，既是個維護者也是個瓦解者。

先秦諸子的託古改制，乃爲宣揚其個人的政治主張與思想體系；晚清康、梁等新學派學者的託古之所以借重古史、學說，乃在於效法西方及援用西方的政教觀念，企圖開展中國的現代化，與先秦諸子的虛構託古，以支持學派之學說爲目的，在根本的立意上截然不同。再者，新學派的孔子改制說，乃依託《公羊》學而來，殊不知《公羊》家所言的孔子改制僅爲漢制法而已，如何強說爲百世制法？且康、梁將說解經義做爲行事的理論根據，使說經與行事兩者密不可分，因之，無論說經或行事必然受到一般士大夫的抨擊，更遑論舊學派的學者了。就學術理論觀之，新學派爲變法所立的理論，顯然有許多與實際情況不合之處，甚至面臨了理論根本無法落實的窘境，諸多的變化因素與狀況，應是其始料未及的，最後反而成了改革的負擔。此外，新學派的學術思想，除了遭到舊學派及當時情勢的強烈挑戰外，就連梁啓超也檢討了其所以失敗的原因，曰：

> 一切所謂「新學家」者，其所以失敗，更有一總根源，曰：「不以學問爲目的而以爲手段」。時主方以利祿餌誘天下，學校一變名之科舉，而新學亦一變質之八股；學子之求學者，其什中八九，動機已不純潔，用爲「敲門磚」，過時則拋之而已。……殊不知凡學問之爲物，實應離「致用」之意味而獨立生存。……質言之，則有「書獃子」然後有學問也。〔註3〕

嚴格而言，新學派者爲求改革乃依附傳統學術以立變法思想，其學術動機已然不純，其批判科舉的八股考試，改立學校，學習新學，以「致用」爲目的，正如以科舉利誘天下學子一般，無法眞正治理學問。可知晚清的新學家，已無如乾嘉時期的學者「爲經學而治經學」〔註4〕的純學術精神，所以在思想的啓蒙上固然有不少貢獻，在學術上的成果就無法媲美前期的學者了。

新學派所強調三世說的歷史演進法則，認爲大同世界必然能實現，然其並未探討必然性背後的動力，諸如：何種型態的社會、經濟、文化……等力量所導致必然結果的可能性有多少？對於一個理想世界的達成，其所要致力於多種條件、多種層面的建構，並未列入於三世說的演進中。可知，新學派所提倡的變法思想，立意雖爲創新，爲求國家的強盛而努力改革卻忽略當時社會的思想

〔註 3〕梁啓超：《清代學術概論》（臺北：臺灣商務印書館，1985 年 2 月），頁 163～164。

〔註 4〕同前註，頁 164。

水平，持論過高而輕忽了其中的可行性，固然如康有爲的議論縱橫，以爲「三年而規模成，十年本末舉，二十年而爲政於地球，三十年而道化成矣！」〔註5〕的理想，在當日的形勢下，顯得頗不切實際。且囿於時代的限制及對光緒帝的情感，康氏或許並非眞正想達到「君主立憲」或「虛君共和」的理想，其僅欲藉變法維新，極力將傳統的帝王專制權威虛化，成爲形式上的權威，其所要實現的應是「君民合治」、「聖君賢相」〔註6〕的想法而已。既然新政治觀念的落實關乎著社會的思想水平，嚴復就認爲在實施新政之前，必須先教化人民，長期培養新文化的觀念，其言：「國之貧富、強弱、治亂者，其民力、民智、民德三者之徵驗也，必三者既立，而後其政法從之。……標雖治，終亦無功，此舍本言標之所以無當也。」〔註7〕嚴氏之意以民力、民智、民德爲國家強盛之本，雖未明言康、梁新學思想爲「末」、爲「標」，但其強調民力、民智、民德三者未張之時，驟然伸民權、開議院是無當的，其曾道：「論者動言，中國宜滅君權、興議院。嗟呼！以今日民智未開之中國，而欲效泰西君民并王之美治，是大亂之道也。」〔註8〕在嚴氏看來康、梁等人的急欲伸張民權思想及實施西方議會政治，是不切實際且易造成動亂的根源。況且西方的社會環境與經濟發展的情形，與中國皆不相同，所以如果一味的援引西方政治思想，則必先透過國家的地理及歷史上的條件，所應制定的各種制度尚未完備時，新學派所謂民權、平等的觀念均停留於抽象的概念而已。

最後就新學派的宗教觀而言，實際上是含藏著相當複雜的文化感情，反映的是傳統精神教化的機能。儒家思想於早期已趨向形而上學的理路，最多只能說是一種「道德宗教」而已。實際上，種種隱藏在康、梁宣揚孔教的幕後，本就具有強烈的政治內容與性質，「改制立教」是形式，民權平等是內容，新、舊兩派所謂宗教議題的論爭，是晚清時期社會思想激烈爭論的歷史面貌及獨特的宗教表現。康有爲藉著聖人孔子作爲論爭的主題，是一種歷史的選擇。康氏運用「托古改制」的古舊形式宣傳著民主改革思想，因爲需要遷就

〔註5〕康有爲：〈闔闢篇〉，《康子內外篇》，收錄於蔣貴麟編《萬木草堂遺稿．外編》（臺北：成文出版社，1978年4月），頁9。

〔註6〕馮友蘭：《中國哲學史新編》（北京：人民出版社，1999年2月），頁451。

〔註7〕嚴復：〈原強〉，《嚴幾道文鈔》，《近代中國史料叢刊》第四十二輯（臺北：文海出版社，1966年10月），卷一，頁17～20。

〔註8〕嚴復：〈中俄交誼論〉，鄭振鐸編《晚清文選》（上海：古籍出版社，1937年3月），頁682。

當時的情勢，然其以各種穿鑿附會的方式來依循古訓，不僅使其理想有所阻礙而無法開拓，同時也使其許多的論斷披上一層反理性的宗教面紗。對於孔子地位和權力的保留，實際上卻是意味著傳統保守主義的地位與權力的不可毀棄，在此也見出其思想上的矛盾處，這或許正可以對康有爲在後期將「尊孔」與「立教」轉化成一種維護現存社會秩序和倫常道德活動的一種解釋。因之，就思想層面而言，新學派除了以儒變法引起極大的爭論，甚至強烈的反彈外，將孔教建成變法之教，似乎是有害而無益了。

總之，新學派主張向西方學習，卻又無法擺脫中國傳統的束縛，要改革中國的政治體制卻又與君主有所聯繫，其對守舊衛道者藉孔子以維護固有的社會秩序極爲不滿，卻又依託孔子與儒家經典以實行維新運動，將古代的聖者化爲維新的改制者，希冀的是國家的新氣象，用的卻是舊方法的改造，可知，新學派所採取的是在不動搖專制體制的基礎上以進行政治的改良，而康、梁等人思想或行動的過程中，無論是有意或無意間，對傳統往往產生矛盾的意識型態，因此顯出中國在政治上、經濟上的軟弱性。

另就客觀的環境因素而言，新學派的學術、政治、教育、孔教……等思想要落實於實際的運作時，並無高層機構強有力的領導指揮，其雖得光緒帝的全力支持，無奈光緒帝並非爲當時的權力核心，無實權以推動新學思想的實現，政府高層如此，更遑論基層組織的側後支持，社會風氣、觀念依然故我，無明顯的權利與義務的劃分，僅倚靠人身關係的維持，自然無法形成執行的運作體系。因之，無論是新學派本身的思想或就各種客觀的搭配條件觀之，其中的局限性是清晰可見的。

第二節　舊學派思想的評析

一、保守主義非頑固主義

研究晚清變法時期的現代學者們，多以康、梁等新學派的思想，做爲探討的主題，而在涉及到與康、梁等新學派對立的舊學派時，往往通稱之爲「頑固派」。其所謂的「頑固」應是對比新學派的「求變」而言，大致是指此派學者的觀念多爲守舊、陳腐，因襲並護衛傳統的學術思想與政治制度，無法與時俱進，是冥頑不靈者。筆者由此篇論文的撰寫中，對於當時與新學派產生激烈對立的舊學派有比較深刻的認識後，認爲此派學者不應被視爲「頑固」，從其對傳統的固守與對新學勢力的抵制來看，應稱之爲「守舊」或「保守」，應較爲適當。推想其被現代學者稱爲「頑固派」的原因，可能是以現代求變、求新、求快速進步的觀念，做爲批判的標準，相對於積極從事改革變法的新學派而言，其保衛、固守傳統的思想與抵制新學思想的作風，顯得較爲保守，而被視爲頑固不求變化。但如將此派思想放置在當代，以當時的時代背景作爲衡量的尺度，予以歷史的同情，又傳統的文化思想，亦有其需保留傳承的部份，所以對傳統的固守不能完全視爲是封閉、阻止進步的障礙，更何況舊學派者並不反對有條件地做適度的改革。將此派學者所堅持的種種論點放置於當時變動的社會中，所反映出來的各種思想，應稱之爲「保守思想」較爲適當，若以「頑固思想」稱之，恐失之嚴苛。

從思想史的視野來觀察，所謂的保守主義是在一個朝向變動的近代動態社會裡發生的。在近代的社會，由於社會結構的變動，造成社會勢力本身的分化。新的社會勢力欲將社會推向前進；然另一反制而欲維持社會現狀的力量，對社會的變動產生了有意識的抵抗，自然就形成了所謂的保守主義或稱之爲傳統主義。

中國社會一向傾向傳統主義，但中國近代的保守主義卻是產生於十九世紀中葉以後，正是中國備受內外勢力衝擊的時期。自光緒十四年（西元 1888 年）以後，舊學派者針對於新學派的改革思想逐漸產生的自覺反動，正是保守主義的掀起，至戊戌年（西元 1898 年）間的變法運動達於高峰，象徵傳統中國社會秩序的兩個主要支柱「儒家思想」與「君權體制」，在當時的是緊密地結合的兩個主要價值信念，舊學派人物之所以批判、抗拒新學思想，無疑就是要維護這兩個價值信念的絕對性與完整性，從此一角度觀之，其所維護者即是中國近代保守主義思想的主要內容，亦可說是傳統主義的凸顯。

二、舊學派思想的特色

舊學派的思想，一方面既有所「保」，另方面則有所「變」，而之所以「變」實際上正是爲其所「保」，因之，「中體西用」的理論自然成爲此派人士爲因應強大的西學勢力及新學派的變法思想，所遵循的行事法則。舊學派者所運用的「中體西用」說，基本上是保守主義的改革論。所訴求的雖然是在「中體」與「西用」間維持正統思想與實用精神的平衡，其中更深一層的意義卻是要藉著「西用」以維護「中體」的實存。因為隨著中國國勢的衰微，迫於現實局勢所逼，誠如舊學派的王先謙所謂「非常之變，蓋非常理所能制馭。雖古聖處今日，其法不能不變也。」〔註 9〕為必須接納西學的長處而尋找理由，但此「變法」的意義實不同於新學派的變法，其所稱「變法」之意，僅欲為傳統與當時社會中的新衝擊尋出平衡點而已，擴而言之，這正是舊學派對「中體西用」所秉持的保守精神。

舊學派因著傳統儒學固有的保守性，不可避免的制約著其思想的內在因素，因而固守著原來的結構方式，對於外來的文化刺激採取有條件的接納態度，其所選擇的原則就是保持思想體系的精神內質——「儒家學說」的絕對性，並維護其統治地位的穩固不變。西學的傳入只有與此根本精神相符合，或於此無害的觀念，始能被接納，否則便加以排拒。因之，根據這樣的考量標準，西方國家的政治制度、社會觀念如與中國的君主專制及傳統道德觀念相抵觸者，就被視為「異端邪說」加以排斥，但對於西國的科學技術如與中國的聖人之道無相違礙，則可被接納採用，甚至欲通過西方的物質文明來維持中國的名教綱常。

由於維護綱常名教、尊君親上的傳統既是儒家文化的顯著特徵，也是歷來學者視為立身的根本，才會有堅定維護君主體制的不移信念。可知，舊學派學者的護衛王權，理論基礎正是源於儒家的綱常思想，其肯定王權的絕對性，與對儒家倫理秩序的維護是不可分的。此外，舊學派人士之所以反對新學派在政治上的變革，最主要是認為人治或德治，較優於西方的法治，即使西法有優於中法之處，但其認為因於中、西方國情的差異性，不能全部採用西法，即便採用亦需有主、客之分，仍需強調「中學為主，西學為輔」的原則，所以排抵康、梁等人的變法思想，是宥於主觀的偏見，認為將會造成傳統學術的歪曲及君主政體的瓦解，失卻對社會國家的約束力量，使人心敗壞，造成國家社會的不安。總之，舊學派的保守主義不必然是頑固的思想，從舊學派人士反對新學派變法的各種論點觀之，其並非完全排斥改革，只是其所能接受的改革層面及改革的方式，與新學派有相當的差異。

三、舊學派思想的局限

新學派雖能針對晚清社會的諸多弊端提出改革思想，然審視其思想來源

〔註 9〕王先謙：〈工商論〉，《虛受堂文集》，卷一，頁 9。

的確既多且雜，甚而比附傳統學術或西學，雖有用世之心，但因思想根柢不固，時而流於粗疏空泛，所以舊學派的批駁亦能切中其若干的缺失。不過，舊學派除在學術、政治、教育、孔教……等方面與新學派做思想的論戰外，更曾雜以意氣之爭辯，甚而辱及人身，流於情緒性的漫罵，諸如：葉德輝即認爲康、梁等新學派，不單提倡變法以亂政，在學術方面亦有淆亂的現象，因之，針對梁啓超的思想學說，以〈正界篇〉加以批判：

> 梁啓超之爲教也，宣尼與基督同稱，則東西教宗無界。中國與夷狄大同，則內外彼我無界。以孔子紀年，黜大清之統，則古今無界。以自主立說，平君民之權，則上下無界。至其爲學，既斥《左傳》而尚《公羊》矣。又謂《春秋》與公法相通，《公羊》與《穀梁》同義，則治經無界。既尊康教而僞班書矣！又謂《儒林傳》爲百家源流，《藝文志》爲經學梗概，則讀史無界。〔註10〕

葉氏此段言論對新學派的學術、政治、宗教……等思想逐一批判，其中雖不乏有針砭的見解，亦存有部份的偏執之見，甚而有：「崇奉邪教之康有爲」、「輕謬邪惡之徐仁鑄」、「陰狡堅悍之黃遵憲」〔註 11〕等妄加詆毀的現象，如此直接涉及人身的攻擊，非旦無法展現舊學派的思想理念更進而顯示其思想的偏狹性。

舊學派的論點，最初或許是積於學術觀念的異同，與新學派論爭。然在其衛道、尊君、闢異端……等思想的堅執下，雖接受西學思想，但爲避免妨礙舊有的體制規章，對於人才的培育訓練，皆預設爲舊式官僚體制的技術助手，所以傳統的教育觀念及科舉取士的程序不做更動。通過由科舉制度及其附屬機構所培養的士大夫階級乃爲國家與社會間的聯繫者，在傳統體制下，其共通的特長無非是「詩云」、「子曰」的意識型態〔註 12〕，未能適應社會逐漸多元化的發展，僅能用作維持傳統的君權思想，及以名教綱常爲中心的社會結構及秩序，其中雖不乏有賢能的大臣或士紳，其所倡導的思想觀念或實際建設即使具有學術及政治、經濟價值，但因缺乏上下及側面組織的支持，造成體系的不能長久或觀念的無法落實。

此外，新學派的伸民權、抑君權未能被舊學派所接受，除了護衛傳統的

〔註10〕葉德輝：〈正界篇・序〉，《翼教叢編》，卷四，頁 24。

〔註11〕梁節庵：〈與王先謙書〉，《翼教叢編》，卷六，頁 11。

〔註12〕參考黃仁宇：《中國大歷史》（臺北：聯經出版社，1996 年 4 月），頁 292～295。

君主專制體系外，其背後的利益因素亦不能被忽略。因爲任何巨大的社會變革皆會帶給各階層不同利益關係的變化，新學派學者要改變現有的政體，欲建立新政體，勢必造成權力及利益的再分配，改革者的地位驟然上升，既得利益者的舊學派爲維護自己原有的地位，自然排拒一切的變革。再者，無論是舊學派官吏或士紳階層的利益均需要朝廷保護，如果改變了政體，其利益自會受損，朝廷的延續則可以延續其地位的優越及各種特殊權利，換言之，私人的利益與朝廷的能否延續休戚相關，是舊學派反對改革的重要原因，同時也是此派思想的局限之一。

至於舊學派對傳統文化的維護及堅持，並未見其對在光緒二十八至三十一年（西元 1902～1905 年）出現的國粹派有直接的影響，國粹派是傳統文化危機感的深化，亦是晚清民族意識的深化，可謂爲中國現代化潮流下的必然產物，與舊學派的傳統文化觀念有相同的產生背景。舊學派思想是中國近代保守主義的主要內質，而國粹思潮的崛起以「研究國學」、「保存國粹」爲宗旨，所以就其文化觀及國粹思潮的整體水平來看，可謂是晚清文化保守思潮的最高峰。

第三節　新、舊學派的相離與相即

一、以愛國與尊君爲前提

雖然新、舊兩派無論在政治思想或學術思想上有著對立的態勢，但對於愛國的觀點是一致的，無論是新學派的維新改革，或是舊學派的傳統保守，在面對國家民族存亡之際，均有深切的憂心，以救亡圖強爲目標，積極的提倡學習西方科學知識及興辦實業，皆爲求國家的強盛。新、舊兩派最大的差別是舊學派將「愛國」與「忠君」緊繫一起，雖然新學派對支持變法改革的「君主」—— 光緒皇帝，亦有深厚的情感，但在意義上並不同於舊學派的尊君思想。因爲愛國，即使以守舊著稱的王先謙等人，在戊戌變法前亦參與新政的推行，但終究因舊學派的「忠君」思想與新學派的「民主」、「平權」之說，無法相容，所以雙方愛國的意義上仍存有差異。

如以治國觀點而言，新學派雖將國家富強及大同世界做爲其政治的最終理想，但實現的過程中面對西方的強勢壓境，必先變革、改制以求富強之道。

舊學派則認爲要救亡圖存、改革社會，當從人的覺醒開始，只有改變人的意識觀念，才是最根本的實質性變革，不同於新學派的治國之道。無論新學派與舊學派均強調「人」的重要性，新學派認爲國家的治亂興衰，關乎「人」外，還與「制度」息息相關，認爲加強「人」的教育，提升「人」的智能外，並需致力於「制度」的革新，因爲制度的良莠，關係於人才的擢拔與任用是否得宜。舊學派則認爲「人」的道德敗壞才是問題的癥結，所以主張在上者倡導人心的改革，在下者響應，風氣一變，人治成功，國家自然安定興盛。新、舊兩派雖碰觸了「人」的改革問題，卻獨對「君主」的改革均未言明。新學派雖以改變政治制度，行立憲之政，使君王不能獨裁專制，是間接削弱君主的權力，實際上對君主仍非常尊崇，舊學派則認爲君權是不可動搖的倫理綱常，不過，新、舊兩派學者雖未脫「尊君」的思想，但雙方「尊君」的實質仍有所差別。

二、對傳統學術的尊重

晚清時期，新學派利用儒家經典，鼓吹變革思想，從學術、政治、教育、文化、宗教……等層面展開，舊學派亦以儒家典籍做爲反擊新學派思想的依據，兩派對經典的闡發與議論，均各自賦有時代的特點。

新、舊學派對待傳統經典的態度與解釋，有著相對立的立場，就態度而言皆是尊重，就解釋而言，則是各爲其學術及政治目的。如果說新學派是中國近代史上思想的啓蒙與創新；舊學派則代表思想上的傳統與固守，此兩派勢力因爲思想觀念的歧異，形成了張力的現象，新學派的啓蒙創造，應是對傳統有著批判的繼承，是轉化傳統的創造發展，乃以傳統作爲創造的資源，或更進一步的說藉由批判、瓦解而重建傳統，並非徹底的反抗、抵制傳統。〔註 13〕中國學術界對於傳統文化的堅持固守，雖然在一定的程度上受到反傳統思想的衝擊，仍始終以文化本位主義爲基本的立場，即使是身爲文化的保守主義者，依然能掌握西方的知識及方法，以從事分析與論斷，而文化本位主義的更新是時代發展的一個必然結果，所以舊學派學者，面對時代衝擊下，社會所造成的變化，亦非一意堅持著固守舊傳統不變，其允許在不觸動傳統的儒家價值體與制度的條件下，接受西方的工藝之學所帶來的改革，維持著中西兼蓄的中庸精神。就

〔註 13〕林師安梧〈傳統與啓蒙〉，《中國近現代思想觀念史論》（臺北：臺灣學生書局，1995 年 9 月）頁 159。

當時的晚清社會而言，西化不只是過程，也是一種趨向，西方知識提供了轉變的刺激，思想的形成，則仍離不開晚清知識份子依據傳統思想作基礎，而醞釀出內在的體悟成為理論觀點，此種由激發而引伸的思想觀念，無論是新學派或舊學派皆不免為成就自家的論點而自圓其說，甚至出於臆度與猜測。

三、援用西學以保中學

十九世紀以前，中國人往往自認中國是世界文化的中心，然而西方各國隨著科技革命與工業發展，逐漸邁向現代化，航海技術的進步，使國際間的接觸頻繁。十九世紀以後，中國人已能感到西潮入侵的壓力日益擴張，加上清政府的衰弱，使中國士人不得不承認西方文化的優越性，為了自保、自救，除學習西方之外，已無別的選擇。

晚清時期，無論是新學派或舊學派已意識到西學的特殊性，又因「中學為體，西學為用」的觀念普遍，康、梁等新學派人士，對西學的學習已由早期「師夷之技」的器物層面，提升至政法制度的改變，以為援引西學當由「器」的層次進入「道」的境地，欲將西學內化於中國的文化體系。護道意識濃厚的舊學派，已不得不反對「以國之強弱大小定中外夷夏之局」〔註14〕的觀念，對於夷夏之分，有新的認知，所以雖堅守為「道」為「體」的中學，再援引西學的技術器用以輔中學的不足，對中、西學的主從關係仍清楚劃分。可知，新、舊兩學派對於西學皆有所援用，雖在認知與運用上有所不同，但援用西學以保中學的最終目的應是一致的。

就事實而言，當時無論是新學派或舊學派對西學的認識，仍停留在粗淺的階段，並未能全然洞悉西學的眞正精神，所以引用西學時，皆面臨了在中國傳統體系與西方體系不同的情況下，要如何援用西學的問題？實際上西方事物乃西方現代物質文明所產生的結果，西方進入現代化之後，各國由農業體制進入商業體制，社會注重效率，採重商主義，進而影響其組織與運作的結構。反觀中國雖有龐大的官僚組織，一向只堅守對內的凝聚力及鞏固原則，站在非競爭性的自大立場，維持農業社會的習慣，無論是上層結構或下層組織及上下的聯繫均需重建，且西方的社會環境與經濟發展情況，皆與中國不同，無法完全援引西方的各種經驗以為己用，西學的諸多觀念根本無法落實

〔註14〕葉德輝：〈與南學會皮鹿門孝廉書〉，《翼教叢編》，卷六，頁20～21。

於中國，這亦是從洋務派的洋務運動及新學派援用西學以變法終究失敗的重要原因。

綜合以上各章節的討論，舊學派之所以排拒新學派的種種思想，主要是由於新學派學者所根據的學理及其價值觀念，違背了所謂儒家的正統思想。當新、舊兩學派間的衝突達於極點的時候，所呈現的是「圖救時者言新學，慮害道者守舊學，莫衷於一」〔註 15〕。對於兩派間各走極端的現象，張之洞提出了批評：

> 舊者因噎而食廢，新者歧多而羊亡；舊者不知通，新者不知本，不知通則無應敵之術，不知本則有菲薄名教之心。〔註 16〕

舊學派不知通達世變，所以無因應之道，新學派則不知本，所以不重視名教綱常，因之，葉德輝認爲「新」與「舊」的關係應是：

> 《論語》曰：溫故而知新；《大學》之道曰：在明明德，在親民；《書》遲任有言：人惟求舊，器非求舊惟新。蓋嘗考之六經，凡所云新舊之理，舉不外此數語。從未聞棄舊如遺，悍然以開新爲事者。〔註 17〕

列舉儒家典籍說明新、舊之間並非割決、斷裂的，而是承繼與開創間有著延續性，由此觀點延展於新、舊學派之間，新學派當承繼舊有的思想傳統以開新，舊學派則應接受新學派提倡的器用思想。雖然兩派壁壘分明各有立場，正如〈湘省學約〉所云：

> 朝廷變通舊制，期於宏濟時艱，天下之士，言衛道者，多守舊而惡新。言變法者，多趨新而厭舊，學者徘徊觀望，靡所適從。〔註 18〕

所面臨的無論是學術或政治上的議題，皆是來自於外在學術及政治的變動所致，這是當時的學者們共通的處境，雖然當時所接受的西學知識，仍頗膚淺，然新、舊兩學派正是由於外來的文化衝擊，逐漸凝聚出的文人集體應對模式，進而產生各種思想。可知，中國近代的各種思潮乃根植於近代的中國社會，源自於中國傳統思想與西方的自然及人文思想，內容十分豐富複雜，其中有的是中國傳統思想的再現，有的是西方近代思想的呈現，有的是中、西文化融合的結晶。雖然中國如需全面性且大規模的重造，必須超越中國傳統體系

〔註 15〕張之洞：〈勸學篇．序〉，《張文襄公全集》，《近代中國史料叢刊》第四十九輯（臺北：文海出版社，1966 年 10 月），頁 1。

〔註 16〕同前註。

〔註 17〕葉德輝：〈讀西學書法書後〉，《翼教叢編》，卷四，頁 64。

〔註 18〕〈湘省學約〉，《翼教叢編》，卷五，頁 15。

的規範，如此驚天動地局面的完成，在當時無論是康、梁等新學派或朱一新、葉德輝等舊學派，皆受制於整個時代的因素根本無法做到，甚至難以體會其中的必要性，直至革命、抗戰之後，始能眞正深切的體悟。近代的中國人在接受新觀念衝擊的同時，並未完全動搖對傳統思想的認同感，尤其是受過傳統教育的知識份子，仍欲以傳統的思想精髓，相抗衡於西方強勢的文化，以求國家的強盛，此爲新、舊兩派論爭下所具的歷史意義與價值。

參考書目

一、古　籍（依經史子集排列）

1. 《十三經注疏》，臺北：藝文印書館，1989 年。
2. 《四書集註》，朱熹，臺北：學海出版社，1988 年。
3. 《史記》，司馬遷，臺北：洪氏出版社，1985 年。
4. 《漢書》，班固，臺北：鼎文書局，1973 年。
5. 《後漢書》，范曄，臺北：鼎文書局，1973 年。
6. 《易程傳》，程頤，臺北：河洛圖書公司，1974 年。
7. 《史通》，劉知幾，四部叢刊，臺北：臺灣商務印書館，1979 年。
8. 《大清仁宗睿（嘉慶）皇帝實錄》，第三冊，臺北：新文豐出版公司，1978 年。
9. 《大清宣宗成（道光）皇帝實錄》，第二冊，臺北：新文豐出版公司，1978 年。
10. 《清學案小識》，唐鑑，四部備要，臺北：臺灣中華書局，1965 年。
11. 《清儒學案》，徐世昌，臺北：世界書局，1979 年。
12. 《清史稿》，臺北：洪氏出版社，1981 年。
13. 《皇朝蓄艾》，臺北：文海出版社，1964 年。
14. 《碑傳集補》，閔爾昌，近代中國史料叢刊第一百輯，臺北：文海出版社，1966 年。
15. 《變法自強奏議彙編》，近代中國史料叢刊第四八輯，臺北：文海出版社，1966 年。
16. 《戊戌變法文獻彙編》，楊家駱（編），臺北：鼎文書局，1973 年。
17. 《春秋繁露》，董仲舒，臺北：臺灣中華書局，1965 年。

18. 《老子注》，王弼《諸子集成》，北京：中華書局，1996 年。
19. 《全上古三代秦漢三國六朝文》，嚴可均校輯，臺北：世界書局，1982 年。
20. 《西京雜記》，葛洪，四部叢刊，臺北：臺灣商務印書館，1979 年。
21. 《韓昌黎集》，韓愈，臺北：漢京文化事業公司，1983 年。
22. 《朱文正公全集》，朱熹，臺北：臺灣商務印書館，1965 年。
23. 《東塾集》，陳澧，近代中國史料叢刊第四七輯，臺北：文海出版社 1966 年。
24. 《戴震文集》，戴震，臺北：華正書局，1974 年。

二、新學派相關專書

1. 《校邠廬抗議》，馮桂芬，近代中國史料叢刊第六二輯，臺北：文海出版社，1966 年。
2. 《盛世危言》，鄭觀應，臺北：中華雜誌社，1965 年。
3. 《弢園尺牘》，王韜，臺北：臺灣大通書局，1969 年。
4. 《薛福成全集》，薛福成，臺北：廣文書局，1963 年。
5. 《適可齊記言記行》，馬建忠，近代中國史料叢刊第四八輯，臺北：文海出版社，1967 年。
6. 《新政眞詮》，何啓、胡禮垣集，鄭大華點校，瀋陽：遼寧人民出版社，1994 年。
7. 《危言》，揚震，上海：人民出版社，1961 年。
8. 《治平通議》，陳虬，北京：北京圖書館，1998 年。
9. 《庸書》，陳熾，臺北：台聯國風出版社，1970 年。
10. 《古微堂集》，魏源，近代中國史料叢刊第四三輯，臺北：文海出版社，1969 年。
11. 《海國圖志》，魏源，臺北：成文書局，1967 年。
12. 《龔自珍全集》，龔自珍，臺北：河洛圖書公司，1975 年。
13. 《樊錐集》，樊錐，北京：中華書局，1984 年。
14. 《湘報類纂》，唐常才等撰，臺北：大通書局，1968 年。
15. 《唐才常集》，唐常才，北京：中華書局，1982 年。
16. 《嚴幾道文鈔》，嚴復，臺北：世界書局，1971 年。
17. 《嚴譯名著叢刊》，嚴復（譯），臺北：臺灣商務印書館，1965 年。
18. 《嚴復全集》，嚴復（辜公亮文教基金會），臺北：聯經出版公司，1998 年。
19. 《嚴幾道詩文鈔》，嚴復，近代中國史料叢刊第四二輯，臺北：文海出版社，1966年。
20. 《譚嗣同全集》，譚嗣同，臺北：華世出版社，1977年。
21. 《算學興議》，譚嗣同，北京：中華書局，1990年。
22. 《仁學》，譚嗣同，臺北：臺灣學生書局，1998年。
23. 《孔子改制考》，康有爲，臺北：宏業書局，1976年。
24. 《新學僞經考》，康有爲，臺北：宏業書局，1976年。
25. 《春秋筆削大義微言考》，康有爲，臺北：宏業書局，1976年。
26. 《春秋董氏學》，康有爲，臺北：宏業書局，1976年。
27. 《戊戌奏稿》，康有爲，臺北：宏業書局，1976年。
28. 《長興學記》，康有爲，臺北：宏業書局，1976年。
29. 《桂學問答》，康有爲，臺北：宏業書局，1976年。
30. 《七次上書彙編》，康有爲，臺北：宏業書局，1976年。
31. 《日本書目志》，康有爲，臺北：宏業書局，1976年。
32. 《禮運注》，康有爲，臺北：宏業書局，1976年。
33. 《中庸注》，康有爲，臺北：宏業書局，1976年。
34. 《論語注》，康有爲，臺北：宏業書局，1976年。
35. 《孟子微》，康有爲，臺北：宏業書局，1976年。
36. 《中華救國論》，康有爲，臺北：宏業書局，1976年。
37. 《康南海文集》，康有爲，臺北：宏業書局，1976年。
38. 《康南海詩集》，康有爲（梁啓超手鈔），香港：康同環出版，1966年。
39. 《康子內外篇》，康有爲，臺北：成文出版社，1978年。
40. 《萬木草堂遺稿》，康有爲，臺北：成文出版社，1978年。
41. 《萬木草堂遺稿·外編》，蔣貴麟（編），臺北：成文出版社，1978年。
42. 《南海康先生口説》，康有爲，廣東：中山大學出版社，1985年。
43. 《康有爲全集》，康有爲，上海：古籍出版社，1987年。
44. 《康南海自編年譜》，康有爲，北京：中華書局，1992年。
45. 《大同書》，康有爲，朱維錚編校，香港：三聯書店，1998年。
46. 《飲冰室文集類編》，梁啓超，臺北：華正書局，1978年。
47. 《中國近三百年學術史》，梁啓超，臺北：華正書局，1979年。
48. 《清代學術概論》，梁啓超，臺北：臺灣商務印書館，1985年。
49. 《飲冰室文集》，梁啓超，北京：中華書局，1989年。
50. 《飲冰室專集》，梁啓超，北京：中華書局，1989年。

三、舊學派相關專書

1. 《翼教叢編》，蘇輿（輯），近代中國史料叢刊第三二輯，臺北：文海出版社，1966 年。
2. 《覺迷要錄》，葉德輝（輯），臺北：台聯國風出版，1970 年。
3. 《郎園書札》，葉德輝，臺北：藝文印書館，1971 年。
4. 《無邪堂答問》，朱一新，臺北：廣文書局，1969 年。
5. 《勸學篇》，張之洞，近代中國史料叢刊第九輯，臺北：文海出版社，1966 年。
6. 《輶軒語》，張之洞，近代中國史料叢刊第四九輯，臺北：文海出版社，1966 年。
7. 《張文襄公全集》，張之洞，近代中國史料叢刊第四九輯，臺北：文海出版社，1966 年。
8. 《悚齋日記》，于蔭霖，近代中國史料叢刊第二三輯，臺北：文海出版社，1966 年。
9. 《佩存齋雜文存》，朱一新，近代中國史料叢刊第二八輯，臺北：文海出版社，1966 年。
10. 《虛受堂文集》，王先謙，近代中國史料叢刊第六九輯，臺北：文海出版社，1966 年。
11. 《虛受堂書札》，王先謙，近代中國史料叢刊第六九輯，臺北：文海出版社，1966 年。
12. 《趙柏嚴集》，趙炳麟，近代中國史料叢刊第三一輯，臺北：文海出版社，1966 年。
13. 《屠光祿疏稿》，屠仁守，近代中國史料叢刊第三一輯，臺北：文海出版社，1966 年。
14. 《天岳山館文鈔》，李元度，近代中國史料叢刊第四一輯，臺北：文海出版社，1966 年。
15. 《章氏叢書》，章太炎，臺北：世界書局，1982 年。

四、相關專書（現代）

1. 《晚清文選》，鄭振鐸，上海：古籍出版社，1937 年。
2. 《戊戌變法人物傳稿》，湯志鈞，近代中國史料叢刊第三二輯，臺北：文海出版社，1966 年。
3. 《清代通史》，蕭一山，臺北：臺灣商務印書館，1967 年。
4. 《張文襄公年譜》，許同莘，臺北：臺灣商務印書館，1969 年。
5. 《戊戌變法文獻彙編》，楊家駱（編），臺北：鼎文書局，1973 年。

6. 《史記評介》，徐文珊，臺北：維新書局，1973 年。
7. 《嚴幾道年譜》，王蘧常，臺北：臺灣商務印書館，1977 年。
8. 《張之洞與湖北教育改革》，蘇雲峰，臺北：中央研究院近代史研究所，1979 年。
9. 《康有爲家書考釋》，李雲光，香港：大雅文化服務社，1976 年。
10. 《晚清變法思想論叢》，汪榮祖，臺北：聯經出版事業公司，1983 年。
11. 《周予同經學史論著選集》，朱維錚，上海：人民出版社，1983 年。
12. 《韓非子集釋》，陳奇猷，臺北：莊嚴出版社，1984 年。
13. 《晚清公羊學派政治思想》，何信全，臺北：經世書局，1984 年。
14. 《近代中國思想人物論——晚清思想》，陳鍪等人撰，臺北：時報出版公司，1985 年。
15. 《清末的公羊思想》，孫春在，臺北：臺灣商務印書館，1985 年。
16. 《戊戌變法史論叢》，湯志鈞，臺北：谷風出版社，1986 年。
17. 《批判的繼承與創造的發展》，傅偉勳，臺北：東大圖書公司，1986 年。
18. 《中國經學發展史論·上》，李威熊，臺北：文史哲出版社，1988 年。
19. 《康有爲思想研究》，蕭公權，臺北：聯經出版公司，1988 年。
20. 《歷史與思想》，余英時，臺北：聯經出版公司，1989 年。
21. 《戊戌變法人物傳稿》，湯志鈞，臺北：文海出版社，1990 年。
22. 《中國近三百年學術史》，錢穆，臺北：臺灣商務印書館，1990 年。
23. 《梁啓超的思想》，宋文明，臺北：水牛出版社，1991 年。
24. 《清儒學記》，張舜徽，濟南：齊魯書社，1991 年。
25. 《中國近代新學的展開》，張立文，臺北：東大圖書公司，1991 年。
26. 《中國哲學史新編》，馮友蘭，臺北：藍燈出版社印行，1991 年。
27. 《中國經學史論文選集》，林慶彰（編），臺北：文史哲出版社，1992 年。
28. 《清代哲學》，王茂、蔣國保等，安徽：新華書店，1992 年。
29. 《梁啓超和中國學術思想史》，易新鼎，鄭州：中州古籍出版社，1992 年。
30. 《歷代人物年里通譜》，姜亮夫〈主編〉，臺北：世界書局，1993 年。
31. 《中國近代思想史》，張錫勤，臺北：萬卷樓圖書公司，1993 年。
32. 《太平天國經籍志》，祁龍威，廣西：廣西人民出版社，1993 年。
33. 《清代學術史研究》，胡楚生，臺北：臺灣學生書局，1993 年。
34. 《中華文化史》，馮天瑜、何曉明等著，臺北：桂冠圖書公司，1993 年。
35. 《中國近代教育史資料匯編》，湯志鈞編，上海：上海教育出版社，1993 年。

36. 《近代中國史綱》，郭廷以，臺北：曉園出版社，1994年。
37. 《晚清理學研究》，史革新，臺北：文津出版社，1994年。
38. 《中國哲學範疇導論》，葛榮晉，臺北：萬卷樓圖書公司，1994年。
39. 《中國近現代思想觀念史論》，林安梧，臺北：臺灣學生書局，1995年。
40. 《晚清政治思想史論》，王爾敏，臺北：臺灣商務印書館，1995年。
41. 《晚清傳統與西化之論爭》，孫廣德，臺北：臺灣商務印書館，1995年。
42. 《兩漢經學史》，章權才，臺北：萬卷樓圖書有限公司，1995年。
43. 《嚴復學術思想研究》，張志建，北京：商務印書館國際有限公司1995年。
44. 《近代中國政治思潮》，謝慶奎，臺北：五南圖書公司，1996年。
45. 《中國近代思想史論》，李澤厚，臺北：三民書局，1996年。
46. 《中國近代經學史》，田漢雲，西安：三秦出版社，1996年。
47. 《近代中國政治思潮》，謝慶奎（編著）臺北：五南圖書公司，1996年。
48. 《中國大歷史》，黃仁宇，臺北：聯經出版公司，1996年。
49. 《嚴復評傳》，楊正典，北京：中國社會科學出版社，1996年。
50. 《清代公羊學》，陳其泰，北京：東方出版社，1997年。
51. 《康有爲》，汪榮祖，臺北：東大圖書公司，1997年。
52. 《新時代的歷史觀》，黃仁宇，臺北：臺灣商務印書館，1998年。
53. 《經學、政治和宗族——中華帝國晚期常州今文學派研究》艾爾曼，江蘇：江蘇人民出版社，1998年。
54. 《康有爲傳》，湯志鈞，臺北：臺灣商務印書館，1998年。
55. 《新民與復興——近代中國思想論》，周佳榮，香港：香港教育圖書公司，1999年。
56. 《湖南維新運動史》，丁平一，臺北：漢忠文化事業公司，2000年。
57. 《中國哲學範疇精粹叢書・變》，張立文，臺北：七略出版社，2000年。
58. 《中國現代思想的起源》，金觀濤、劉青峰香港：香港中文大學，2000年。
59. 《康有爲評傳》，馬洪林，南京：南京大學出版社，2000年。
60. 《晚清文化保守思想研究》，喻大華，北京：人民出版社，2001年。
61. 《通經致用一代師——皮錫瑞生平和思想研究》，吳仰湘，湖南：岳麓書社，2002年。
62. 《漢書集釋》，施之勉，臺北：三民書局，2003年。

五、學位論文

1. 《晚清的反變法思想》，楊肅獻，臺灣大學歷史研究所碩士論文，1983年。
2. 《康有爲經學述評》，丁亞傑，中央大學中國文學系碩士論文，1992年。

3. 《梁啓超教育思想與其轉變因素之剖析》，崔香順，政治大學教育研究所博士論文，1995 年。

六、期刊論文

1. 〈學術經世：章學誠之文史論與經世思想〉周啓榮、劉廣京，《近世中國經世思想年研討會論文集》，頁 117～154，臺北：中央研究院近代史研究所，1984 年。
2. 〈康有爲「長興學記」與葉德輝「長興學記駁議」〉胡楚生，《文哲學報》，頁 7～8，臺中：中興大學文學院，1988 年。
3. 〈皮錫瑞《南學會講義探析》〉，胡楚生，《中文學報》，頁 20～28，臺中：中興大學中文學系，1994 年。
4. 〈康有爲的宗教觀〉，鄭志明，《第 2 屆近代中國學術研討會論文集》，頁 167～170，桃園：中央大學中國文學系，1996 年。
5. 〈論章學誠〈易教〉篇的六經觀念與《易》學思想〉，賴溫如，《屏師學報》，頁 571～588，屏東：屏東師範學院，2003 年。